良渚博物院

中国早期文明丛书

凌家滩

中 华 文 明 的 先 锋

吴卫红　刘越　著

上海古籍出版社

图书在版编目（CIP）数据

凌家滩：中华文明的先锋 / 吴卫红，刘越著．——
上海：上海古籍出版社，2022.11（2024.7重印）
（中国早期文明丛书）
ISBN 978－7－5732－0447－9

Ⅰ．①凌…　Ⅱ．①吴…②刘…　Ⅲ．①古玉器－鉴赏
－含山县　Ⅳ．①K876.82

中国版本图书馆CIP数据核字（2022）第180609号

责任编辑　贾利民
装帧设计　王楠莹
技术编辑　耿莹祎

中国早期文明丛书
凌家滩——中华文明的先锋
吴卫红　刘　越　著
上海古籍出版社出版发行
（上海市闵行区号景路159弄1-5号A座5F　邮政编码201101）
（1）网址：www.guji.com.cn
（2）E-mail：guji1@guji.com.cn
（3）易文网网址：www.ewen.co
上海雅昌艺术印刷有限公司印刷
开本700×1000　1/16　印张22.75　插页4　字数341,000
2022年11月第1版　2024年7月第3次印刷
印数：3,201—4,300
ISBN 978－7－5732－0447－9
K·3265　定价：168.00元
如有质量问题，请与承印公司联系

主　编

马东峰

执行主编

黄　莉

编委会

（按姓氏笔画）

王　芬	方　勤	向其芳
李新伟	杨利平	吴卫红
何　努	郭　明	彭小军

执行编委

夏　勇　　贾　艳　　叶晨曦

本书为国家社会科学基金重大项目

"凌家滩遗址及所在裕溪河流域调查发掘报告"（编号 15ZDB054）

阶段性成果之一

本书前期田野考古材料为国家科技支撑计划"中华文明探源工程"

第（三）、第（四）阶段子课题的收获

总　序

"五千年中华文明"之说自被提出以来，始终面临着科学的审视。寻找切实可信的中华文明之源，成为数代学人的情结和使命。它不仅是我国学者潜心研究的重大课题，也是国际学术界持续关注的研究领域。这一问题的解答，关系中华民族历史的展示与构建、文化自信的建立与增强、中华文化国际影响力的提升等一系列问题。

2001年，国家启动了中华文明探源工程，集结了包括考古学、历史学和自然科学各大学科在内的20多个学科、60多个单位的400多位专家学者的力量进行攻关。该项研究以马克思主义为指导，以距今5 500～3 500年间最能反映社会发展状况和权力强化程度的浙江良渚、山西陶寺、陕西石峁和河南二里头4个都邑性遗址以及黄河、长江和辽河流域的中心性遗址作为工作重点，开展大规模考古发掘和周围地区聚落分布调查，获取方方面面的信息，多学科、多角度、多层次、全方位对中华文明起源、形成与早期发展进行研究。

经过20年的不懈工作，中华文明探源工程成果显著：对中华文明的起源、形成、发展的历史脉络，对中华文明多元一体格局的形成和发展过程，对中华文明的特点及其形成原因等，都有了较为清晰的认识。中华五千多年文明史所言非虚：距今万年奠基、八千年起源、六千年加速、五千多年进入（文明社会）、四千三百年中原崛起、四千年王朝建立、三千年王权巩固、两千两百年统一多民族国家形成。多元融合是中华文明生生不息的源泉，开放包容、交流互鉴是文明发展的动力，文化软实力是增强中华文明创造力和影响力的保障。中华文明的起源、形成和早期发展，与世界其他三大原生文明基本同步，辉煌的文明成就毫不逊色。它是世界四大文明中唯一延绵至今、未曾中断的文明，在人类文明史上占有独特而重要的地位。

尤为可贵的是，该工程提出了文明定义和认定进入文明社会标准的中国方案，为世界文明起源研究做出了原创性贡献。关于文明的定义及相关概念，国内外学术界存在诸多分歧。中华文明探源研究坚持历史唯物主义，提出文明是人类文化和社会发展的高级阶段。这一阶段在生产力发展的基础上，出现了社会分工和社会分化，形成了阶级、王权和国家。我们提出"文明起源"与"文明形成"两个概念，二者既有联系又有区别，两者是文明社会孕育和产生的不同阶段，先有文明因素量的积累，后有社会质的变化。国家的出现是文明形成的标志。关于进入文明社会的认定标准，中华文明探源研究冲破"文明三要素"（文字、冶金术和城市）的桎梏，提出了新的观点：即生产发展，人口增加，出现城市；社会分工，阶层分化，出现阶级；权力不断强化，出现王权和国家。这一新的标准不仅基于中国考古学的大量发现与丰富例证，将国际社会对中国文明仅有3 300年的认知局限扩展至5 000多年，而且也适用于国际上的其他原生文明。

这一工程出版成果丰硕，如《中华文明探源》《中华文明探源工程文集》《中华文明探源工程成果集萃》等让我们对中华文明形成的时间、脉络和特点的认识逐渐清晰。在考古学家孜孜不倦地攻克史前难题时，有必要组织一套面向社会大众的、能够全面反映中华文明形成和发展关键时期的文明丛书，既是对考古资料的一种梳理，也是成果的及时公布和转化。故而，我们选取在中华文明起源、形成过程中发挥过重要作用的八个考古学文化或典型遗址，即仰韶文化、大汶口文化、屈家岭文化、石家河文化、凌家滩文化、红山文化、良渚文化和陶寺遗址，以期生动、立体地展现各文化的特质，介绍考古工作的特殊性和趣味性。

值得注意的是，2019年良渚古城遗址入选世界文化遗产名录，是我国入选世界遗产的第一处史前文化遗址。作为中国长江下游环太湖地区的一个区域性早期国家的权力与信仰中心，良渚古城遗址以其时间早、成就高、内容丰富而展现出长江流域对中华文明起源阶段"多元一体"特征所作出的杰出贡献，填补了《世界遗产名录》东亚地区新石器时代城市考古遗址的空缺，为中国5 000年的文明史提供了独特的见证；其向心式三重结构的空间形制与湿地营城技术展示了世所罕见的极高成就，在人类文明发展史上堪称早期城市文明的杰出范例。

良渚古城遗址申遗成功后，我们对五千年前后的文明进程关键时期的局面，更有必要在更大的时空维度中做一介绍，阐释"满天星斗"，表现中国文明形成的"多元一体"的历史趋势。良渚博物院站位高远，不局限于一时一地，跳出长江下游从整个中国的视角来看待早期文明起源与形成的大问题，依托"中华文明探源工程"卓有成效的工作成果，在2020年底提议组织一套早期文明比较丛书，次年春经多次讨论后正式启动。该丛书将新石器时代晚期已经踏入初期文明阶段的几个主要考古学文化纳入主题，从整个中国的大视野来看待良渚文明的起源和发展问题，这不仅是对良渚文化考古研究的再次深入，对于早期文明起源的探索也必然会有巨大的推动作用。本丛书一套8册，包括《良渚：中华文明之光》《红山：中国文化的直根系》《凌家滩：中华文明的先锋》《陶寺：中国文明核心形成的起点》等，均由相应遗址的考古领队或研究学者执笔撰写，具有很好的科学性和系统性。不可回避的是，由于组稿和编撰的时间较短，各位作者白天奔波于田野一线，晚上整理资料后还要埋首各自图书的撰写，涉及大量资料的梳理和系统思考，难免不够全面和完备。尽管整体上看丛书体例统一，但也存在一些小问题，实属遗憾……然而，瑕不掩瑜，抛砖引玉亦可！

我们希冀这套丛书可以依托各地丰富的考古发现和研究成果，开展良渚文明与中国各地大体同时期的区域文明的比较研究，展现中国各地区文明起源、形成的路径和特点，以使读者更好地感知多元一体的中华文明的丰富内涵和其中蕴含的中国优秀传统文化的精神内核，增强对中华文明的认知和认同，为增强历史自觉和文化自信，实现中华民族伟大复兴的中国梦提供精神动力。

中国考古学学会理事长、中国社会科学院学部委员

二〇二二年九月

Contents 目录

第一章

一方水土

　　凌家滩遗址是中国新石器时代最重要的遗址之一，因为奇特的祭坛、高规格的墓地和随葬大量玉、石器的墓葬而闻名于世。遗址位于安徽省马鞍山市含山县（原属巢湖市）新铜闸镇西南约 10 千米的长岗行政村，覆盖凌家滩、贾庄、吴庄三个自然村，地理坐标为北纬 31°29′，东经 118°2′。遗址北距太湖山约 5 千米，南部紧邻裕溪河（后河），西北距我国五大淡水湖之一的巢湖、东距长江的直线距离均约 25 千米，若按照裕溪河曲折流经的距离计算则分别约 30、35 千米（图一）。

图一　凌家滩遗址宏观位置图

遗址地处现巢湖沟通长江的唯一河流——裕溪河（后河）的中段，主要分布在裕溪河北岸沿河一带，以及自太湖山延伸至裕溪河的一条长岗地上，大略以长岗为轴在两侧分布，东西长 2 000 多米，南北宽约 1 000 米，面积约 140 万平方米。遗址所在的现代最高点在长岗上，海拔近 26 米，而长岗尽头的两侧滩地海拔约为 6.7 米，高差约 19 米（图二、三）。

图二　凌家滩及周边地形图

图三　凌家滩遗址的长岗南端（镜向北）

凌家滩遗址周围以裕溪河流域为核心的巢湖东、南部一带，在距今六千年前就已出现了聚落并逐渐扩展，不断有人群来到这里，经过数百年的孕育、发展，产生了独具特色、充满活力、勇于创新的一支史前文化——凌家滩文化，其后又经过两百多年的鼎盛，再变成了涓涓细流，最终融入多元一体的中华文明大潮中。

了解凌家滩文化的发展变迁过程，首先要从长江下游以及凌家滩以北淮河流域的宏观地理和文化背景中考察。

第一节　自　然　环　境

一、宏观地形地貌

长江流域属亚热带季风气候区，下游从大别山南麓由东南折向东北方向起，自江西湖口至长江口，长 938 千米，流域面积约 12 万平方千米，江面宽阔，支流短小，下游过南京后支流很少，但湖泊众多，水网密布。因东南季风的强烈影响，每年夏季容易形成暴雨。

若以南京为界，下游大致可以分为东、西两段。西段的北岸，是以大别山东南麓为主的沿江湖泊、平原、平缓岗地、丘陵相间的地形，但从南麓的黄梅、宿松交界处向东北方向绵延约 350 千米的余脉，一直到南京浦口；东段的北岸为低矮的冲积平原区，南岸除镇江—丹阳—常州—湖州—杭州一线以东为平原区外，其他区域为皖南丘陵山地、天目山脉、茅山山脉等形成的丘陵山地。长江下游便从北岸的大别山余脉与南岸的丘陵山地之间穿过（图四）。

凌家滩所在的长江安徽段[1]位于长江下游，俗称"皖江"。大地构造为扬子准地台，淮阳地盾和江南古陆之间的条状构造单元，其二级构造单元包括下扬子台褶带。约发生在七千万年前中生代末期的燕山运动奠定了干流河谷格局，产生的褶皱和断裂方向为北东向。断块和差异性升降产生于距今大约三四千万年前的喜马拉雅造山运动，从而形成一系列隆起和拗陷，河谷基本沿构造单元的分界线及主要构

图四　长江下游遥感图

造线方向发育，以构造型河谷为主要特征，其发育、演变受到各地段构造条件的制约。从宏观上看，对长江安徽段（皖江）河谷发育有明显控制作用的主要是几大断裂带：郯庐深断裂带、彭泽—贵池—铜陵断裂带和长江中下游破碎带。

长江安徽段（皖江）左（北）岸区域西起大别山区，逶迤东延，高程在500～1 000米左右，最高为白马尖，海拔达1 774米；大别山以东，地势显著降低，岗丘连绵，丘陵地带分两列分布；北列从霍山向东北至洪泽湖以南，形成江淮分水岭；南列从舒城、桐城之间向东北延伸，经巢湖南侧和东侧，转向东北；丘陵断断续续，高程最高的近600米，低的仅20米，地形总趋势是西北高、东南低。

皖江左（北）岸为大片广阔的冲积或湖积低平原，平原上有众多支流和湖泊，而阶地和山地离江甚远。阶地级数少，伸出江岸的矶头少，只有少量的丘陵阶地零星地分布在江岸附近，如宿松小孤山、和县西梁山及安庆、枞阳等地有孤丘和阶地靠临江边。

皖江右（南）岸河漫滩平原以南为低山丘陵，通称皖南山区，呈三条西南到东

4

北向的山丘带,即北部的九华山带、中间的黄山带、南部的天目山带,高程一般为400～1 000米,少数高峰如九华山的十王峰为1 342米,黄山的光明顶为1 841、莲花峰为1 873米,天目山的清凉峰为1 787米,南部祁门县以西与鄱阳湖水系相邻,祁门县以东与钱塘江水系相通。三带山丘之间,散布着连续宽广的山间盆地和谷地,高程大都200米左右,也有100米以下的,如九华山、黄山间的石台、太平、泾县盆地,黄山、天目山间的祁门、宁国盆地。沿江右岸有七里湖、升金湖、丹阳湖、南漪湖、石臼湖和固城湖等。右岸河漫滩平原比较狭窄,沿江地区多为山地丘陵和阶地,阶地不仅分布广,级数也多,可达3～4级。不少地段石质山地直接濒临江边或伸出江中成为矶头,如九江拦江矶、彭泽彭郎矶、马当矶、牛矶、东至吉阳矶、繁昌板子矶、芜湖广福矶、马鞍山采石矶等。牛矶至获港间有三级阶地,获港以下有1～2级较新的阶地。

皖江河床两侧除局部为濒临江岸的山丘外,大都有河漫滩发育。其中北岸河漫滩比南岸宽广,一般宽度在500～800米之间,最宽处东在无为,西在怀宁长江与支流皖河交汇处,宽达3千米左右。河漫滩海拔由西向东渐次降低,西部望江县为海拔16米,至东部和县已降为海拔6米左右,再东至马鞍山和尚港已降到5米以下。注入长江的主要支流如皖河、华阳河、青通河、青弋江、水阳江等,其下游都广泛发育河漫滩,主要由粉砂、亚砂土和砂砾石组成。皖江河段是长江中下游典型分汊河型的组成部分,河床宽浅段与束狭段相间分布,似藕节状,由于其水动力条件不同,束狭段流速快,发生显著的冲刷作用,而宽浅段流速减缓,流水挟带的泥沙等,在此堆积形成心滩,逐渐发育成江心洲,并使河床分汊[2]。

淮河[3]发源于河南省桐柏山,干流流经豫、皖、苏三省,干流河道全长约1 000千米。淮河流域地貌具有多样、层次分明、平原地貌类型丰富的特点。地形总态势为西高东低,淮河以南多为山区、丘陵,最高山地为大别山腹地白马尖,也是江、淮分水岭;淮河以北为淮北平原,高程一般15～45米。

淮河中游主要在安徽省内,干流河道自洪河口至洪山头长421千米,流域面积约6.7万平方千米。淮河以北为西北高东南低的大平原，支流基本上自西北流向东南，坡缓流长；淮河以南为大别山区和江淮丘陵区，仅沿河南岸较平缓，支流坡陡流短。淮河中游干流河道比降平缓，约三万分之一，两岸湖泊洼地众多。

凌家滩遗址所在的长江下游，西有大别山，南有皖南丘陵山地，东有宁镇地区的茅山，沿长江两岸海拔大多数不足10米。遗址北距淮河直线距离150多千米，两者之间为广阔的江淮地区，地貌形态类型以波状平原为主。

二、裕溪河流域地形地貌

凌家滩遗址所在的含山县[4]地处江淮丘陵东南部，现今隶属于安徽省马鞍山市，东邻和县，西接巢湖市，南与无为县接壤，北与全椒县相连。县境地形大体是西北高东南低。山脉走向以南西—北东向为主，山顶海拔一般在300米左右，较大的山峰有长山、苍山、太湖山，以苍山最高，海拔481米。主要河流有滁河、裕溪河、得胜河、牛屯河和清溪河五条。圩区主要分布在位于县境南部的长江支流裕溪河水系和北部的滁河水系两岸。

裕溪河[5]古称濡须水，长江左岸一级支流，是一条北接巢湖、南接长江的内陆河。巢湖向北通过南淝河、上派河、西淝河越过低矮的分水岭可与淮河相通，向南通过裕溪河与长江连接。裕溪河西北承巢湖来水，东南至裕溪口入长江，全长61.73千米，是巢湖唯一的通江河流，沿途有清溪河等较大支流。裕溪河流域面积3 808平方千米[6]。裕溪河曾经过多次疏浚和人工改道，现裕溪河一般指南侧流经运漕镇的经过人工改道、河道宽直的前河，原较弯曲的老河道称为后河，凌家滩遗址便位于后河北岸。

凌家滩遗址所在长岗村一带的土山属第三系，只见上新统的一部分，其余均未出露。地势西北高东南低，南部是圩区，有少量低矮的岗地；中西部和北部丘陵起伏，山丘错杂，主要山峰有黄山、大茅芦尖、黄鹰山、青龙尖、腰子山、汤山、方山、苍山、柴湖山、太湖山、长山等，海拔高程一般在350米左右。太湖山为最高峰，海拔高程441米。

第二节　矿产资源

长江下游属于江南隆起带，带内有后期燕山花岗岩浆活动形成的许多工业矿床，如斑岩铜矿、多金属矿等。江淮地区有煤田、高岭土、铝土矿、石膏矿、铁矿、稀土矿、铅锌多金属矿、铜矿、铅锌矿、菱镁矿、金矿、铜钼矿及大理石矿等[7]。宁镇茅山一带有金、铁、铜、石灰石、玄武岩、岩盐、白云石、大理石、珍珠岩、沸石岩、硅石、陶瓷黏土、煤、膨润土等[8]。

皖江两岸的丘陵山地，很大一部分由花岗岩类组成，其中花岗闪长岩，易风化，常形成于300～400米以下的丘陵、低山，上覆厚层风化层，一般5～10米，如右岸的旌德、泾县、青阳等县和黄山区等山间盆地的盆底和内缘都有分布。沿江和皖南等地区的中、新生代断陷或拗陷盆地中，都广泛堆积白垩系、第三系红色页岩、砂岩和砾岩，如休一屯一歙盆地、宣一郎一广盆地、泾一南盆地、宁国盆地、怀一潜盆地等。皖南与浙江、江西接壤处和皖西与湖北、河南毗连处，分布大片千枚岩、片岩、板岩、角岩等浅变质岩系[9]。

凌家滩所在的含山县地处郯庐断裂带与扬子深大断裂破碎带之间，属扬子地层分区，六合一巢县地层小区。县内地层发育，化石丰富，出露良好。县境矿种较多，主要为非金属矿产，有石灰石、白云石、石膏、耐火黏土、萤石、重晶石、磷矿、硫铁矿、建筑砂矿、磨刀石矿、砖瓦黏土矿等；其次为燃料矿产，有烟煤、无烟煤、泥炭；少数金属矿产，有赤铁矿、褐铁矿、方铅矿[10]。构成县境地层的岩石主要为沉积岩，以海相沉积岩的灰岩、泥灰岩、页岩和陆相沉积岩的砂岩、砾岩为主。长岗村土山为岩浆岩，岩性为橄榄玄武岩类。

一、玉矿

1982年江苏溧阳南部天目山余脉小梅岭地区发现了透闪石[11]，之后又陆续发现了白玉、青白玉、青玉和碧玉。经分析研究，溧阳透闪石玉与其他产地的透闪石玉一样，是重要的透闪石玉品种[12]。据记载，白云岩、硅石、萤石等在宁镇茅山地区也均有矿藏[13]。

据安徽省地矿部门调查资料显示，像透闪石、阳起石、绿松石、蛇纹石、蛋白石、石英岩、玉髓、玛瑙、水晶等在全省各地均有零星分布[14]。这些玉石材料大多存在于区域变质型岩层及酸性火山岩中，与火山活动有关。其中矿点比较富集的产地：水晶产地有凤阳、广德、泾县、黄山、绩溪、霍山、金寨、太湖等地；蛇纹石产地有五河、霍邱、岳西、霍山、宿松、歙县等地；玉石产地有凤阳、潜山等；玛瑙产地有铜陵、望江等地。另据报道，白云岩和透闪石等闪石类矿产在肥东、巢湖市、全椒、含山、太湖、铜陵、繁昌、霍山、宿松、凤阳等地均有发现[15]。

二、石矿[16]

分布在皖东张八岭中高压变质带东南侧的苏家湾变质带，包括南华纪周岗组、苏家湾组和早震旦世陡山沱组，主要由千枚岩、变质砂岩和结晶灰岩组成。泥质岩的变质反应中，出现绢云母、绿泥石和黑硬绿泥石等低绿片岩相常见矿物，应属低绿片岩相。

皖南东部的历口变质带中，历口群和昱岭关群岩石遍具千枚状构造和变余火山结构，变质反应中出现绢云母、绿泥石、绿帘石等矿物，应属区域低温动力变质类型的低绿片岩相；溪口变质带的溪口岩群和歙县岩群主要由千枚岩、板岩和变质砂岩等组成，岩石的千枚状构造极发育，泥质物大部分变为绢云母和绿松石，应属区域低温动力变质类型的低绿片岩相。

大别山北部以黑云（或角闪）斜长（二长）片麻岩、变粒岩、浅粒岩为主，也有夹斜长角闪岩和少量大理岩透镜体；大别山南部以黑云斜长片麻岩为主，夹斜长角闪岩、白云（二云）斜长片麻岩浅粒岩和少量白云片岩、白云（二云）石英片岩及成层性较好、延伸较稳定的大理岩，除含有很多高压—超高压榴辉岩岩块外，并有硬玉石英岩、硬玉片麻岩和蓝晶石英岩等。金寨梅山群泥质岩变质过程中，常出现绿泥石、绿帘石、阳起石和钠长石，应属低绿片岩相区域低温动力变质；佛子岭岩群中出现铁铝榴石和硬绿泥石、黑云母、绿帘石等高绿片岩相特征矿物；霍山县白沙岭源于该群的河流自然重砂中见蓝晶石，可将其归属中压高绿片岩相。岳西中压变质带：大别岩群属中压高角闪岩相和高角闪岩相十麻粒岩相。以麻粒岩相和高角闪岩相为中心，外侧依次为角闪相和绿片岩相，总体构成由南向北的递增变质带。

大别山南部的宿松岩群岩石的变质矿物组合中，出现铁铝榴石与白云母、黑云母、石英和钠长石共生；绿帘钠长角闪片岩等变质基性岩中，遍具普通角闪石、绿帘石和钠长石组合，并见铁铝榴石；虎踏石岩组及蒲河岩组中含黄玉蓝晶石英岩。太湖超高压变质带出现超高压榴辉岩相及其退变质产物低角闪岩相和高绿片岩相，是全世界超高压岩石类型发育最多、出露最广的地区。

凌家滩遗址位于安徽江淮之间的东南部，西近巢湖，大别山余脉环绕其周围，各类矿产极为丰富。凌家滩玉、石器的质地多样，有透闪石、蛇纹石、叶蛇纹玉、阳起石、石英岩、玛瑙、玉髓、水晶、煤精、大理石岩、滑石、沉积碎屑岩、泥质粉砂岩、粉砂岩、酸性凝灰岩、凝灰角砾岩等。通过对凌家滩 07M23 发掘出土的玉石器进行全面分析，出土玉器中透闪石—阳起石透闪石玉占绝大多数，蛇纹石—滑石仅占 4%，其他材质占比为 6%[17]。此外，凌家滩墓地的 15 座墓葬中，玉器主要以透闪石为主，还有玉髓、玛瑙、水晶、蛇纹石和阳起石[18]。可知凌家滩墓葬玉器中透闪石玉数量占绝对优势。出土陶器中，具有鉴定特征的可分辨包容物主要有矿物和岩屑两大类，结合相关资料对比，可鉴定矿物主要有石英、长石、黑云母、白云母、角闪石、榍石等[19]。

据向安徽省地质部门了解的情况，遗址以北 5 千米处的太湖山产有玛瑙和石英矿石原料，没有发现透闪石矿。1999 年张敬国在肥东县桥头集一带调查发现较多白云岩，经地质部门同志初步判断认为是蛇纹石，是否是透闪石还有疑问[20]。

虽然目前对凌家滩玉、石矿产来源的追溯还没有明确答案，但以上地质矿产分布为解决这一问题提供了有价值的线索（图五）。

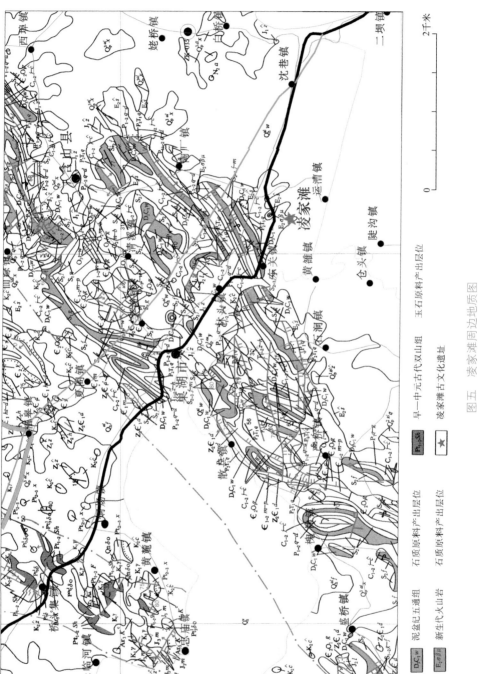

图五　凌家滩周边地质图

（引自《凌家滩》，文物出版社，2006年，许卫填图制作）

第三节　环　境　变　迁

一、万年以来长江下游环境变迁

自竺可桢开创性的利用多种证据重建全新世气候变化研究以来[21]，我国很多学者在过去的数十年内，根据不同的气候代用指标，为这一问题积累了相当丰富的数据。但由于区域环境和气候指标的敏感性，目前还没有一条能够代表全新世气候变化的曲线[22]。尽管学界普遍认为早全新世以来温度大幅度回升，但全新世大暖期的周期仍然没有达成共识，Renssen等指出大暖期为距今11 000～5 000年[23]，俞凯峰等认为是距今9 000～5 000年[24]，施雅风等认为是距今6 500～3 000年[25]，张振克等认为是距今8 100～3 000年[26]。

全新世大暖期的气温虽然整体提升，但孢粉、石笋、黄土沉积、湖泊沉积和冰芯等气候指标均揭示出全新世气候的不稳定性，距今8 200[27]、5 500[28]、4 200[29]年发生的强降温事件已经在世界各地得到了证实，其中IPCC（联合国政府间气候变化专门委员会）更是将距今8 200、4 200年的降温事件作为评估报告的内容[30]。需要注意的是，受地理环境敏感性的影响，三次降温事件的开始时间、持续时间和影响程度在不同区域均有差异，区域性研究应是认识这个问题的关键。

就长江下游而言，距今8 200～7 600年间，极端洪涝的频次减少[31]，温度普遍较低[32]，能够响应距今8 200年的气候突变事件。距今7 000～6 000年间，气候温湿[33]，海平面相对稳定[34]，呈现出全新世大暖期的典型特征。距今6 000～5 200年间，气候虽然呈现出干冷波动[35]，但海平面仍然升高，渤海西侧平原、长江与淮河下游平原有近7万平方千米的土地被海水淹没与受海水入侵影响[36]，并且出现大面积湿地，水热环境总体向好[37]，距今5 500年的冷事件在本地区的响应并没有非常强烈。距今5 200～4 200年间，长江下游再度出现了优越的气候条件[38]，但在距今4 000年前后又出现了冷干的气候波动[39]，与距今4 200年的气候突变事件基本一致。

二、巢湖流域距今五六千年环境变迁

巢湖流域的地貌轮廓是中生代燕山运动和新生代喜马拉雅运动所造成的。第三纪开始，巢湖一带的地貌进一步断陷，大别山北麓的流水在这里受阻，形成断陷湖。距今 500～350 万年，湖泊面积扩大。距今约 1.5 万年至今，大量泥沙不断流入湖中，湖水面积不断缩小，最终形成现代的巢湖[40]。裕溪河是巢湖与长江沟通的唯一水道，封闭的环境使湖泊沉积具有连续性的优势，记录了区域环境演化的信息，通过对巢湖流域环境的研究可以基本得出凌家滩所在裕溪河流域的环境变迁。

王心源等系统分析了巢湖的湖泊沉积样品。距今 6 040～4 860 年间，巢湖流域的古环境向着更加温暖湿润的态势转变，虽然本阶段雨量丰富，但气候波动相对频繁，也是巢湖湖面张缩变化较大的时期。距今 5 840～5 500 年间，巢湖流域的古环境达到最盛的暖湿期，之后即进入距今 5 375～4 930 年间的榆树衰退期，湖面明显缩小。距今 4 860～2 170 年间，巢湖流域的气温逐渐降低，湿度下降，是巢湖流域一个温和略干的时期[41]。

周慧等在巢湖西岸的杭埠河流域中的古巢湖湖盆中心——三河圩区进行了湖相岩芯研究。距今 9 250～5 300 年间，平均粒径、磁化率、TN、TOC、C/N 值较低，气候较为湿润，巢湖水位较高。约距今 5 600 年以来，沉积物岩性变化最为频繁，平均粒径、磁化率值、TN、TOC、C/N 值均较高，气候干燥波动，巢湖水量减少，水位降低[42]。

吴立等根据环境变迁与聚落对环境响应的研究，认为巢湖流域新石器时代晚期至汉代，聚落选址的总趋势是从高海拔逐渐向低海拔地区转移并向湖泊靠近，这种变更可与中全新世以来该流域气候由温暖湿润向温和干燥发展、巢湖湖泊收缩、水位持续下降和生活范围扩展相对应，聚落变更对环境变迁的响应明显[43]。

总的来看，巢湖流域环境变化能够呈现出一个相对一致的暖干波动，但这种波动在不同指标中存在明显的年代偏差。由于考古学研究对年代尺度的要求相对较细，古环境数据的粗线条在考古学的应用中存在很大困难。从巢湖流域的地理、气候数据可见，距今五六千年的凌家滩先民生活于中全新世适宜期，其发展和繁荣处在气候由温湿向干凉的过渡阶段，并且这种波动的程度并不明显。在中全新世温暖湿润的气候条件下，太湖山南麓台地进一步被切割为山前岗地与古河流相间的地貌形态，凌家滩先民则定居于东、西、南三面临水的"半岛"岗地，由于河流相连、岗地富饶，渔猎和水稻种植便可在此自由展开[44]。

第二章

发现溯源^[1]

　　凌家滩遗址位于含山县铜闸镇长岗村（原长岗乡）凌家滩、贾庄、吴庄自然村。从太湖山往南有数条窄长的长岗向南偏东延伸，其中最长的一条笔直地伸到裕溪河（后河）北岸，长约 5 千米，号称十里长岗。这条长岗在后河北岸往北约 1 100 米处陡然降低成为洼地，所以该处被称为"王洼"，而最高点在距后河往北500 余米处，海拔近 26 米，在岗头近河处开始，海拔降为 13 米左右，并渐渐降至河边的 6～7 米，与两侧水田海拔基本相同。

　　整个遗址便以这条长岗自王洼以南的千余米地段为中心，并分布在两侧低平的水田中，但水田中的遗存丰富地段偏向于距后河北岸约 200 米范围内，向东西两侧则延续近 2 000 米，自河岸向北 200 余米后遗存极少，总面积约 140 万平方米。

　　20 世纪 50 年代之前，当地居民分别居住在山岗西侧、东南侧以及北部，凌家滩村民主要居住在山岗东南侧之外的略高平地上，后来才向西移至山岗东南边缘更高的位置，也就是现今发现的红烧土密集区周围。当地村民的农业生产主要在山岗两侧的平地上，以种植水稻、棉花等作物为生，山岗之上因土壤贫瘠，除少量种植棉花、小麦等耐旱作物外，多为杂树丛生，而山岗的最高处一带，适合耕种的土壤更薄，碎石较多，清末、民国以来直至当代主要作为葬坟场所，兼种耐旱作物。因为地理条件的原因，这一带最终形成了岗顶葬坟，岗边住人，平地耕作的现代聚落形态。

直到 80 年代，当地的陆路交通还很不发达，需要往北走到 5 千米之外的太湖山脚下，才有相对较宽的公路，21 世纪初新修了柏油公路后这一情况才有较大改善。而南面的后河，以往则是重要的水路，在 90 年代之前，一度成为河运的小码头，将当地生产的粮食、棉花等运输到外地。

如果不是 1985 年初冬凌家滩村民一次偶然的葬坟，凌家滩这处五千多年前繁盛的中心聚落依然会沉寂无闻，而如果没有考古工作者的及时了解和执着探索，凌家滩神秘的面纱仍旧不会揭开。

第一节　偶遇文明遗珠

1985 年 12 月 1 日前后，凌家滩村民万传仓的母亲洪秀英去世，按往常习惯仍是在凌家滩村北的山岗顶部挖圹埋葬，但在挖墓圹过程中，无意中发现了一批玉、石器和陶器，并于次年春上交到含山县文化局[2]（图六）。这批器物共 51 件（图七）[3]，其中玉器 26 件，有小玉璧 4 件，灰白色透闪石琢制，光素无纹，大小不一；玉玦 3 件，灰白色透闪石琢制，光素无纹，大小相同；大小不同的玉环 15 件；玉璜 4 件[4]，其中两件为条形璜，一件为虎首璜，另一件为出廓璜。石器主要为穿孔石钺 12 件，石锛 13 件，其中一件石锛一面还刻有月牙形图案[5]。另有陶鼎 1 件，因

图六　凌家滩农民上交文物的报道

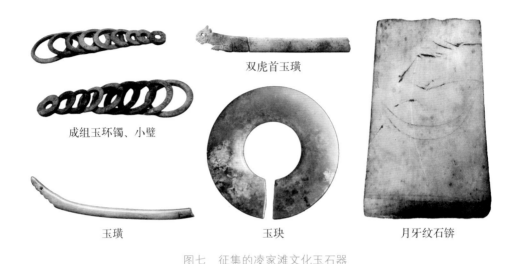

成组玉环镯、小璧

双虎首玉璜

玉璜

玉玦

月牙纹石锛

图七　征集的凌家滩文化玉石器

出土时被打碎只见到鼎足，在简讯中给了编号（M1：21），但未记入到总数中。

含山县文化局在了解信息后，及时将情况上报了安徽省文物考古研究所，省考古所遂派杨德标和张敬国前往凌家滩进行实地调查。在到达现场了解后，他们只发现出土地点有一些陶器碎片和少量红烧土块，但是挖出的土较纯净，不见陶器碎片，这与一般遗址的文化层堆积明显不同，当时认为出土的地点可能属于窖藏一类。但是随着调查范围的扩大，在凌家滩村南面的后河河滩上却发现了很多陶片。经过走访了解得知，其实在葬坟的那片岗地上，以往耕作时偶有石器、玉器被发现，但都不知道它们的年代和价值，也未保留下来。最后两人综合调查获得的各种信息，结合凌家滩的地形地貌，认为这里应该是一处遗址，而玉石器出土地点是这里的最高处，可能是墓葬埋葬区。但这些玉石器较为奇特，为保守起见，当时曾将其断为商代文物[6]。1989年第4期《文物》上以文博简讯的形式发表了这批器物，并暂编号为M1[7]，根据同出的陶鼎足形制，推测该墓的年代约相当于大汶口文化中期，从而对凌家滩的这批玉石器年代有了较为准确的认识。

杨德标、张敬国回合肥后向考古所领导汇报了调查经过和结果，认为凌家滩遗址比较重要，地下可能埋藏有更多的墓葬或重要遗迹，而且收缴的石器、玉器、陶器等也比较少见和特殊，石器磨制精美，表面光亮照人，器形制作规整，钺、斧、凿等一些器物的刃口没有发现使用痕迹；陶器胎较薄，火候较低，泥质陶居多；征集和采集的玉器大多以鸡骨白透闪石为主，有的器形属首次发现。因而建议安徽省文物考古研究所安排一次试掘和勘探，以确定该遗址的文化性质和地位。

在中华文明形成过程中从未被记载、遗失于文明发展道路上的这颗史前明珠，从此被逐渐认识，展现出了其独特的面貌。

第二节　追踪史前墓地

一、揭开远古之谜

1987 年 6 月，安徽省文物考古研究所安排了 3 000 元经费，由张敬国负责，会同巢湖地区文物管理所、长岗乡文化站对凌家滩遗址进行试掘。张敬国随后开始了组队工作，先邀了曾同去现场调查的考古部主任杨德标先生，但因当时他正在整理潜山薛家岗遗址的发掘材料，没有时间。后邀了省考古所资深的王步毅先生，他曾在 1953 年参加了北京大学的第二届考古工作人员训练班，是安徽省第一代考古人，此外还邀了 1986 年刚从北京大学考古专业毕业的何长风，但两位因临时原因都没有去成。因为人员无法确定，张敬国当时曾考虑是否往后推迟计划，但因天气渐热最后还是确定按计划开展。整个考古队最后由张敬国领队，巢湖地区文物管理所蒋楠、含山县文物管理所靳永年、长岗乡文化站李余和组成，实际负责发掘的人员只有张敬国和蒋楠两人。

1987 年 6 月 9 日开始了发掘工作，发掘点选在山岗顶部南沿，也就是紧挨1985 年挖出玉石器的万氏坟（按旧规也可称为万洪氏坟）西侧，布 5×5 米探方 2个，发掘面积 50 平方米[8]（图八、九）。按照发掘前的设想，这里应该是专门的墓

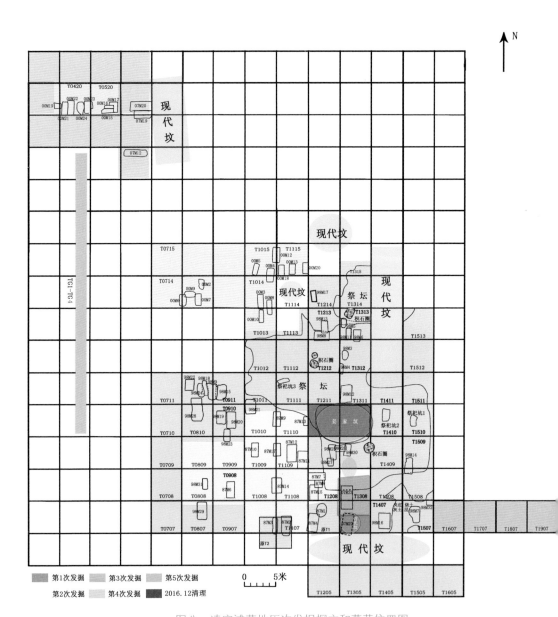

图八　凌家滩墓地历次发掘探方和墓葬位置图

图九　凌家滩第一次发掘的 T2 发掘记录　图一〇　凌家滩 87M4 玉龟、玉版出土情形
局部

葬区，原来挖出的玉石器应该是一座高等级墓葬的随葬品。

　　由于发掘区的文化层较浅，基本上揭去耕土层和很薄的汉代堆积后，便发现
了早期墓葬。经过近一个星期的发掘，最终清理了墓葬 4 座，其中 87M1 平面呈
椭圆形，直径 160 ～ 198、坑深仅 24 厘米，圜底，坑底为卵石，出土的 3 件站姿
玉人形象生动；87M4 坑口长达 275、宽 140、深 30 厘米，面积 3.85 平方米，在
墓坑中间略偏南的填土上方还压有一件重达 4 250 克、长 34 厘米、钻孔居中的青
灰色圆角石钺，随葬的三角形刻纹玉片、玉勺等大批玉器都很有特色，并且还随
葬了 9 件小块的玉质原料，刻纹玉版夹在背、腹甲分离的一件玉龟中间，充满了
神秘色彩（图一〇、一一）。4 座墓葬共出土遗物 180 余件，含玉人、龟、版及各
种玉器 129 件[9]，大多数玉、石器经过打磨抛光。

　　这次发掘获得了巨大收获，首先确认这里确实是一处史前时期的墓地；其次发
现了大批形状奇特、工艺复杂的玉器和石器，发掘者认为出土的遗物具有江淮地区
土著文化的特征，应是江淮地区土著民族古淮夷族的文化遗存[10]；更重要的是为
20 世纪 80 年代探讨中华文明起源问题提供了全新而重要的材料。1990 年牟永抗、
吴汝祚根据苏秉琦先生的提示，以 80 年代红山、良渚的大发现为主，兼顾凌家滩
的新发现，提出了中国的"玉器时代"，并总结了玉器时代的特点：成组玉礼器、
玉神巫三位一体、出现文字、冶铜业产生、棺椁双重葬具和人祭或人殉习俗，敏锐

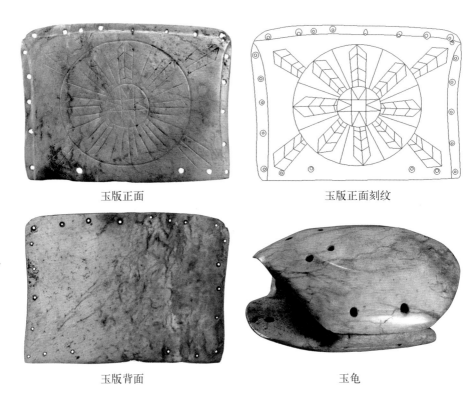

玉版正面　　　　　　　　　　　玉版正面刻纹

玉版背面　　　　　　　　　　　玉龟

图一一　凌家滩 87M4 出土玉龟、玉版及刻纹

地指出"辽西的红山文化、太湖的良渚文化，显然是两支古老的用玉部族。最近发掘的邻近巢湖的凌家滩墓地出土的大量玉器表明，包括鄂东在内，以巢湖为中心的江淮地区，可能有别于上述两文化，是另一个琢玉中心地区"[11]，从认识的角度提出了现今惯称的"史前三大治玉中心"。

但是新发现也带来了一系列的新问题：

一是让不少学者一时无法判断这些遗物究竟是哪个年代的产物。虽然因为陶器的共存，一般都认为该墓地属于新石器时代，只是首次发表的材料中陶器数量太少，多数研究者主要依据玉石器与北阴阳营文化十分相似，都认同两者有密切关系，甚至可归为同一文化。当时宁镇地区的年代也不十分清晰，具体认识各有不同：高蒙河将凌家滩与北阴阳营、良渚文化进行了比较[12]；杨晶认为与张陵山的上、下层相近[13]，总体上都在 5 000 年前；文博简讯据陶鼎足曾提出相当于大汶口文化中期，这些都是中肯的认识。由于这批材料在当时、当地实在是显得突兀，部分考古工作者习惯的谨慎态度也有意无意压低了其年代，特别是 1989 年的简报发表了热释光测定年代，下文化层出土的陶罐残片 TK221（M4：106）绝对年代为距今 4 500±500 年，陶片 TK222（M4：01）绝对年代为 4 600±400 年，也就是说最重要的 87M4 年代在距今 4 600 年左右，由此导致年代认识上出现了混乱[14]，并引起了一些结果的错位，在一段时间内不少研究者认为凌家滩玉器受到了良渚文化玉器的影响，从而弄反了文化因素的传播方向[15]。

二是对于这批十分奇特的玉石器特别是玉器，为何在这里出现充满了疑惑。因为第一次发掘面积太小，对现场遗迹现象的辨识不足，特别是对墓葬下面出现的卵石层没有认识，不清楚这种铺石的遗迹对于凝聚社会成员、开展祭祀行为的重要意义。从 T2 的发掘记录中可以知道，当时发掘中并没有把这一层当作文化层看待，更未当作特殊遗迹对待，而仅在剖面图中将其称为夹（石）层且并未编写层位号，只是觉得这些重要墓葬在此埋葬显得十分奇特，唯一可以解释的只能是位置较高。

但无论如何，第一次发掘证实了这里确实有随葬大批玉、石器的墓葬存在，而且是一个新石器时代的墓地，并发现了以玉龟、玉版、玉人、玉勺等为代表的、在中国考古史上极为重要的一批玉器，从而揭开了凌家滩的神秘面纱。

二、再现祭坛墓地

（一）第二次发掘——玉器、墓地与沙石层

在第一次发掘取得重大收获后，安徽省文物考古研究所向国家文物局申报秋季的发掘计划，并获准发掘 600 平方米，组成了以张敬国为领队，贾庆元、胡欣民、何长风为主要成员，张捷、葛林负责文物保管，巢湖市文物管理所何爱平、含山县文物管理所祁述义及其他人员为辅助的考古队，于 1987 年 11 月 15 日入驻长岗乡政府招待所。16 日上午在上半年发掘的位置向北布方，并将 T1、T2 中间的空白地也布设探方（T3）[16]，共布 5×5 米探方 11 个，发掘面积 275 平方米，

计划首批探方发掘结束后再开第二批探方。第一批探方基本上在墓地中心的近代坟姜家坟的西南和西面，于18日开始野外发掘工作，到27日野外工作结束，发现墓葬11座[17]，出土陶器、石器、玉器、玛瑙、水晶600多件，包括双虎首璜、冠状器等360余件玉器。

11座墓葬中以87M15和87M9出土玉器最多，87M15有玉器93件[18]，主要有玉管49件、玉璜30件、玉饰4件、冠饰3件、玉镯2件、圆环柄形饰1件、玉钺1件、双连环1件、玉玦1件、水晶耳珰1件。因为本次发现的墓葬数量较多，可以观察到随葬器物在墓内的摆放位置比较固定，陶器一般放在墓主的脚部或身体偏下部两侧，石器常见在墓主身旁及腰部，玉器主要在头部和胸部，玉璜一般在胸和颈部，有的在两只手臂处各置玉环镯多件。随葬玉器数量多，品种丰富，雕琢精湛。玉器的质料主要是透闪石、阳起石和蛇纹石等，有少量的玛瑙和水晶等。玉器的钻孔技术十分发达，有管钻、实心钻，具体方式有对钻、单面钻、斜钻等。

第二次发掘得出以下几点认识[19]：

一是墓地系人工堆筑而成。在第一次发掘中被忽略的沙石层堆积，因本次发掘的面积较大而得到较充分的认识，确认了是人工有意铺垫而成，有的墓葬打破了它，有的墓葬在该层下，并认为沙石是从4千米之外的太湖山搬运而来的，这有十分重要的意义，表明了原始观念的转变，这里是凌驾于一般村落之上的重要聚落中心。

二是独立的专用人工墓地，与凌家滩聚落中心地位相适应。墓地出土大批精美的玉器，证明能够埋入墓地的应是一批凌驾于部族一般成员之上的特殊阶层或集团成员。

三是凌家滩墓地营造方式由平地挖坑到人工墓地的埋葬的出现（笔者按：指人工用沙石有意筑成的墓地），说明社会组织结构发生了新的变化，促进人们利用改造自然为原始的信仰、宗教、权力服务，体现人们对权力的崇拜和新的社会秩序的开始，显示了文明的曙光。

四是凌家滩墓地随葬品比例与以往相比发生了根本性的变化。15座墓葬随葬品统计反映了玉器为主的丧葬习俗占据了主导地位，陶器退到了次要地位，而且这批玉器造型精美，雕琢精湛，工艺技术十分发达。

但在第二次发掘中，因为现场对沙石层认识还不足，虽对其有所关注，但发掘时还是当作普通地层挖掉而未保留下来。对于沙石来源的认识，并未得出准确的认识，直到2017年因在墓地东侧的山岗东缘修桥，才发现这些原料是就地取材。至于沙石层的意义，局限于它是人工铺筑而成的墓地，还没有太多地意识到它与祭祀、原始宗教和显贵墓葬之间的系统性关系。对于有部分墓葬叠压在沙石层之下的论断，现在看来需要修正，应该都是在祭坛之上打破祭坛或者两者并没有叠压打破关系。

不过总体而言，第二次发掘为更深入地了解凌家滩的内涵提供了更多、更详细的材料，确立了凌家滩遗址在中国史前遗址中的地位。大量精美玉器的发现，不禁让人感慨凌家滩时期与以前发生了不同的变化，在凌家滩时期以前，墓葬随葬品基本以陶器或石器为主，玉器仅少量随葬，而凌家滩墓地随葬品以玉器为主，陶器退到了次要地位。针对这一现象，多位著名专家都认为凌家滩玉器不论制作工艺，还是艺术水准都达到五千年前的最高水平，而且比良渚玉器要早[20]。这无疑肯定了凌家滩遗址的重要地位，并且及时修正了关于凌家滩与良渚玉器的年代问题，只是这些重要认识未在当时形成专门的论述文章，因而对凌家滩的认识在较大范围内还囿于原有的认知之中。

第二次发掘其实自开始便不顺畅，个中缘由是因为第一次发掘后考古发掘领队与当地个别领导有了误会，并涉及文物归属等其他问题，因此发掘工作在艰难、短暂开展后，仅仅将第一批探方挖完，未能按计划进行第二批探方的发掘，安徽省文物局、省文物考古研究所领导在沟通协调后，也指示尽早完成现有任务后及时返回。从此，凌家滩的考古工作暂停了11年，一直到1998年秋，才开始了第三次发掘。

但这段时间因资料的发表，引起了研究的小高潮，众多专家对这批玉石器的内涵有了快速而卓有成效的研究，也有力推动了学界对凌家滩的认识。1989年这批材料发表后，学界对玉龟、玉版及其图案的探讨与研究十分热烈，包括饶宗颐、李学勤在内的诸多专家提出了河图洛书与八卦说、天文说、数理说、方位说、风水式盘说、日晷说等[21]，成为此后十年的研究热点与主题，而对于其他器形和石器、陶器，基本上未加探讨，一直到 1999 年才开始有相对系统化的研究。但俞伟超在 1989 年便就凌家滩玉器提出了考古学中研究精神领域的问题，已颇具前瞻意识。他在认同龟占的同时，指出玉版上的 8 个圭形图案表现的是八方之树，三角形玉片上的树叶形图案应是社神即地母的象征[22]。同一年陈久金、张敬国认为凌家滩出土的玉龟和玉版的图形，提出 5 000 多年前就有河图、洛书和八卦的观念，反映了我国夏代或先夏的律历制度[23]。王育成指出方心八角形纹最早见于大汶口遗址，而凌家滩及其所在的安徽江淮地区更早的或同期的原始文化中都没有这种形制的图案，从该遗址包含大汶口文化因素的角度看，这类方心八角形纹显然也来自东部沿海的其他原始文化，尤与山东大汶口、上海崧泽发现的同类图案关系密切[24]。李斌根据有关古代文献，并通过与文物资料的比照研究，对玉龟背、腹甲之间的带有刻画图形的玉片提出一些见解：认为含山玉片是我国最早的与天文学有关的出土文物之一，可能是古代先民用以测日测星定时的原始日晷，它反映了 5 000 年前的观象测时方法和时间制度[25]。冯时认为玉版中央乃至新石器时期出现的同类八角图案实际是五位九宫图，而且种种证据显示，这种图很可能就是目前我们所知最原始的洛书[26]。此后对于玉龟、玉版的研究渐趋减少。纵观 90 年代对凌家滩的研究，基本上体现了一种厚此薄彼的现象，不过这并不令人意外，以往大量引起关注的重大发现大都如此，随着研究的深入和探讨新问题的需要，逐渐才能走上常态。

（二）第三次发掘——墓地、祭坛与聚落

到 1998 年上半年，十余年的时间已抚平了各方当事人的内心，人事变动也较频繁，在此情况下，经安徽省文化厅、省文物局、巢湖行署多方促成，安徽省文物考古研究所和含山县政府进行了友好磋商，最后在《文物保护法》的框架下达成了共识，由省考古所实施发掘任务，出土文物在写完发掘报告后由省文物局指定单位收藏，同时考虑到含山当地的需要，发掘出土的文物中部分重复件和部分文物由含山县文物管理所保管[27]。10月初～11月底，安徽省文物考古研究所在凌家滩举办了安徽省第一届田野考古培训班，最终启动了第三次发掘。本次发掘由张敬国领队，安徽省文物考古研究所贾庆元、刘锋、吴卫红为现场指导老师，程京安负责摄影，还有方笃生等人负责后勤工作，来自省、市、县各级文博部门的学员21人参加了培训，包括具有一定田野考古经验的铜陵市文物管理所唐杰平（厦门大学考古专业毕业）、安庆市博物馆许进涛（中山大学考古专业毕业）、怀宁县文物管理所金晓春、固镇县文物管理所蔡文静、淮北市文物管理所杨建华和张拥军、肥西县文物管理所张永新，以及安徽省博物馆魏宏伟、临泉县博物馆于亚东、亳州市文物管理所何建新和张晓峰、阜阳市博物馆韩朝、宿州市文物管理所高雷、六安市文物管理所李勇、天长市博物馆施庆、望江县博物馆卓识雨、寿县文物管理所黄正术、马鞍山市文物管理所李敏、巢湖市文物管理所陈辉和含山县文物管理所郑宏、石建城。

考虑到培训班人员较多，还有当地不可预知的各种可能，因此在国庆节之后，贾庆元带领刘锋、吴卫红等作为先遣队便到达了凌家滩遗址，借租好民房，并将大本营设在大路西侧贾庄村内的一幢两层红砖楼房及其南面的平房（图一二）。此后几天便是与铜闸镇政府和遗址所在的五联行政村的人员进行沟通、商议具体动工事宜，但因为十余年的隔阂尚未消除，开始几天并不顺利，即便是零星的钻探工作也难以进行。但随着多方努力和交流的渐趋畅通，最终各项问题也在培训队员们到来之前全部解决。为此，在开工之后考古队还专门在住地邀请村干部畅饮一顿，才有了发掘报告中描写的值得记住的那场豪饮[28]。但在开工之后，各方的小矛盾也时有发生，包括民工

图一二　凌家滩第三次发掘的考古队大本营（镜向西北）

（前面平房为厨房，后面二层红砖小楼为食堂、住宿之处）

临时罢工等，所幸大局往前，最终都得到了解决[29]。

经过近十年的研究，凌家滩的文化面貌已为诸多学者熟知，除玉器之外，这批墓葬出现的背景、布局和凌家滩聚落等问题也成为希望了解的对象，加上本次发掘人员充足，因此部分解决以上问题是有可能完成的。

在起始阶段，发掘地点大体上是以墓地中间的那座近代坟姜家坟为中心，围绕前两次发掘位置向东、西、北三面扩展，后来因为保护祭坛的原因又在南沿的陡坎下布5×5米探方5个，总发掘面积达1600平方米，基本上覆盖了原来所认知的墓地范围。在发掘前对前两次发掘的布方、坐标基点进行了统一化处理，以县文物保护单位保护碑的中心向南延伸13米作为基点，设立了一个虚拟坐标，将原来从靠近万氏坟往西、往北排列的以序号法编列的两位数编号，统一改为第一象限的坐标法四位数编号，如T1改为T1207，T4改为T1208，T7改为T0908，虽然因为测量的精度不够，原来探方的分布也不是很精准，将前两次发掘的探方套入到新的布方网格中会有一点偏差，但整个墓地的发掘开始有了统一的坐标系。10月16日上午举行了简短的开班、开工典礼，下午开始布方，17日野外发掘正式开始，到11月14日野外工作除个别探方外均告结束。

此次发掘原本仍是以墓葬、玉器为重点，但发掘之始指导小组便对沙石层予以特别关注，重点了解墓葬与沙石层的层位关系、沙石层的结构等。在发掘初期沙石层出露后经多次讨论，最终结合红山和良渚文化的贵族墓与祭坛一体化的特点，认为沙石层是以石子和石块为主要铺筑材料的祭祀场所，并称之为"祭坛"，确认了与祭坛位置重叠的墓葬都是打破祭坛的，直接打破生土的墓葬都围绕在祭坛之外而未被祭坛覆盖，并不是原本叠压在祭坛之下，后期祭坛遭破坏的原因。对于"祭坛"的定性认识直接导致了发掘目的的调整，方法和技术也相应变化，全面了解该遗迹范围、结构成为此后的重点工作，另对随葬品摆放、墓地布局也更加注意，出于保护和未来可能展示的考虑，最终将这个祭坛和相应的遗迹保留下来未再发掘。

但开班不久的培训不能因此而停止，除临时在墓地南面陡坎下增加5个探方外，其余人员需另寻场地。因凌家滩只有墓地发现，而对聚落一无所知，与大批高等级墓葬的发现完全不匹配，所以了解凌家滩聚落成为我们急想解决的问题，但当时整个考古队对聚落考古缺乏实践经验，只是结合访谈、现场踏查，认识到岗地及其边缘不应是整个遗址的全部，生活区更有可能在平地上。最后在遗址南端东侧的石头圩布南北向一排探方5个、西侧的南半坎布探方4个，共发掘225平方米，在石头圩发现了丰富的文化层和一处以红烧土填充基槽的隔间残房基，首次让我们意识到岗地两侧的沿河平地都应属日常生活区，从而不仅使聚落的面积扩大了数倍，也使得凌家滩作为大型的中心聚落有了考古证据（图一三）。

第三次发掘获得了远超预期的收获，在石头圩地点发现房屋遗迹1处，在墓地发现新石器时代祭坛1座、祭祀坑3处、积石圈4处。祭坛建在凌家滩墓地中心最高处，自下而上分三层，分别为较纯净的黄斑土层、碎小石子及瓷土类较黏矿物铺成的碎石子层、较大石块和碎石子相间铺成的石块层，可能为两次建成并可能修补扩充过[30]。发现29座新石器时代墓葬，出土遗物600余件，包括300余件玉器。玉器种类繁多，3件玉人、1件玉龙、1件玉鹰是本次发掘中最重要的象生礼器，其他玉器有斧钺、矛（戈）、璜、环镯、玦、小璧、玉管，以及罕见的耳珰、塔形饰等，98M20出土的111件玉芯和边角料、98M23出土的一套石钻、砺石、石芯，反映出玉石器制作的内容，也都颇为重要。这批玉器质地有透闪石、阳起石、玉髓、石英、玛瑙、水晶等[31]。

这次发掘更为重要的是了解到墓葬与祭坛的特殊关系和墓葬的分布特点。确认了凡是与祭坛位置有重叠的墓葬都打破了祭坛；在祭坛偏南的两排，墓葬等级较高，随葬品丰富；祭坛顶部和北部的墓葬较小，随葬品明显偏少，玉器数量更少；祭坛西侧的大多数没有打破祭坛，但随葬有较多半成品、边角料、治玉工具等。其布局特点与良渚文化瑶山墓地的情形颇为相似，但不同墓区具有较强的社会分层又具有独特性。

祭坛的发现及其与墓葬关系的确认，为探讨凌家滩的社会面貌、宗教信仰及其在早期中华文明形成过程中的作用，具有十分重要的意义，而分布面极大的生活区的发现，对于理解大批玉器高等级墓葬的出现原因、确认凌家滩为区域中心聚落提

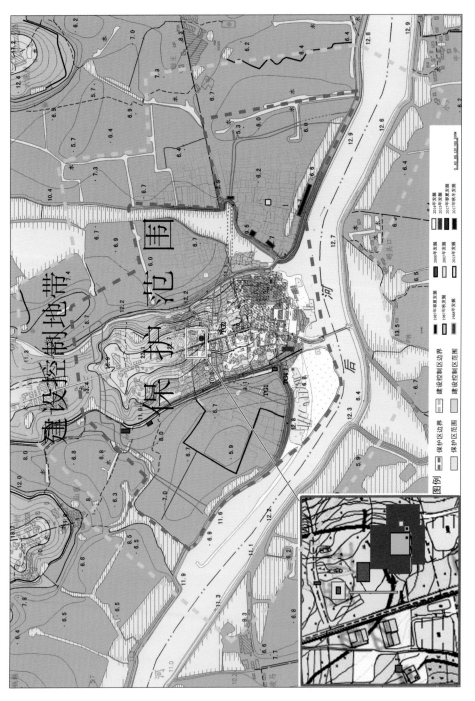

图一三 凌家滩历年发掘区位置示意图

28

供了极其重要的材料。在发掘结束后，考古队还组织学员开展了类似于区域系统调查的训练，在以凌家滩为中心的半径约 5 千米范围内，共找到了至少四五处新石器时代遗址，年代相近，打破了以往认为凌家滩一枝独秀的认识，反映出这是一处具有中心聚落的规模较大的聚落群。

遗址的绝对年代，经中国文物研究所对村中的红烧土层下草木灰标本和墓地探方所出木炭标本所做 ^{14}C 年代测定，为距今 5 560 年 ±195 年和距今 5 290 年 ±185 年（经树轮校正），也可知与红山文化晚期年代相当，而略早于良渚文化。发掘领队张敬国在第三次发掘简报的结语中，对凌家滩墓地年代也已有清晰的认识，认为相当于崧泽文化晚期或薛家岗文化二期（笔者按：指《考古学报》1982 年第 3 期刊发的发掘报告中的二期），距今 5 300 年左右，并提出"凌家滩遗存的文化特征和性质虽有待进一步分析认识，但我们目前可初步认为，它应是安徽巢湖流域一支相对独立发展的考古学文化"[32]。

第三次发掘因为上述重要成果，获得了 1998 年度"全国十大考古新发现"，也是凌家滩考古工作和对凌家滩重新认识的转折点。

（三）第四次发掘——墓区、聚落

2000 年 10 月，在时隔两年后开始了第四次发掘。整个工作仍是安徽省文物考古研究所主持，含山县文物管理所协助，由张敬国担任领队，安徽省文物考古研究所杨竹英负责业务，王强负责后勤。10 月 13 日上述人员到达凌家滩，14 日从市县文物部门抽调参加发掘的安庆市博物馆许进涛、怀宁县文物管理所金晓春、淮南市博物馆江茂东、亳州市文物管理所何建新、五河县文物管理所安鑫、肥西县文物管理所张永新、巢湖市文物管理所窦念胜、含山县文物管理所郑宏 8 位文物干部到达工地。田野工作于 16 日开始至 12 月 5 日结束。

本次发掘改变了以往的思路，虽然仍是以墓地为核心，在祭坛西北方向布 5×5 米探方 10 个，后在该发掘区东侧 15 米处布 1×3 米探沟 1 条（TG2000），在西北增布 2 个探方（T0420、T0520），在墓地北侧沟渠处布 2×10 米探沟 1 条（TG1），以

图一四　第四次发掘的凌家滩墓地及周边环境（镜向北）

上合计310.5平方米。但为了解凌家滩村内的红烧土分布密集区情况，零散布小探沟或探方8处（JT1～JT8），合计106平方米。还在墓地以西110米之外的斜坡上布南北向2×5米探沟1条（XQG1），试图了解是否有石器作坊（图一四）。

第四次发掘总面积426.5平方米，虽然在墓地发现新石器时代墓葬21座，但出土遗物很少，仅有玉器、玉料40余件，显示出墓地的最重要资源分布偏于墓地中、南部，西北方向已大大减少，明显体现出了墓地的等级和布局特点。因此，反复在墓地发掘已难再有重要突破，但是在西北远处的T0520汉代地层之下发现了几座新石器时代墓葬，而T0420更是在距地表1米左右的深度发现了5座新石器时代墓葬，加上墓葬自深可达1.5米左右，与此前墓葬开口一般不超过0.5米甚至耕土之下形成了鲜明对比。虽然西北一片墓区的汉代及以后地层厚一般可达0.5米以上，但此处墓底深度可达1.5米也证实凌家滩时期的深穴墓还是存在的（图一五）。

鉴于墓地已难有更多突破，为了获得凌家滩更丰富的信息，"本次考古发掘和

土山

姜家坟

凌家滩墓地
内部陡坎

上龟塘
（内壕沟局部）

勘探，借助了航空照片、卫星遥感技术、计算机成像、地质采样、探铲钻探、试掘和考古发掘等多学科相结合的方法手段"[33]，已认识到对遗址的全面了解十分重要，但多学科合作由于在安徽还是一种新尝试，并没有实质性地开展起来。

本次发掘出土遗物共250余件，其中玉器40余件、石器60余

图一五　凌家滩 T0420 发现的新石器时代深穴墓葬（镜向南）

件、陶器140余件。新石器时代遗物有玉器、石器、玛瑙器、陶器等，多出土于墓葬中，少量出土于地层以及灰坑等遗迹中，21座墓葬中共随葬玉器43件、石器42件、陶器106件[34]。

传统的钻探具有明显效果，虽非全面系统钻探，但也是本次田野工作的最重要收获，确认了凌家滩村中有总面积约 3 000 平方米、最厚达 1.5 米的红烧土密集区，似应是大型建筑区或广场[35]；首次估算出遗址面积达 160 万平方米，文化堆积的分布状况也对此后的遗址保护具有重要意义，随后的一系列遗址保护规划、墓葬—祭祀区展示规划等都是依此而开展的。不过其他一些被报道较多的内容如用红陶块砌成的"中华第一井"、石器作坊、巨石遗存、城址等，因缺乏相应的证据，大都在此后的考古工作中被否证逐渐淡出了视野。

本次发掘墓葬所出玉器在前四次发掘中数量最少，让发掘者有所失落，但却对墓地中不同墓区的认识更加丰富，对聚落的基本情况也获得了较多了解。从玉器到聚落的考古工作转型已迈开了第一步，并更加确认了凌家滩遗址具备大规模聚落中心的地位，丰富的文化内涵为探索中华文明的形成提供了难得的信息，国内不少专家学者称之为"中华远古文明的曙光"。

在此之后的数年中，对于凌家滩的研究进入一个新阶段，从单纯的玉器和纹饰内涵的研究，转到文明及文化发展模式、信仰、宗教、制作工艺、器物功能解读、与其他文化的比较研究等诸多方面，特别是针对玉器工艺方面的研究有了长足进展。2000 年出版的《凌家滩玉器》图录，附有严文明、张忠培、俞伟超三位先生的文章[36]，深刻阐述了凌家滩在中国史前文化中的价值，彻底厘清了凌家滩的年代，与良渚文化的关系不再含混，严文明先生认为凌家滩为中国文明起源的研究提供了一个起始阶段不可多得的实例；张忠培先生则细致研究了墓地年代并作了准确的判断，认为与大汶口文化中期相当；俞伟超先生还大胆地推论凌家滩及北阴阳营文化发现的可拼合玉璜有可能是结盟、联姻的信物。

凌家滩的兴衰原因及其与中华文明形成的关系，也是这一阶段的重要研究内容。2000 年朔知专文讨论了凌家滩与中国文明起源的关系，认为凌家滩的几项特征已具备了中国文明的基本要素，正式提出了"凌家滩文化"的命名[37]。还有不少学者将凌家滩置于大的区域、环境背景中，比如张弛从聚落、经济角度认为巢湖地区有自己的玉石器制造业，"凌家滩那样大规模的聚落一定是由在手工业产品的贸易中占有重要地位的社群发展起来的"[38]。张敏虽然未直接讨论凌家滩，但提出了良渚人掠夺宁镇地区的玉资源，是"在邻境地区原始文化遭受毁灭的基础上，铸就了良渚文化的辉煌"[39]，对探讨凌家滩消失的原因也有启发意义。李新伟就红山与凌家滩玉器的相似问题，提出存在"上层交流网"[40]。武家璧认为玉版与日晷图案的结构虽然等分圆周时的等份数目不一样，但其基本数据却具有同一性，表明早在5 000多年前就已掌握根据日出入方位来辨别时节的观象授时方法，这种传统的地平方法发展到战国时期采用了宿度、去极度定量描述天体位置的新阶段，形成盖天说地平系统的宇宙理论[41]。

而严文明先生在《凌家滩·序》中的论断，则成为这一阶段确定凌家滩价值意义的最重要内容之一："可以毫不夸张地说，在长江下游，凌家滩人是首先走上文明化道路的先锋队。虽然直到目前为止，我们还不知道他们的后继者是一个什么情况，是不是曾经拿过接力棒进一步奔向文明社会。但从各种情况分析，在凌家滩之后，文化发展的重心可能有所转移。至少玉石工业的重心转到太湖流域的良渚文化那里去了。"此外他还运用当时盛行的墓地分区研究方法，首次将墓地划分为六个小区，分属贵族、工匠、平民等[42]。

随着2006年前三次考古发掘材料的全面公布[43]，更加推进了研究的深化。2006年11月13日中国社会科学院考古研究所和安徽省文物考古研究所联合在合肥召开"江淮地区文明化进程研讨会"，与会专家还对上述研究之外的凌家滩及江淮地区文明化进程、矿料成分检测及来源等问题进行了探讨[44]。

当然随着材料的陆续公布，对于原有的一些认识也出现了讨论，比如周玮对"祭坛"的定性提出了质疑[45]和朔知的回应[46]，朱乃诚认为"玉龙"定名应修正为"玉虎"[47]，杨晶首次对凌家滩以往一直缺乏的最基础研究工作——分期和年代问题的详细辨析[48]，等等，这些研究都有力地促进了对凌家滩内涵的研究。

可以说，90年代对于凌家滩的研究绝大多数还只局限于几件器物的状况，此时已大为改变，全面的深化研究成为主要方向，并取得了一系列重要成果。但同样因为研究的深入，对凌家滩遗址本身及其周边聚落方面信息的了解成为越来越多研究者的渴望，这也是凌家滩考古工作从 2008 年开始转型的客观原因之一。

（四）第五次发掘——失望、意外与惊喜

凌家滩的前三次资料整理工作于 1999 年获批国家社科基金资助，延续至 2005 年才结项，2006 年报告出版，同时因 21 世纪初国家文物局对发掘重要遗址的政策也有所收紧，因此第四次发掘之后，凌家滩的发掘工作暂停了一段时间。2007 年历任领队张敬国计划重启发掘，经过多方努力最终获得了批准。

第五次发掘由张敬国领队，安徽省文物考古研究所吴卫红负责现场业务，王强、许梦黎、徐红霞负责后勤和摄影等，成员以 2005 年在霍山戴家院遗址兴办的安徽省第二届田野考古培训班学员为主，包括黄山区文物局周洋和孙亮、怀宁县文物管理所何张俊、马鞍山市博物馆江晨、淮北市博物馆孙浩波，此外还有阜阳市博物馆杨玉彬、怀宁县文物管理所潘启和、安徽大学 06 级考古专业研究生甘恢元，以及陕西技工刘锁财、齐纪续、雷东科，含山县文物管理所王同革和郑宏分别参加了前期和后期发掘（图一六）。

重启的发掘工作引起了省内媒体极大兴趣，部分媒体人员甚至在凌家滩附近租住了房子准备进行即时报道，含山县政府也高度重视，为预防意外事件发生，成立了发掘领导小组负责配合考古队协调各项工作。2007 年 5 月 10 日部分人员进驻凌家滩村开展前期筹备工作，5 月 18 日正式开工，至 7 月 13 日野外工作结束，共揭露面积约 450 平方米。

本次发掘之前，曾拟订了主发掘方案和后备预案。因为墓地西北部的 T0420、T0520 在第四次发掘时有多座新石器时代墓葬，本次主方案还是围绕两个探

图一六　凌家滩第五次发掘队员在国保碑前合影（镜向东南）

方布方，根本目的是发现墓葬和玉器。预备方案是考虑到这里已远离祭坛和重要墓葬区，如果结果不理想，则转而解决整个墓地的堆积过程、墓地布局，并对祭坛的准确范围及其东面的坡地进行了解，同时将祭坛上迁出现代坟后留下的30多平方米空地进行清理。

经过近一个月的发掘，主方案区域的发掘并不理想，在汉代地层之下，基本上只有红褐色的生土，只发现了3座一般的新石器墓葬，但因为第四次发掘发现了深穴墓，所以全部探方还将这一层下挖了三五十厘米甚至更深，终因生土的硬度太高，发掘困难，更因生土表面经十分细致地铲刮也未找到墓坑边线，决定放弃这片区域，于6月15日启动预案：一是在主发掘区南面打一条宽1米、长40米的探沟，意在将几次发掘区的地层贯通起来，为方便发掘、记录，按等距分为4段，分别记为TG1、TG2、TG3、TG4；二是在祭坛东侧T1507以东布了一条东西向长18米、南北宽2米的探沟（TG5）了解堆积情况，后将其改为4个长排的探方；三是顺便在T1507以西偏北约10米处因迁坟留下的空地处，布一个东西长、南北短的3.5×5米临时探方（临T1），算作是临时清理，南北两侧的现代坟还未迁出（图一七）；四是借机验证红褐色生土之下的土层究竟是怎样的，在T0319继续将生土往下发掘到2.5～3米深，充分了解到岗地上从更新世晚期到全新世不同时期的堆积特点，在距地表深200厘米左右的地层经测年为距今近5万年[49]（图一八、一九）。

考古发掘总是充满了不可预知，本次发掘最大的收获竟然是意外在迁坟处临时清理的临T1内，发现了轰动全国的07M23，这是凌家滩历年发掘墓葬面积最大、出土遗物最丰富的一座墓，经扩方发掘，最终确认墓圹面积近7平方米，出土玉、石、陶器约340件，以玉钺覆面，3件由简约的玉龟、斜口扁圆形器组成的组器悬挂在墓主腰部以下，在填土之上压有一件重达88千克的石雕猪，都成为该墓极为抢眼的内容。该墓规模大，随葬品多，是中国新石器时代考古中的最重要发现之一（图二〇）[50]。在其南端还出露了一座07M22，因墓葬绝大部分压在最早发现玉、石器的万氏坟下而未发掘，直到2016年底才得以部分清理出来[51]。

图一七　凌家滩临 T1 及 TG5 位置（镜向西）

图一八　凌家滩 T0319 南壁剖面更新世—全新世地层（镜向南）

层号	深度/厘米	层位	剖面照片	地层特征	OSL年龄及考古断代
1	0～14	耕作表土层	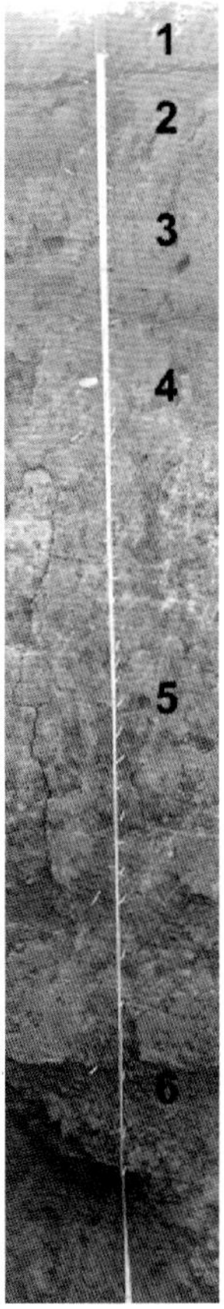	◆ 灰黄色黏土质粉砂，含少量细砂与黏土，有孔隙，有机质多	现代表土层
2	14～31	灰黄色黏土质粉砂层		◆ 略带棕红色，略含细砂，有孔隙	近代文化层
3	31～49	浅灰黄色黏土质粉砂层		◆ 略带灰绿色，有红烧土斑点，含少量锰结核，有明清瓷片，孔隙多	明清文化层
4	49～69	浅黄色黏土质粉砂层		◆ 略带浅棕红色，含少量细砂，有汉代陶片，夹红烧土颗粒。下部有少量铁锰结核、褐红色土块和炭屑	OSL年龄 2.3±0.2 ka BP（58厘米）汉代文化层
5	69～149	红褐色黏土层		◆ 略含粉砂，铁锰结核很发育，新鲜面上有少量红褐色斑，铁锰结核直径一般几个毫米，均匀分布，有些铁锰结核呈黑色光泽；上部垂直节理发育，红褐色多，个别地方以红褐色为主；裂隙中有灰色粉砂质黏土，越往下土层越红；下部为暗褐色的均质黏土，铁锰结核很多	OSL年龄 11.6+1.0 ka BP（74厘米）30.7+2.5 ka BP（110厘米）41.0+3.2 ka BP（135厘米）
6	149～209	暗褐色黏土层		◆ 岩性变化均一，铁锰结核比上层减少，在与上一层交界处有几毫米水平层，上下部均为块状	OSL年龄 43.6+3.4 ka BP（165厘米）48.3+3.7 ka BP（190厘米）

图一九　凌家滩 T0319 南壁采样及地层特征

（引自《巢湖东部含山凌家滩遗址地层元素地球化学特征研究》）

本次发掘共发现了新石器时代墓葬4座、灰坑3座。出土各类玉、石、陶器400余件。另外，还发现战国和东汉时期的墓葬5座、隋唐时期墓葬2座，出土陶器、铜器等近40件。

第五次发掘在媒体报道方面也有一些经验和教训。因为初始阶段刚刚开始发掘，便受到媒体的过度关注，不少北京和省外专家都被追踪寻问，引起不良反响，

全景俯视（镜向西）

玉龟和斜口器出土现场（镜向南）

玉龟和斜口器

石雕野猪像

图二〇　凌家滩07M23全景与出土玉石器

几天后考古队严肃了纪律，一律统一口径、统一发布，才及时扭转了新闻报道的混乱现象。

经过前后二十年的五次发掘，我们对于凌家滩墓地的范围、布局和祭坛的营造方法终于有了一个基本全面的了解，为深入研究凌家滩遗址及其文化内涵提供了十分重要的材料。07M23 的出现，也意味着这个墓地处在核心位置的大墓基本上已被发掘。只有 07M22 因压在万氏坟下并被该坟有所破坏，是否还有遗物，还有多少遗物，仍是个未知数。

凌家滩遗址自 1985 年 6 月发现，到 1987 年被公布为含山县文物保护单位，1998 年 5 月被公布为安徽省文物保护单位，又于 2001 年 6 月被公布为全国重点保护单位，为凌家滩的保护带来了新生。但同时因为凌家滩遗址的重要性更加凸显，也出现了遗址保护与民生发展之间的矛盾。这对矛盾自公布为省保单位后持续了十余年，直到 2012 年含山县政府决心走保护与利用之路，2013 年凌家滩遗址被列入国家考古遗址公园建设名单后，才逐渐改观。但在长达 20 余年的时间里，凌家滩遗址在当地政府和村民的保护下，虽偶有盗贼破坏，却没有遭到大规模的盗挖，这在国内诸多大型遗址中也是较为可贵的了。

（五）迁坟——意外、欣慰与遗憾

凌家滩考古遗址公园建设于 2013 年获批立项，因各种矛盾汇聚，进展十分缓慢，到 2016 年才有了实质性推进，墓地和祭祀区的展陈工程在历经艰难后实施起来，墓地上大批现代坟被迁出。2016 年 11 月 28 日，万氏坟在县文物部门现场监督下妥善迁出，安徽省文物考古研究所随即制订了计划，准备于 12 月上旬对该坟穴周围进行抢救性发掘，在网上履行申报抢救性发掘申请后，由吴卫红带领入职不久的夏浙新、陈大元以及安徽大学、浙江大学等地的学生，于 12 月初及时进入现场并开展工作，但在中旬时未得到批准，建议第二年按正常主动性发掘程序申报，因而只能停止相关工作。只是万氏坟已迁出，墓坑底部已可见遗迹现象，必须及时清理到底，因而最终对万氏坟内底部 0.8×0.85 米的范围进行了抢救性清理。因为当年葬坟时已发现了大量珍贵遗物，所以本次清理并未抱有太大希望，只想将其情况了解清楚。

对于这座大墓而言，最欣慰的是万氏坟为东西向，而大墓是南北向，仅墓主的胸部被其打破，整个墓葬的形态、结构还基本保存。在清理万氏坟的坑底残存填土中，发现残石钺1件，东南角填土中还发现1件残跪姿玉人像。在坑穴西端的棺底零散石灰下发现残陶豆、壶、石斧、锛、钺、玉环、玦、璜、虎首璜等，以及较碎的人牙、右肢骨、脊椎骨，还有一件立体性较强的头冠圆雕是本次清理的最重要发现之一，它与万氏坟填土中的跪姿玉人像，都是在凌家滩首次发现的圆雕或半圆雕玉器，此前的象生器形基本上都是扁平状。清理后还出土了各类玉、石、陶器50余件（不包括人骨、石块和其他残器的边角）[52]。

这次短暂、局部的清理，可以确认万氏坟打破了一座新石器时代高等级墓葬，从位置分析应与07M23南端露头的07M22有关，因此编入07M22。

让人意外的是1985年葬坟时并未将07M22的所有遗物都挖出，或许是因为下面的土较硬，而当地葬坟并不深挖之故，竟然将07M22墓主人胸前的大量玉器都保留下来，而且发掘出土的一件残虎首璜，与当年葬坟时出土的一件还能够拼成完整的一件。仅从两次发现来看，该墓随葬的玉、石器数量最少也有100余件，圆雕或半圆雕人像、虎首璜、绿松石片以及该墓在墓地中的位置等诸多现象，都反映出墓主人的身份之高，应该不亚于07M23，是凌家滩墓地中等级最高的墓主之一。

但遗憾的是该墓从最初万氏坟下葬时被发现，到第一次发掘时擦肩而过，还曾被盗掘者觊觎，又在2007年发掘时仅露头又被填埋，最后在万氏坟迁出时露出真容却依然迷雾重重，倒是给凌家滩平添了几分神秘色彩（图二一至二三）。

至此，凌家滩以追玉为核心、主要针对墓地的考古工作基本告一段落，近三十年的研究也形成了一些基本而重要的认识，它在玉、石器方面前与北阴阳营文化、后与良渚文化的关系也越来越清晰，制作工艺的研究更是较为深入，多样的工艺达到了同一时期的最高峰。社会发展已具有一定的复杂性，出现了等级或分层现象。

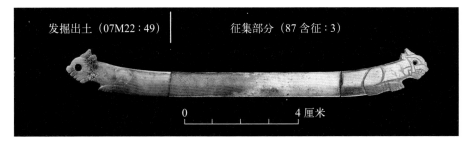

图二一　凌家滩两次出土的玉虎首璜拼合照

（87 含征：3 照片引自《安徽省出土玉器精粹》P.32）

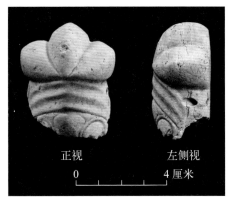

图二二　凌家滩半圆雕人头像（07M22：14）

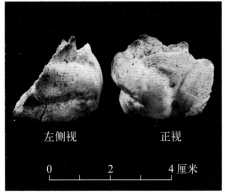

图二三　凌家滩圆雕跪姿人像（万氏坟：2）

可以说，如果没有前五次发掘的一系列重要发现，凌家滩不可能形成持久不衰的学术热点，更不可能得到学界、社会如此关注。但是，它究竟是一个独立的考古学文化，还是可归属到北阴阳营文化或崧泽文化？它是独立存在还是具有一定的分布范围？它的存续时间究竟有多久？它的聚落形态是怎样的？它的出现，是当地聚落发展到一定程度后产生的巨变，还是外来人群的突然占领？不解决这些问题，针对墓地、玉器的研究很快便会因失去支撑而遇到瓶颈，难以再进一步深入。这一系列具有重要学术价值的问题，都在墓地发掘基本告一段落后摆在了研究者的面前，留下一个大的问题：

活着的世界在何处？活着的世界是怎样的？

第三节　探寻古人世界

一、从玉器到聚落

虽然自第三次发掘之后，聚落考古逐渐进入到凌家滩考古工作的范畴，但只是零星开展，理念上还没有形成较为系统的想法，也没有明确的目标。在 2008 年底张敬国先生退休后，吴卫红接手了凌家滩的工作，在充分认识到凌家滩墓地、玉器的重要性基础上，认为凌家滩这种大型聚落是当时社会发展程度的最重要体现，在器物形态、聚落结构、社会组织等各方面都有其复杂性，除墓地外，还需要了解居址、农业、手工业、环境等各方面的综合信息，即便是对所谓"空白区"的了解也是有意义的[53]。

如果说此前考古工作获得的大量出色成果是凌家滩的"红花"，则下一阶段的成果虽然在学术上同样具有重要价值，但可能不会如此耀眼，在很大程度上可以比作"绿叶"。在综合思考学术研究的必要性，并结合现实的可能性后，提出可以开展以聚落考古为核心，以科技支撑为特点，"从玉器到聚落"的新实践，不再以墓葬的发掘为主要目标，而是力图尝试构建一个具体而充实的区域史前社会，即"探寻活着的世界"。这一阶段前后持续了十年（2008 ～ 2018），以织"网"为基础，发掘为重点，通过"织大网、填小网、精发掘、重科技、求规范"几种方式，提高单位信息获取量及信息互补性，在宏观上应该深入了解本体，全面掌握周边（遗址群），微观上全面了解功能区，也不放弃所谓的"空白区"。

十年的实践工作，为快速构建区域社会图景提供了可能性。这个过程实际上是同时走了四步：一是对最基础的陶器分期、年代、文化内涵等进行补课，属于传统的文化历史考古学的内涵；二是对生业、技术、生活、环境、聚落乃至微观的埋藏过程进行分析，大致属于过程主义的范式；三是探讨遗物、遗迹之间的关系，追寻其发展动因和背后的意义，又有点后过程主义的味道；此外还要提炼其核心价值，探讨它与中华文明的关系等，进入到大历史研究的框架[54]。这是一项巨大的研究工作，远非十年所能完成，虽然直到目前为止，也只完成了一小部分，甚至可以说只是刚刚触及，但还是大大拓展了研究的视野，为下一步深入研究打下了基础。

二、织网成图

"织网"就是通过比较全面而细致的调查、钻探等方法，形成一个更大、更清晰的时空框架，来了解凌家滩的发展、变迁。在研究路径的设计中，按照"不舍弃"的理念，"不盲目"的思路，设计并完善了一套工作计划，确定了先全面掌握，后重点了解的原则，分步实施。

首先以凌家滩为核心、裕溪河流域为主体、巢湖流域和皖江两岸为背景（图二四），采取区域系统调查方法全面调查，构建出一张30～50米间距的大网，目的是了解凌家滩本体及周边聚落的分布情况和变迁过程。有了周边和外围的调查基础，形成一个罩住凌家滩的大网，再看凌家滩本体，便有了扎实的背景。

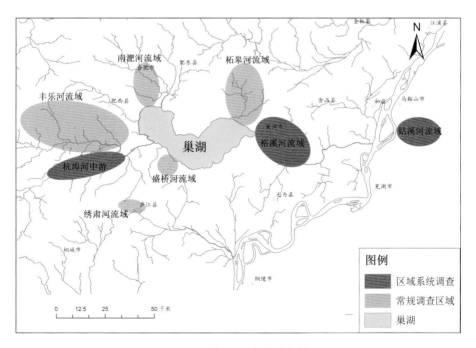

图二四　皖江两岸部分调查范围

其次是采用传统的钻探方法，以 5 ～ 10 米间距对整个凌家滩遗址全面钻探，其他遗址择要钻探，构建出一张更密的小网，一方面对调查结果进行抽样式的核验，另一方面也对各遗址本身有更全面的了解。

第三，在此基础上，通过局部发掘有重点地解决问题。

按照这样的思路方法，虽然尚无法彻底弄清史前社会的方方面面，但可以在一定程度上更有效地"按图索骥"，达到所期望的目的。

（一）区域系统调查

裕溪河流域的调查计划用 6 年时间，对凌家滩周边约 500 平方千米范围以 30 ～ 50 米间距进行全面的踏查。调查始于 2008 年 12 月 8 日，于 2013 年 12 月 30 日全部结束，经过 2008 年 12 月 ～ 2009 年 1 月、2010 年 1 月、2011 年 1 月、2011 年 2 月 ～ 3 月、2011 年 12 月 ～ 2012 年 1 月、2012 年 2 月 ～ 3 月、2012 年 12 月 ～ 2013 年 1 月、2013 年 12 月，前后 6 个年度共 8 次调查，最终覆盖面积近 470 平方千米（包括未能进入的山地、水域等），实际踏查 397 平方千米（图二五）。

调查时将"无遗址调查"和"遗址调查"理念相结合，以 1 : 10 000 的地图为基础，设计了一套包括地形地貌、土地利用内容在内的较详细记录标签和剖面、遗址记录表。由于裕溪河下游被洪水淹没多次，地表覆土较厚，选择了以裕溪河上、中游为调查范围，下游除沈巷之外的不适合开展系统调查的部分区域仅开展了非系统性调查。对发现的遗址地表遗物的采集，采取划分 10×10 米的模糊网格的方式，并利用经过校正的手持高精度 GPS 定位，对方格内遗物全面采集，以利于后期最大限度复原遗物的分布空间（图二六、二七）。

第一、二次调查是由安徽省文物考古研究所与中国文化遗产研究院合作，由吴卫红和丁见祥负责的，2011 年及之后的第三至八次调查纳入了"中华文明探源工程"，由安徽省文物考古研究所实施[55]。参加调查工作的人员有 110 人次，除吴卫红作为负责人全程均参加外，安徽省文物考古研究所叶润清、罗虎、王志和中国文化遗产研究院丁见祥、王运林以及北京联合大学黄可佳、宁国县文物管理所丁太平和含山县文

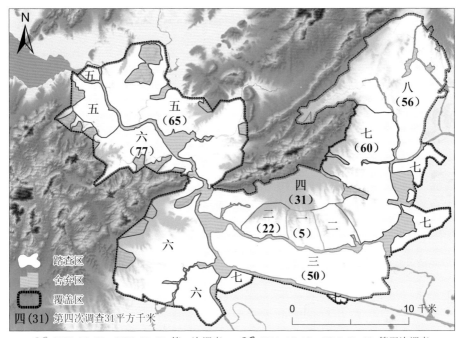

踏查区
舍弃区
覆盖区
四(31) 第四次调查31平方千米

🐾 2008.12.08～2009.01.05 第一次调查　　🐾 2011.12.10～2012.01.03 第五次调查
🐾 2010.01.15～2010.01.25 第二次调查　　🐾 2012.02.25～2012.03.08 第六次调查
🐾 2011.02.21～2011.03.10 第三次调查　　🐾 2012.12.09～2013.01.06 第七次调查
🐾 2011.01.04～2011.01.18 第四次调查　　🐾 2013.12.07～2013.12.30 第八次调查

图二五　裕溪河流域各季调查范围及面积图

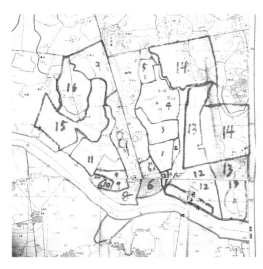

图二六　凌家滩遗址本体调查实施图
（图中的红线及1、2等编号，表示具体的调查时间和
范围）

图二七　在塔岗村附近的第七次区域
系统调查现场（2012年12月）

45

物管理所郑宏、石建城和安徽省地震局陈安国、郑海刚先后参加了前两次调查,安徽省文物考古研究所张小雷参加了第三至七次调查,安徽师范大学卢建英老师也参加了第七次局部调查,安徽大学考古专业的齐泽亮、缪鹏、甘恢元、刘文强、邱振威等较多硕士生和本科生参加了历次调查。因为人手不足,从2011年12月第五次调查开始,还创造性地采取了网上招募的方式,来自吉林大学、辽宁大学、中国科学院研究生院、河北师范大学、兰州大学、西北大学、陕西师范大学、郑州大学、山东大学、武汉大学、安徽大学、南京大学、南京师范大学、厦门大学14所高校(科研机构)的同学纷纷响应,最终挑选了60余名同学先后参加了调查(图二八、二九)。

调查共发现了新石器时代遗址45处,其中与凌家滩年代相近或略早的20处左右(崧泽时代共42处),晚于凌家滩的则以距今4 500年左右为多,但数量明显减少,只有18处。值得注意的是在凌家滩周边、裕溪河北岸的一片被山岗环抱的约40平方千米的半封闭区域内,有6处大致同时期的遗址,主要沿河分布,年代单纯。此外,各遗址的重复利用程度很低,大多数遗址只有一两个时期的堆积,且时间间隔在500年以上。

调查材料证实了凌家滩的发展并不是以往所怀疑的一枝独秀,而是有着相对扎实的社会发展基础。在凌家滩兴盛之前,周边已有一定的聚落分布,但面积最大只有几万平方米。凌家滩是在社会发展到一定阶段后,在这里出现的唯一的中心聚落,面积已达140万平方米,是周边聚落产生聚变——聚落集中化的结果。在凌家滩兴盛之后,整个区域进入了衰落阶段,少见距今5 000年前后的聚落,直到距今4 500年左右,才再次发展起来,但此时的聚落数量大大减少,并且缺乏大型的中心性聚落。

除此之外,还于2008年12月～2011年12月与国家博物馆合作,在长江东岸的马鞍山市姑溪河—石臼湖流域开展了400平方千米的区域系统调查[56];2009年12月至2010年1月在巢湖以西的怀宁、桐城的大沙河流域[57],2010年12月至2011年1月在舒城的杭埠河流域[58]分别开展了各100多平方千米的区域系统调查,从更大范围了解了距今6 000年以来的宏观聚落变迁过程。

以皖江为轴,可以得知聚落变迁的总体趋势是:崧泽时代之前一段时期,皖江

第一次调查部分队员在凌家滩祭坛外合影
（2009 年 1 月 5 日）
自左至右：吴卫红、丁见祥、罗虎、齐泽亮、
甘恢元，镜向东南

第二次调查在田王东遗址（2010 年 1 月 16 日）
沟中为吴卫红，旁自左至右：邱振威、郑海
刚、丁见祥、陈安国，镜向东南

第三次调查路途中（2011 年 1 月 16 日）
自右至左：张晨、单印飞、徐勇、孟庆龙

第四次调查途中（2011 年 3 月 4 日）
前排自左至右：孟庆龙、孙振、姚施华、徐
勇；后排左：袁增箭，右：刘文强

图二八　凌家滩第一至四次调查部分队员合影

两岸的聚落数量很少，主要分布于东部姑溪河流域一带。崧泽时代聚落数量增加十
分明显，但东部明显多于西部，尤以巢湖以东、石臼湖以西的皖江两岸最为密集，
聚落群的结构较为稳定清晰；南岸分布向西止于铜陵、青阳一线，再往西则基本不
见；北岸的西部有一定分布，但密度明显不如东部，聚落群结构不明显。而崧泽时
代之后，东部的聚落数量急剧减少；西部聚落数量明显增加，以北岸的皖河流域、
大沙河流域最为密集，南岸的铜陵以西因受到皖河流域的文化影响聚落数量也有所

第六次调查全体队员在无为石涧黄图寺附近合影（2012年2月26日）前排：邱振威、王蒙、张小雷、吴卫红、赵清坡（均自左至右）后排：张晨、孟庆龙、许晶晶、曹军、朱辉、张伟、袁增箭、张

第八次调查前全期全体队员在陶厂镇政府门口合影（2013年12月11日）前排左起：申威隆、孙晓鹏、王欢、韩娜娜、安静平、王悦婧、胡清波 后排左起：朱德宏、李利民、蒋尚武、吴卫红、吴红、孙宇峰、刘远富、李若彤、陈明焕 濮文清、

第五次调查部分队分队员合影（2011年12月24日）前排左起：郝晓晓、梅圆圆、单思伟、王向、杨旭、蔡大彦；后排左起：王蒙、张小雷、朱辉、吴卫红、王龙、余大错、刘文强、刘岩

第七次调查部分队员在塔岗合影（2012年12月11日）从左到右（不分前后排）：武昊、马倩娜、方晓晓、李扬、李佳、葛龙、李腾、邓春燕、蒋珠、张小雷、姚文娟、陈明焕 杨浩淼、朱辉

增加[59]。整体上可以看出聚落数量、密度的大小，具有随着时代的变化而从东向西逐步转移的过程，如果将新石器时代末期相当于广富林文化时期的聚落纳入讨论，则东、西聚落的变化就是呈现为一种翘翘板式的。

（二）全面开展钻探

钻探是以"不留空白"作为理念，根据凌家滩及周边遗址的重要性并结合现实社会的情况，形成以凌家滩作为重点，周边也全部钻探的思路。在凌家滩的钻探选择了方位上从东到西、从南到北，社会关系上从易到难，逐步解决的方式。整个钻探都设计了网格化方案，遗址的主要分布范围用5米间距，外围文化堆积稀疏区域为10米间距，更外围基本无文化堆积的区域为20米间距，并加中孔辅助，进行全面了解，在当时的大遗址考古工作中，这种思路还是较为前沿的（图三〇）。

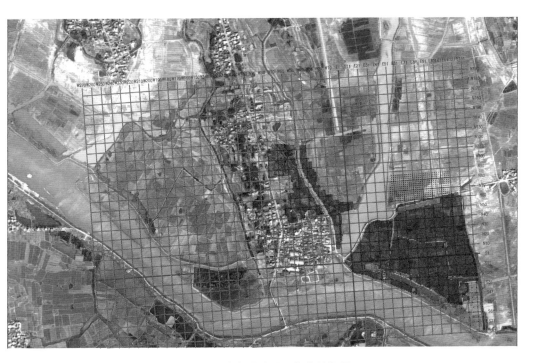

图三〇　凌家滩遗址网格化钻探图

早在 2009 年 1 月初，在首次对凌家滩遗址本体调查时，便尝试对山岗两侧的平地采取了百米以上间距的"井"字形布孔初探，初步了解到遗址的分布和文化层堆积特性，并与调查结果进行了比对，确认了两侧平地是凌家滩当时的重要生活区。但鉴于凌家滩的村民关系复杂，以及越来越严重的遗址保护与生产生活之间的矛盾，开展大范围需要动土的考古工作（钻探、发掘）必然会出现受阻问题，因此一直未动，待寻找合适的机会。2011 年县委、县政府越来越意识到，凌家滩的保护与村民的生产生活矛盾到了必须解决的时候，提出决策在遗址外建设凌家滩文化村，将村民搬出遗址范围，以利于保护，并于年底成立了凌家滩建设指挥部。

在经过与县文物部门多次沟通、了解到凌家滩保护问题的发展趋势后，2011 年 12 月 14 日由正在林头镇同时开展区域系统调查的吴卫红带着专业钻探队入驻凌家滩。为慎重起见，避免因认识不足造成判断失误和信息遗漏，在全面钻探实施前，自 15 日开始在石头圩西南部选择局部区域进行了摸底性钻探（图三一），采取 5×5 米间距，或者加中孔的方式进行深孔钻探，了解地层情况，寻求最合适的布孔间距和技术手段。但本次钻探因遗留多年的遗址保护、考古与生产生活的矛盾未解决，受到部分村民的阻挡而困难重重，虽经分工负责凌家滩建设的县人大常委会副主任徐自伦、县文化局局长滕立树以及县文物管理所郑宏等多方协调，但一时难以解决，只钻探了几千平方米，不得不于 12 月 31 日放弃，2012 年 1 月 2 日撤离（图三二）。

图三一　在石头圩西南角首次正式钻探
（2011 年 12 月 15 日）

图三二　徐自伦（左）、吴卫红（中）、滕立树（右）在钻探工地商议协调（2011 年 12 月 26 日）

12月19～21日还在浙江良渚召开了"良渚论坛——中华玉文化学会第三届年会"和凌家滩玉器展，均以凌家滩玉器为主题，影响较大，也促使得县里进一步开展相关工作。2012年春节后，在县政府和当地的支持下，3月4日钻探队再次入驻凌家滩，于3月6日下午开始了全面钻探工作，但受部分村民所阻而无法开展，经协调

图三三　石头圩东端钻探艰难开始（2012年3月7日，镜向东）

后7日下午才得以开展（图三三）。初始阶段各种矛盾依然不断，钻探在不停地阻挡中艰难前行，每天经政府协调可以得到三五亩地的钻探用地，但随着协调工作的深入，逐渐得到好转，钻探成果也十分惊人，很快发现了内壕沟[60]、堆积丰富的生活区和大面积红烧土堆积等，到5月下旬结束时终于完全确认了凌家滩的生活区所在。此后，2012年10月8日～2013年1月11日、2013年3月1日～4月底、2013年10月～2014年1月初，先后对凌家滩及东侧的小田、田王村进行了全面钻探，但遗址岗地上因有村庄占据部分未能钻探，总钻探面积227万平方米。2013年9月底～10月初还对韦岗遗址进行了钻探，2014年10月～12月，又对凌家滩周边的其他7个遗址进行了全面钻探，合计约10万平方米。

经过全面勘探，对凌家滩的聚落形态第一次有了较清晰的认识，首次明确了凌家滩遗址的准确分布范围、大致功能分区。确认凌家滩遗址包含空白区在内的最大面积约140万平方米，大体上是以裕溪河北岸为轴线，呈西北—东南向沿河分布，长达2 000余米，而在平地上向北延伸则仅200余米，是一种典型的沿河分布形态，河的南岸基本没有文化层。内、外两条壕沟是最重要的发现之一，内壕沟平面大体呈梯形，南北宽400多米，东西最长1 200多米，与裕溪河（后河）围成一个封闭空间，这个空间正是凌家滩的主要生活区，总面积近50万平方米；大量的红烧土堆积和灰

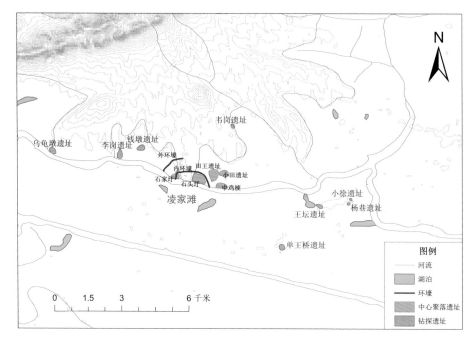

图三四　凌家滩及周边遗址钻探分布图

坑等生活类遗迹集中于山岗东侧的石头圩南部，以及山岗西侧的南半坎、石家圩南部，总面积约30万平方米；山岗南部的尽头稍高位置有面积约3 000平方米、最厚约1.5米的红烧土密集区，疑与大型建筑有关；其他地点则呈零散分布状态。内壕沟北段之北即是原来发现的墓地、祭坛，它与生活区有一个通道。在内壕沟西段以西、以北500米外，还发现了一条外壕沟，同样在北段有一个通道，但东北和东部缺失。两沟之间的遗存较零散。

对其他遗址的全面钻探，与调查所了解的堆积分布、遗存丰富程度、年代等基本吻合，完全证实了调查的可靠性（图三四）。

三、精准发掘

在调查、钻探的基础上，对凌家滩遗址的认识有了极大改观。2013年10月，凌家滩遗址获批第二批国家考古遗址公园建设名单，对于整个遗址的全面了解快速提上了日程，为更充分地了解凌家滩的内涵，一些重要节点的发掘也随后开展起来。

为实施"探寻活着的世界"的目标，第二任考古领队吴卫红在2013年至2017年间，一直将发掘地点主要集中于生活区，特别是针对内、外壕沟是否确属凌家滩文化时期进行了验证性发掘，并对各红烧土分布区进行重点了解。2013年10月18日～12月26日，因为修建通往凌家滩的中干路，还发掘了韦岗遗址，获得了将大聚落与小聚落进行比较研究的难得材料。

韦岗遗址西南距凌家滩墓葬区约2.7千米，野外发掘工作自10月20日开始，至12月2日结束，发掘总面积233.5平方米。文化层堆积丰富，以新石器时代为主，陶器质地、器形及工艺技术复杂程度均与凌家滩墓葬出土者不同，但与凌家滩遗址生活区的基本一致，如均以鼎、豆、壶为基本组合，陶质以夹砂红褐陶、泥质夹植物陶、泥质灰胎黑衣陶为主，典型器物均为夹砂红褐陶罐形鼎、泥质夹植物陶釜形鼎、泥质灰胎黑陶豆、夹石英和粗砂质陶缸等。两个遗址的根部带戳印纹鼎足、横装宽凹槽鼎足均很发达，都出土一定数量的泥质红衣陶器耳。从器物类型学分析和测年数据来看，韦岗遗址的早期距今约5 700多年，到距今5 500年左右的晚期则与凌家滩TG1的最早时期文化内涵相同，器物演变衔接紧密，两个遗址因此构建起本地距今5 700多年到5 300年左右较完整的发展序列，为探讨凌家滩文化的发生、发展和衰落过程提供了难得的材料[61]。

对凌家滩遗址本体的发掘，自2013年5月～2018年1月，分别开展了6次、多个地点的发掘，以验证性发掘和围绕遗址公园建设而开展的发掘为主，对内壕沟、外壕沟、主要生活区内的红烧土分布密集区进行了发掘，都证实了钻探的可靠性。在此期间，还重点探索了田野考古发掘的方法问题，对石头圩地点采用了1米小方格发掘的方式，在壕沟西段的TG1发掘中尝试了用最小土块发掘和编号的检验，并运用了哈里斯矩阵理念对遗存的堆积、废弃过程等进行了探索（图三五至三八）。

图中红底白框旁数字表示发掘年份

序号	发 掘 地 点	发掘时间（不含整理）	小计天数（含雨天）	发掘面积（平方米）
1	凌家滩石头圩地点	2013.05.07～07.15	71	330
2	凌家滩内壕沟西段	2014.03.14～04.23	41	60
3	凌家滩内壕沟北段	2014.04.30～07.15	77	211.5
4	凌家滩南半坎	2015.05.06～06.19	45	239
5	凌家滩外壕沟、南半坎	2017.04.20～06.13	56	230
6	韦岗遗址	2013.10.18～12.28	79	230
7	墓葬祭祀区迁坟抢救性发掘	2016.12.09～12.19	11	102.58
8	防洪工程二期（西山河段）	2017.04.17～06.13	58	150
9	防洪工程三期（石头圩南侧后河北岸）	2017.10.23～2018.01.20	90	382.25
	合　计		528	1 935.33

图三五　凌家滩生活区及壕沟发掘地点示意图

四、资源共享

除考古调查、钻探、发掘工作外，相关的多学科研究不断深入。在 2013 年之前，主要是对凌家滩玉、石器的科技考古研究，包括质地分析、风化机理探讨、工艺技术、玉材来源等，工艺研究的微痕显微观察较多[62]，此外还对红烧土块、朱砂进行了测试[63]。

2013 年在凌家滩石头圩地点和韦岗遗址发掘后，多学科的全面介入取得了突破性进展，并在理念上以各学科可共同参与、并不一定必须围绕考古研究本身的资源共享，逐步替代了围绕考古内容为核心的多学科合作，虽然这种理念并未取得太多进展，绝大多数工作仍囿于多学科合作范畴，但都为进一步了解当时的生活面貌提供了证据。

对于陶器、玉器的研究，设计了明确的研究目标和路径，通过批量、全面的分析取得了显著的效果[64]。

动物考古学研究结果表明，凌家滩遗址史前居民获取动物资源的方式包括渔捞、狩猎、对猪和狗等进行饲养，以作为肉食来源和祭祀用牲[65]。通过锶同位素检测和其他稳定同位素分析，进一步证明了凌家滩与韦岗遗址出土动物中的猪、狗和鹿等均为当地动物，猪均以 C_3 类植物为主要食物来源[66]。

植物考古方面，通过淀粉

图三六　凌家滩石头圩地点发掘现场（镜向北偏东）

图三七　凌家滩内壕沟北段 TG2 发掘现场（镜向5 度）

图三八　凌家滩材料整理人员与遗址管理部人员在文旅投公司门前合影（2017 年 7 月 26 日）

从左至右不分前后排：贾晨阳、杨国帅、吴卫红、石建城、唐军、许丹阳、胡元、方晓晓、王诚（镜向北）

粒分析得知凌家滩是以薏苡和未定禾本科为主，其次是小麦族、壳斗科栎属和其他根茎类植物，其他相对较少，还证实刻槽盆主要用于加工野生植物资源，应该用于研磨／杵捣和烹煮食物[67]。

对壕沟开展的地质考古研究，从土壤微形态和植硅体分析两方面了解到，从挖壕沟开始的清理植被，到后期壕沟被垃圾填充并逐渐废弃的过程[68]。还对外壕沟解剖的地层采用了光释光测年技术，证实了外壕沟开挖年代应为新石器时代，解决了壕沟内堆积是否全部为汉代及其后堆积的疑虑[69]。

为全面解决凌家滩的年代问题，在凌家滩和韦岗 2 个遗址的多个地点发掘中，按系列测年要求采集了大批炭样，目前已检测的六七十个数据充分确认了整个凌家滩文化的早晚年代，特别是凌家滩最兴盛的年代在距今 5 500 ～ 5 300 年左右。

在 2015 ～ 2017 年的发掘过程中，还和南京师范大学虚拟地理环境教育部重点实验室合作，对凌家滩的古地层重建、环境反演等开展了探索[70]。

通过以上所述的 6 个年度 8 次区域系统调查、3 年 4 次勘探、5 年 6 次多个地点发掘的持续田野考古，在聚落分布、聚落形态、动植物、环境、玉石器、陶器、地质考古、年代等多方面开展合作研究[71]，取得了与以往不同的全新成果，弥补了此前有关凌家滩研究的不足，"从玉器到聚落"的转型走向深入，"探寻活着的世界"成为研究凌家滩、阐释凌家滩的重要内容。

与此同时，考古学界和社会各界对凌家滩的认识也持续深化。2011 年 12 月在浙江良渚召开的"第五届中国古代玉器与传统文化学术讨论会"、2012 年 12 月在含山县召开的"中国凌家滩文化论坛"两次会议也极大地促进了对凌家滩的研究，并逐渐凝聚了几个重点：一是对玉石器形态、纹饰与功能的深入研究；二是凌家滩与其他文化的关系，而玉龟形器与红山文化斜口器的争论尤为突出；三是社会发展模式、环境、生业等研究开始起步。在"中国凌家滩文化论坛"上，专家们形成了"凌家滩论坛共识"，认为"凌家滩遗址具有鲜明的地域和时代特点，可以称为'凌家滩文化'。它的出现开启了一个崭新时代，展现了中华文明的曙光，在中华文明起源和形成过程中具有标志性地位""保护好凌家滩遗址，对于守望中华民族的共同精神家园、激发人民群众的爱国热情，让全民共享考古成果具有重要意义"[72]。

2020 年 6 月，凌家滩遗址的发掘工作再次启动，由第三任考古领队张小雷主持了岗地南端红烧土密集区的发掘。该项发掘是"考古中国：长江下游区域文明模式研究"课题安徽地区的唯一发掘地点，同时作为长江流域的重要区域中心聚落之一，被纳入新一轮"中华文明探源研究"课题[73]，凌家滩的内涵将得到更深刻的认识。

第三章

兴起江湖

　　凌家滩遗址是长江下游迄今发现的同时期面积最大、内涵最丰富的新石器时代遗址，也是全国同时期面积最大的遗址之一，以玉、石器为代表的文化内涵彰显了中国东南地区独特的发展道路。凌家滩及周边地区聚落的兴衰，展现了一个小区域内文化共同体的形成、发展、衰落的过程，是中华文明多元一体的微观体现。

　　凌家滩遗址西北有现今中国五大淡水湖之一的巢湖，东为长江折向北流的一段，周边与之文化面貌相近的聚落[1]主要分布在裕溪河两岸，长江两岸也有所分布（图三九）。裕溪河古称濡须水，全长仅约60千米，是巢湖最早也是目前唯一的通江河道，在含山县东关濡须山、无为市黄花七宝山之间，因两山对峙形势险要而形成了濡须口，曾为三国时期吴魏相争的古战场，自濡须口往东、往南便是广阔的长江冲积平原，这里河流的形成、变动会更加复杂[2]（图四〇）。现在还不清楚在凌家滩兴盛之时，这条河流是否已形成如现今状态，抑或这片区域虽已有河流但仍处于长江经常泛滥之境地，但从近年大范围考古调查获得的遗址分布信息来看，至少在裕溪河上、中游已经处于相对稳定的环境了。

　　如果以当前的地理现状为基础，从凌家滩出发，逆流而上进入巢湖，往北便进入到广袤的江淮中部，这里是低矮的岗地、丘陵，除东北方向的张八岭外并没有大山阻隔，有多条属于长江流域的河流自北往南流入巢湖，往北翻过低矮的江淮分水岭可较方便地与淮河流域多条河流相通；往西南则可以顺大别山断裂带的桐（城）—太（湖）走廊，进入到皖西南，并进而可以逆江入长江中游。向东南通过裕溪河与长江连接，顺江可到南京、茅山和下游其他地区，也可以从宜溧山地或宣城、湖州一带进入到太湖南岸。虽然在史前时期，这里并不一定处于交通枢纽的重要位置，但自然环境还是有利于同其他考古学文化保持广泛密切的交流。凌家滩的兴盛，更大可能并不是因为交通

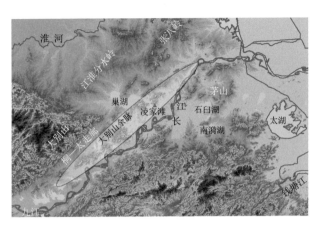

图三九　凌家滩及周边宏观地理图

图四〇　凌家滩及裕溪河

枢纽的原因，而与沿江两岸的矿藏——特别是大别山余脉的矿藏，以及玉、石器制造业的需求有很大关系。

　　凌家滩遗址北靠的太湖山，是大别山东南麓的余脉从皖西南一直往东北延伸到南京的一部分，长江自鄱阳湖折向东北，也是受这条余脉和皖南山地丘陵的约束。山上森林资源十分丰富，山前是大片的山麓平缓坡地，到遗址及以东、以南则是面积较大的肥沃圩区。以凌家滩遗址为中心，在半径约100千米范围内，蕴含着丰富的透闪石、阳起石、云母、叶蛇纹石等矿产资源。

在凌家滩的玉、石器引起学界和社会关注之初，一直无法理解在这个没有文化渊源、没有玉石产业的区域，为何出现如此发达的玉石产品。它的兴起、发展过程及其原因，一直是困扰学界多年的问题，随着大规模区域系统调查的启动，答案逐渐浮现。而对凌家滩的文化内涵研究的深入，也使得与其他文化的关系有了更深了解。目前可以知道，凌家滩的兴起有其早期的本区域文化传承，在发展过程中也受到黄河中下游地区的大汶口文化、淮河流域的龙虬庄文化南下的影响，但玉石器制造则继承了宁镇地区北阴阳营文化传统，还可能与东北的红山文化有过接触和高层次的交流。更重要的是在距今 5 800～5 300 年左右，长江下游地区崧泽时代的大规模文化趋同，以及当时社会对玉、石器的旺盛需求，促进了凌家滩的发展。要理解凌家滩的兴起原因和过程，需要将其置于当时的史前文化背景中考察。

第一节　人　文　背　景

一、第六千纪史前文化巨变

距今 7 000～5 000 年间，中国新石器时代开始由中期阶段进入晚期阶段，黄河中下游出现了仰韶时代[3]，前期以半坡文化、后岗一期文化为代表，还有海岱地区的北辛文化，淮河中下游的双墩文化，而在长江中游有汤家岗文化、大溪文化，长江下游和钱塘江流域有马家浜文化、河姆渡文化等，其中马家浜文化的来源与形成过程至今仍不明了，似应与淮河中下游和海岱地区文化的南下有关。这一阶段各区域都进入了文明因素的孕育时期，而出现稳定聚落、普遍种植水稻等更成为长江中、下游的突出特点。

大约从距今 6 000～5 800 年开始，史前社会出现了较快速的发展，不同区域、不同文化的差异加大，同一文化共同体中的各聚落、同一聚落中的各人群之间出现了分化，不平等现象逐渐明显。距今 5 500 年左右，不同文化的分化与整合达到了一个高峰，晋陕豫一带的庙底沟文化，以海岱为中心的大汶口文化，洞庭湖周边的大溪文化和汉水以东的油子岭文化，太湖流域的崧泽文化，都各自发展出独具特色的文化内涵；尤其是燕辽地区的红山文化进入到晚期后出现了大的变化，以积石冢和随葬玉器的墓葬为特点，成为与凌家滩大体同时或稍晚的东部地区玉文化中心。淮河下游的龙虬庄文化也显示了虽不强烈但仍有特色的自身风格。

若自北往南考察，与凌家滩兴盛大致同时或略后的距今 5 500～5 000 年左右的史前文化，有以下明显变化：

红山文化到达了鼎盛时期，在凌源市牛河梁遗址有了大型建筑遗迹（女神庙）和祭坛、积石冢、高等级墓葬，牛河梁周围 50 平方千米范围内的很多山头上，都有积石冢和圆形的祭坛。坛、庙、冢表现出高度的规划性和组织性，社会分工和贵贱贫富的分化已经达到相当高的程度，很可能已经出现了凌驾于社会之上的权贵阶层，他们控制了玉器等奢侈品的制作，掌握了包括精美玉器在内的社会财富和举行宗教祭祀、祭拜祖先的权力，当时的社会已经接近了初期文明社会[4]。

甘肃东部的渭河上游马家窑文化石岭下类型，聚落的分布有所增多，黑彩陶器兴盛，在傅家门遗址出现了 6 件年代较早的以羊、猪、牛鹿等肩胛骨制成的阴刻符号卜骨、角岩权杖头、陶人塑像等[5]，显示祭祀、权力已成为社会的重要内涵。

大中原地区（含淮河上游）出现的大型建筑，其结构与功能已具集体议事、礼仪之功能。河南灵宝西坡大型房址（F105）是迄今最早的传统回廊式建筑，建筑面积超过 500 平方米；在虽地处大中原但实属淮河上游的郑州一带，巩义双槐树遗址也发现了面积达百万平方米的大型环壕聚落和大型房址[6]。以花、鸟彩陶为特征的庙底沟文化出现了强烈的向外扩张趋势，影响北达燕辽、西到甘肃、南至两湖、东抵山东的广大区域。距今 5 000 年前后，郑州西山城址的出现又意味着此时不同社会群体间暴力冲突乃至战争的加剧[7]；西坡的墓葬中极少量具有东部和东南风格的玉钺，已反映出东部地区极具特色的文化特质已深入到中原核心区。

海岱地区的大汶口文化中期已经呈现出文化加速发展，并具有了扩张的趋势，与相邻的大中原地区、长江中下游地区文化有着密切的双向交流。墓葬的等级分化已较明显，部分墓葬随葬有玉器、骨雕筒等精致器物，除鼎、豆之外还盛行背壶、鬶、盉、杯等酒水器，快轮制陶技术持续发展并成熟。

长江中游大溪文化的石器制造业、汉东地区的快轮制陶和薄胎陶器等带有专业化特色，特别是石器可能出现了流通现象[8]。以矮足鼎、曲腹杯、筒形杯等为特征，大溪文化晚期社会复杂化迈出了最为关键的第一步：社会分工得到发展，社会成员之间出现了分化，各群体在控制资源及拥有财富的能力方面开始出现差别，一些聚落的规模增大，并逐渐向中心聚落发展[9]，宜城顾家坡不仅发现了与制作石器相关的大量遗物，整个墓地60%的男性都随葬石钺[10]，也是社会分工和社会巨变的一种反映。

长江下游地区的崧泽文化基本上统一了太湖流域，但宁镇地区、巢湖流域以及皖河流域都还有自身的文化发展进程，从而形成了崧泽文化、北阴阳营文化（晚期）、凌家滩文化、薛家岗文化等多文化并举的状况。这些文化之间相互交流频繁，并有较多的共同性，喜好奇异和反曲线风格，并逐渐崇尚玉器。距今5 300年左右随着良渚文化的兴起，最终在太湖流域诞生了早期文明[11]。

因而从总体上来看，距今5 500年左右，文明化进程进入了加速期，农业发展迅速，文化交流频繁，社会对不同产品的需求也产生了很大差异，不同区域社会之间的产品交换更加频繁，而对玉、石器的追求或需求，成为东部地区最重要的特征之一，人群对自然资源的利用达到了新高度。距今5 300年前后，以晋陕豫为核心的庙底沟文化在保持兴盛的同时也开始了衰落的前奏，巢湖流域的凌家滩文化黯然失色，燕辽地区的红山文化持续发展，海岱和黄淮地区的大汶口中晚期文化向淮河中下游的外扩趋势逐渐加速，两湖地区的屈家岭文化也势力强劲，而最突出的是环太湖流域良渚文化急剧发展起来并很快达到巅峰。到距今5 000年前后，晋陕豫庙底沟二期文化、燕辽地区的小河沿文化与前期文化相比一蹶不振，但大汶口晚期文化与良渚文化却出现了争锋，良渚文化向北影响大大加强，长江中游的屈家岭文化挺进中原的趋势明显，长江中游、下游两地原本呈东西方向的文化互动此时都转为北向，是这一时期值得注意的现象。此外，黄河上游的马家窑文化开始兴起，华南地区的石峡文化、昙石山文化等也发展起来。

二、第六千纪长江下游文化互动

距今 6 000～5 800 年左右开始，崧泽文化从马家浜文化演化而来，并很快形成了统一的文化共同体，并在长江下游地区出现了一次较大规模的文化互动，主要互动方向为长江中游、淮河下游和海岱地区，特别是在长江中、下游之间，陶器群面貌上更多地呈现出崧泽文化的风格，形成了广大范围内的一个大崧泽文化圈[12]，以三足器、圈足器为主，以鼎、豆、壶为基本组合，陶器造型上以生硬的折棱或双弧线对流线形曲线的破坏为显著特征，但这次互动似乎是双向而平和的、取长补短式的[13]。北阴阳营文化则率先发展起以玉、石器制作为重点的产业，形成了石器以斧钺、锛、凿为代表，玉器以璜、玦、管、小环、半圆形缝缀饰等为特点的玉石器制造工业体系，虽然琢制和实心钻仍然保留，但先进的管钻法、隧孔钻法已广泛应用，特别是偶合式玉璜利用侧钻孔和暗槽结合的工艺已十分巧妙。

到距今 5 500 年前后，这种互动达到了高潮，各地区之间考古学文化面貌越来越趋同，玉、石器也在这样的文化互动中走向统一，但是崧泽文化的玉、石器制作并不发达，北阴阳营文化的玉、石器制作工艺最终为凌家滩文化继承并得到极大发展，从此开启了长江下游玉、石器制作的新风。

从历年的考古资料来看，介于大别山东南麓到宁镇茅山以西的地带甚至淮河下游及周围地区，并不具备传承持久的文化传统，而是各大文化圈之间的交汇地带[14]。随着周围地区原始文化逐渐强势崛起，诸强势文化的交流与碰撞也在所难免并且比较频繁，因而时常出现文化变迁和可见的文化断裂现象。第六千纪开始，因为互动的频繁，在定远侯家寨、肥西古埂等遗址各类鼎的形式和绘彩陶器数量明显增多，可以看到来自庙底沟文化和大汶口文化的影响，其中更多是大汶口文化的影响；北阴阳营文化也有短暂的北上淮河中下游的趋势。在皖西南、鄂东一带兴起的黄鳝嘴文化，则有长江中游的大溪文化、油子岭文化的因素。大约在第六千纪中期阶段，庙底沟文化的外扩在全国达到了最大化，大汶口文化向南的影响也明显增强，淮河中下游广受波及，江淮一带的大汶口文化因素也日趋增多，在凌家滩文化中就发现有背水壶、小口高柄杯、双联璧等，但越过长江向南的影响则止于宁镇地区，而太湖流域只有零星的因素可见了。与此同时，崧泽文化在中晚期阶段也开始北上和西进。

在一系列的文化互动过程中，原本并不重要的、介于大别山东南麓到宁镇茅山以西的这片区域，成为多文化进退的通道所在，特别是在长江中、下游之间的文化互动中成为重要区域，因而在第六千纪得到了较快的发展，但这种发展是不平衡的，呈现出此起彼伏的状态。其中东端的宁镇一带兴起较早，在本阶段初期的北阴阳营文化便以玉、石器制作彰显其特色；中段的裕溪河流域周围紧随其后，在本阶段中期的凌家滩文化同样发展出玉、石器制作并达到了当时的高峰；西端的皖河流域虽起步较早但到本阶段后期的薛家岗文化晚期才以玉、石器制作立足——特别是石器制作。总体上可以看出，玉、石器制作在这一区域始终是作为主导产业而存在的，并有从东向西转移的趋势，但作为生活必备用品的陶器制作，也在这一过程中出现了大范围传播、吸收、改造，其中以崧泽文化的陶器流传最广。

总体而言，这一阶段是大别山东南麓到茅山之间以皖江流域为轴线的文化发展的第一个高峰，对整个长江下游这一时期文化的"崧泽化"起到了重要作用，皖江两岸作为沟通长江中游与下游的中介区域甚至是必经之路，不可避免地参与其中，以凌家滩文化为代表的玉石器和以薛家岗文化为代表的石器制造工艺达到了前所未有的高峰，成为整个长江中下游玉石器制造业的代表[15]。

正是因为上述文化互动的存在，凌家滩的出现与繁荣，也才成为偶然之中的必然。虽然目前还不能确认凌家滩的兴起，一定是因为对玉石资源的追寻和对玉石器的追求，但至少是十分重要的原因之一。而它的兴起是不是凭空出现？它在裕溪河流域是否有前期的基础？为什么是在凌家滩这个地方而不是别的地方？这些对于探讨凌家滩的兴起都具有至关重要的作用。

第二节　聚落变迁

如果将宁镇茅山以西到大别山东南麓的这片区域，作为凌家滩兴起的宏观背景，可以更好地看到凌家滩在这个阶段、在裕溪河流域兴起的过程，但是客观而言，不全面的材料可能会导致认识偏差，而掌握地下所有材料在相当长时间内是不可能的事，因此抽样的全面调查，成为最切合实际又最能解决问题的方式。第二章中简介了为全面了解凌家滩兴起的背景，曾有意识地以凌家滩遗址为中心，开展了凌家滩所在的裕溪河流域、长江东岸的姑溪河—石臼湖流域、巢湖西岸的杭埠河流域、大沙河流域的区域系统调查，总调查面积超过 1 000 平方千米，结合以往的考古学认识，从而获得了这一区域自 6 000 多年前至汉代的宏观聚落历史变化趋势，在此基础上来观察、讨论凌家滩的兴起、繁盛、衰落，便有了扎实的材料基础。

一、姑溪河—石臼湖

这一区域与凌家滩隔江相望，属于宁镇茅山的西部边缘，向东穿过高淳、溧阳、宜兴一带较低矮的山地丘陵—宜溧山地，可以到达太湖西岸，聚讼不已的"古中江"问题便泛指这一带，近年芜申运河工程在其南侧[16]。历年本区域及周边的考古工作相对较多，最早可追溯到 1950 年代的考古调查[17]，1980 年代的第二次全国文物普查以及当涂釜山小学基础建设时，又发现了釜山遗址等多个遗址[18]，2003 年安徽省文物考古研究所发掘了马鞍山烟墩山遗址[19]，2007～2008 年又发掘了芜湖月堰遗址[20]，2008 年南京大学等对马鞍山五担岗遗址进行了发掘[21]，同年中国科学技术大学在采石河流域进行了一次全面调查[22]。在石臼湖南岸，南京市文物局、南京市博物馆和高淳县文管所发掘了薛城遗址[23]，因其文化面貌颇具特点，提出了"薛城文化类型"的命名，此后还有学者提出了"古芜湖文化区"的概念[24]。

2008～2010 年国家博物馆与安徽省文物考古研究所联合开展的姑溪河—石臼湖流域区域系统调查，覆盖面积 550 平方千米，踏查面积约 400 平方千米，共发现遗址 87 处,散点 31 处[25]。调查报告参照了太湖流域和邻近的宁镇地区年代框架,将所得遗存分为八个时期:一期(马家浜文化早中期)、二期(马家浜文化中晚期)、三期(马家浜末期—崧泽文化早期)、四期(崧泽文化时期)、五期(良渚文化时期)、六期(新石器时代末期,约当广富林文化时期)、七期(湖熟文化时期)、八期(周代)[26]。

各时期聚落分布的特点是:逐水而居,沿河串珠状分布。聚落数量在马家浜文化早中期只有张家甸 1 处,面积 2 万多平方米;中晚期也只有朱岗渡 1 处,但面积扩大到约 6 万平方米,如果将石臼湖南岸的约 6 万平方米的薛城遗址纳入视野,则可以看出单体聚落扩大的趋势。

马家浜文化晚期到崧泽文化早期阶段,聚落数量出现第一次较大幅度的增长,达 13 处,可以分为东、西 2 个聚落群,但主要在西部靠近大青山和十里长山一带的青山河流域,而东部的马家浜时期两处聚落则未发展起来。单个聚落面积有所下降,平均面积 8 千多平方米,最大的朱岗渡超过 4 万平方米,大多数在数千至 4 万平方米以下。

随后崧泽文化晚期到良渚文化时期,数量呈现明显的急剧衰减,两个阶段仅有釜山、汤家楼窑墩各 1 处,平均面积仅约 4 千平方米(图四一)。

新石器时代末期之时,聚落数量再次激增,且超过了之前最繁盛期的数量,达到 23 处,但单个聚落面积差异较大,最大一处超过 4 万平方米,多数只有数千平方米,按计算一般聚落 60% 总体平均值区间大概是 4 500 ~ 11 000 平方米。

在接着到来的湖熟文化时期,聚落数量略有减少,约为 20 处。面积最大者也是 4 万多平方米,一般聚落的平均值在 5 000 ~ 13 500 平方米。

进入西周以后,本地区进入了一个较长的稳定发展期,聚落数量更是前一期的 3 倍,达 83 处,几乎绝大部分都包含西周至春秋早中期的遗存。因为居住形态发生了巨大改变,墩型聚落大量出现,虽然也有超过 4 万平方米的大聚落,但多数都在 1 000 ~ 5 000 平方米[27]。

各时期聚落总面积的变化趋势与聚落的数量变化几乎相同,聚落总面积在新

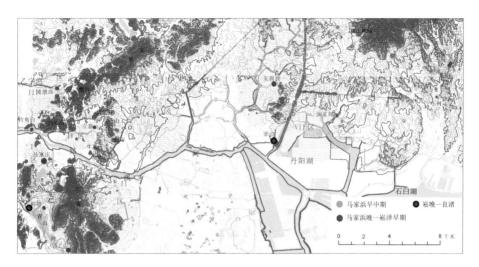

图四一　姑溪河—石臼湖流域马家浜—良渚时期聚落分布

（引自《姑溪河—石臼湖流域先秦时期聚落考古调查与研究》）

石器时代呈现出两个高峰：一是马家浜文化晚期至崧泽文化早期阶段，一是新石器时代末期。崧泽文化晚期至良渚文化时期为低潮期，之后到周代迎来了数量的暴增期。总体来看，这一区域自距今7 000 年左右出现了个别聚落，与宁镇一带的马家浜文化相同。到马家浜文化晚期随着北阴阳营文化的兴起，这里并未与之同步发展起来。而马家浜文化末期（或至崧泽早期）本地与环太湖地区的相似因素更多，也是本区域最繁盛的时期之一（图四二）。

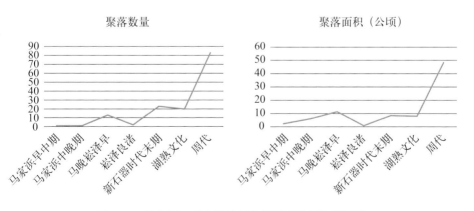

图四二　姑溪河—石臼湖流域各期聚落数量和总面积

但在巢湖一带的凌家滩文化和皖西南薛家岗文化兴起时，宁镇地区已然衰落，本地的聚落数也迅速衰减，从文化面貌上看与凌家滩和薛家岗文化更为接近，也有不少环太湖地区崧泽文化的影响，良渚文化时期在本区域也一直没有发展起来。由此可以证实，作为可能的"太湖中道"，这里在马家浜文化晚期和崧泽文化早期的过渡阶段曾一度频繁使用，自崧泽文化晚期以来就渐渐失去了本地的特色，而纳入周围文化体系中，在崧泽晚期、良渚文化时期，已不再是长江中下游沟通的主要通道[28]。

二、杭埠河中游

杭埠河位于巢湖西岸，流域南缘为大别山向东伸出部分，也是大别山断裂带的北端起点，山脊为巢湖水系与皖河流域莱子湖水系的分水岭；流域西部为长江水系与淮河水系的分水岭。杭埠河古称鹊诸河、舒河、龙舒水，又因绕县城南而得名环带河、南溪河，清代光绪年间的《舒城县志》又称巴洋河、七里河、前河、天河等，1949 年，县人民政府鉴此含义不明，故以其下游重要集镇杭埠而正式定名为杭埠河。

因为杭埠河上游为大别山区，地势险峻，下游地表被河水泛滥淹没频繁不易调查到遗物，所以主要是在中游地区开展工作，实际工作中还包括了北部的丰乐河以南区域。2010 年 12 月～2011 年 1 月在实际野外调查的一个多月时间里，实地踏查面积约 100 平方千米，共发现史前至汉代遗址 63 处。根据遗物特征划分为四期：新石器时代晚期（距今 4 800～4 300 年左右）、西周中晚期、春秋早中期、汉代，其中新石器时代晚期和周代遗址数量相对较多，分别为 19 处和 52 处（包括一个时期和几个时期相叠的遗存），汉代仅 8 处。新石器时代遗址多属岗地型，多集中在低矮丘陵或岗地的边缘地带，面积多数在 5 000 平方米以下，但杨家岗头达 20 万平方米，是本区域最大的聚落，亚父城近 6 万平方米，杨家老庄达到 4.8 万平方米，这些较大聚落的外围都有时代未确认的土垣存在，或许表明当时聚落已经出现分化现象[29]（图四三）。

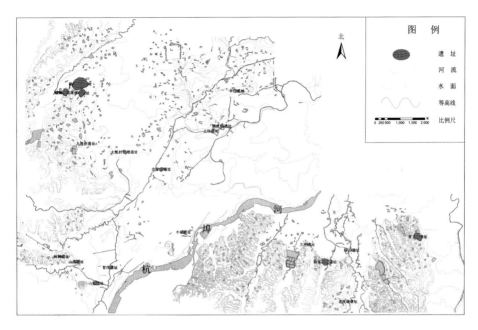

图四三　杭埠河中游及北部区域新石器时代遗址分布

（引自《杭埠河中游区域系统调查报告》）

　　本区域所见新石器时代聚落的最重要特点是，年代均集中在相当于大汶口晚期至龙山文化早期阶段，大致在距今 4 800～4 300 年，时间跨度很小，没有发现更早或更晚的遗物。文化面貌总体与皖西南地区张四墩文化[30]接近，部分遗址采集的篮纹鼎、侧装扁平三角形足、正面饰多道凹槽的横装扁平鼎足以及泥质黑陶高柄杯等，表明大汶口文化因素南下的影响，而 T 形鼎足、侧面带有刻划纹的扁三角形鼎足、流行的红胎黑皮陶风格则与良渚文化相似，但需要注意的是这些因素还不能确定是否属于大汶口、良渚两支文化的直接影响，因为张四墩文化形成之时，这两支文化（特别是大汶口晚期文化）已对其产生了重要影响[31]，也就是说，这一时期杭埠河流域聚落只在这个阶段出现，一定与大汶口晚期文化的南下相关，但是，是在南下过程中出现的？还是在张四墩前文化形成后再往北拓展而出现的？暂时难以了解，不过可以肯定的是，这些聚落的出现与马家浜、北阴阳营、凌家滩诸文化在历史的长程中向西不断移动的过程无关。

三、大沙河中游[32]

大沙河流域与皖河流域是整个皖西南最重要的两支水系，也是黄鳝嘴文化、薛家岗文化、张四墩文化分布的最重要区域。大沙河位于大别山东南断裂带与其沿江余脉之间的潜山、怀宁、桐城，源于大别山腹地，向东注入菜籽湖，并通过安庆市东部大别山余脉的缺口注入长江。怀宁县的考古工作较为扎实，历年经过了多次较全面的调查，2005年为配合吴卫红主持的国家文物局全国文物保护科学和技术研究课题"薛家岗文化综合研究"，对全县开展过一次先秦遗址调查；2008年至2009年第三次全国文物普查又有新的补充，在大沙河流域（含流入三鸦寺湖的高河流域）共发现了88处先秦时期遗址，包括单纯新石器时代遗址20处、新石器—商周遗址11处、商周遗址57处；2009年12月～2010年1月底，又针对大沙河中下游开展了专题性的区域系统调查，并将河的北岸以前几乎未展考古工作的桐城所辖地域纳入调查范围。

本次调查实际踏查面积约140平方千米，共发现近百处遗址。因为皖西南的文化序列已基本构建完善，调查按当地的文化序列总体上可以划分为七期：一期（黄鳝嘴文化）、二期（薛家岗文化早期）、三期（薛家岗文化晚期）、四期（张四墩文化）、五期（夏商）、六期（西周—春秋早中期）、七期（战国—汉代）。

本区域西部聚落密度大，而东部聚落较少，未见早于黄鳝嘴文化的聚落。就怀宁县境内材料来看，黄鳝嘴文化只有3处聚落，面积均不大；薛家岗文化晚期也仅有6处小聚落；但张四墩文化则有16处，并且在孙家城出现了城垣和环壕，按外圈面积计算可达25万平方米，是该区域唯一面积达数十万平方米的中心聚落[33]（图四四）。若按不同时期聚落计算，该区域从薛家岗文化晚期开始，各遗址重复使用率较高，多数遗址既有薛家岗晚期聚落，也有张四墩文化聚落，而孙家城遗址更是同时包含黄鳝嘴文化、薛家岗早期文化和晚期文化、张四墩文化多个时期聚落，最终成为张四墩文化的一个中心聚落。

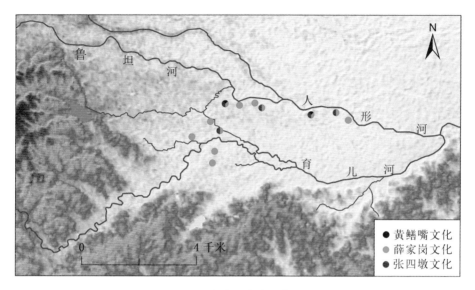

图四四　大沙河流域聚落分布

四、裕溪河上中游

调查以裕溪河流域为主体，涵盖现巢湖市、含山县、无为县、和县南部和芜湖鸠江区沈巷一带。调查覆盖面积约 467 平方千米，踏查总面积为 397 平方千米。共发现汉代及之前的遗址 97 处（含新石器时代 45 处），散点 89 处[34]。

参照周边区域考古学文化分期，以及近年我们对皖江两岸的考古学研究成果，借用较为完善的太湖流域考古学年代框架[35]，将调查遗物分为八期：一期（相当于马家浜文化中晚期）、二期（相当于崧泽文化时期，部分细化为崧泽早期和中晚期两段）、三期（相当于良渚文化早期）、四期（相当于良渚文化晚期）、五期（相当于钱山漾、广富林文化时期）、六期（相当于夏商时期，部分细化夏商早期和晚期两段）、七期（相当于西周、春秋时期）、八期（相当于战国、秦汉时期）（图四五）。

马家浜中晚期的聚落数量很少，仅有 4 处，间距在 10 千米左右，独立性较高。崧泽早期各区域都开始出现聚落，上游数量较少而散；太湖山的山前地带大批量出

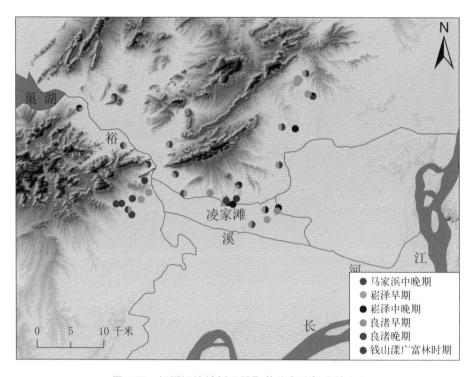

图四五　裕溪河流域新石器聚落分布（部分地点）

现，各小区域都有聚群现象，除韦岗可达三四万平方米外，其他都是1万平方米甚
至更小的小型规模。从聚落面积分析，在西北端的窦家嘴、中间的凌家滩、东北端
的上左，都出现面积几万平方米的稍大聚落。

　　崧泽中晚期出现了十分明显的巨变，上游除窦家嘴外其他聚落几乎消失，中游
的聚落数量也大大减少，只有凌家滩聚落却明显持续繁荣，达到140万平方米，呈
现出明显的"集中化趋势"。

　　在相当于良渚早期阶段，除钱墩、杨巷两个聚落外，其他聚落都已消失，这两
处遗址地表陶片分布贫乏，经钻探后面积也都很小，文化层较薄，钱墩较大也只有
一万平方米左右。这是聚落的巨变时期，也显示凌家滩文化至此已经衰亡。

　　良渚晚期阶段，聚落再次增多，但总数量并不多，规模也偏小，只有少数几处
能达到近万平方米。从地理分布上看，总体有向山前收缩的趋势。

到了钱山漾、广富林文化阶段，一直到夏商之时，聚落数量又大幅减少，基本是在前期的聚落上延续下来的。

而到西周—春秋时期，出现了爆发式增长，其中选址沿用了崧泽时期的36处，新增49处，聚群现象十分明显，聚落密度远大于史前时期。战国—汉代聚落也较多，而且有较多的两两成组现象。

从上面的信息分析裕溪河流域聚落变迁的趋势，这些现象或与环境变迁相关，或与文化演化甚至人群迁移、资源获得有关，也为从聚落选址等方面观察人群对环境的适应，更进一步探讨人口、生业问题等提供了研究的可能性[36]。

四个横贯东西、覆盖不同区域的抽样调查，展示了从茅山到大别山之间聚落变迁的有趣画卷，结合围绕巢湖流域和长江两岸的多年调查成果，总体而言，整个区域内除调查所见的个别马家浜早期遗址和以往调查所知的繁昌缪墩遗址[37]外，目前超过5 800年的遗址并不多见，而以距今5 800～5 300年左右的遗址较多，距今5 000年左右的遗址较少，到距今4 500年左右遗址再度增多。单个遗址的延续时间不太长，少数延续较长的遗址各期文化之间常存在较大的缺环，也就是具有一定的间歇性。

具体来说，如果以凌家滩文化所处的崧泽时代为基准，本区域在此之前的马家浜时期聚落主要在宁镇的茅山（包括宜溧山地）一带，由茅山往西的数量很少。崧泽早期聚落数量增加十分明显，但巢湖以东、石臼湖以西的皖江两岸最为密集，聚落群的结构较为稳定清晰；沿江南岸分布向西止于铜陵、青阳，再往西则基本不见；沿江北岸的西部也就是皖河流域有一定分布，但与东部相比明显偏少，聚落群结构不明显。崧泽中晚期在长江东岸的姑溪河—石臼湖区域已较衰落，而长江西岸的裕溪河流域出现了聚落集中化趋势，凌家滩成为当时广大地区内的重要中心；西部皖河流域的聚落有缓慢增长。相当于良渚早期阶段，东部姑溪河—石臼湖流域、裕溪河流域的聚落数量都急剧减少，而西部聚落数量大幅增加，以沿江北岸的皖河流域、大沙河流域最为密集；南岸的铜陵以西因受到皖河流域的文化影响，聚落数量也有所增加，这样的状态一直延续到张四墩文化时期。到距今4 300年前后的钱山漾与广富林文化时期才又重新倒转过来，西部衰落而东部又兴盛起来[38]。但值得注意的是，在崧泽时代中晚期和良渚初期，特别是崧泽末期到良渚初期时，宜溧山地以南的"太湖南道"沿线有了较大发展，而在茅山北部重新出现了类似磨盘墩遗址等一些具有玉石器制造场所性质的聚落，是值得思考的线索。

因此，从时间、空间两轴观察这一区域的聚落变迁情况，大致从距今6 000年前到5 000年前，各区域聚落的规模、数量有明显的从东部宁镇茅山向西、经裕溪河流域的发展，再到西部皖河流域繁荣，呈现出从东向西、此起彼伏的流动趋势（图四六），最后又出现西部衰落而东部重兴的类似跷跷板的变化过程。

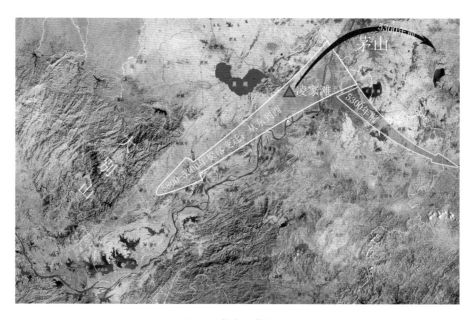

图四六　聚落变迁趋势示意图

第三节　聚落兴衰

据前述对裕溪河流域的调查结果，目前还没有发现距今7 000年前的聚落。区域内各期聚落数量呈现出"增长—减少—增长"波浪式起伏，崧泽、良渚晚期和西周时期是该区域聚落发展的高峰期，而崧泽晚期出现了以凌家滩为核心的较为明显的聚落集中化现象，其后迅速衰落[39]。

在凌家滩成为超大型聚落之前，裕溪河流域及周边一带已经有少量人群生活于此，目前已知的马家浜中晚期4个聚落，在分布上偏向于凌家滩以西，均分布在背靠山岗的平地上或依托低矮的独立岗丘，除偏中游的乌龟墩聚落海拔约7米外，其他上游3处海拔都在10米左右，说明避水还是当时十分重要的选址要求。各聚落之间8～12千米左右的距离，也就是各自可能存在4～5千米的活动半径（资源域），一方面表现出聚落的独立性，彼此之间并无特殊的依赖关系，另一方面也可能反映了生业需求的必要空间。但是这一阶段的聚落都较小，聚落面积总和只有1.5万平方米，最大聚落只有约8 000平方米，没有表现出聚落面积的等级差异[40]。

崧泽时期聚落数量急剧增加，达到42处，其中明确属早期的24处，聚落面积总和达到18.8万平方米，平均每处约8千平方米，较上一时期明显增大。另有难以细分段的14处，但这些聚落的总面积只有1.5万平方米，都属于小型聚落。

崧泽早期在中游和太湖山东麓、西南方向扁担山东南都出现了较多聚落，各聚落在选址上并无太大变化，但群聚的现象已经出现，三五成群分布，每群内聚落彼此的间距缩小为1～2千米甚至数百米，而聚落群之间的距离也只有大约2～4千米，无论是分布密度还是聚群特点，都与上一时期有了巨大变化，人群开始走向聚集，每个聚落彼此之间在一般意义上的资源域或生业需求的必要空间则被压缩。

新兴的凌家滩聚落选择了太湖山延伸到裕溪河的长岗尽头、地理上更接近水域的位置，面积约8.4万平方米，骤然成为同时期最大聚落。这个位置正是沟通同时期本流域的西北角、东北角两地聚落的最短水路中心，其中心位置的优势开始凸显。原有西北部的窦家嘴聚落也扩大到约4.2万平方米，成为西北方向的一个中心聚落。东北部新兴的上左聚落，虽然可辨识的本阶段陶片分布尚不足5千平方米，但总的陶片分布达到2.1万平方米，因为缺乏可识别的晚期标本，这些应该都是本阶段的，如此则在东北方向也有一个较小的中心聚落。在凌家滩东北不足3千米处的苅岗聚落，虽然面积与窦家嘴、上左相近，但据钻探分布较为零散，尚未看到可能为中心聚落的迹象。

崧泽中晚期的聚落可明确确认的数量较少，仅 8 处。聚落面积总和约 95.9 万平方米，平均每处约 12 万平方米，但凌家滩聚落一家独大，约 95.7 万平方米（经钻探实际有 140 万平方米，但西部的内、外壕沟之间少有陶片分布），成为超大型聚落。西北部的上游聚落除窦家嘴萎缩成很小的聚落外，其他聚落几乎全部消失；太湖山南部及东南部原有聚落减少，但出现 3 处规模很小的新聚落；东北部原来作为次中心的上左聚落消失；韦岗聚落从发掘材料来看，也明显呈现了急剧衰落的情形。这些情况都反映出，在凌家滩急剧扩大成为超大型聚落中心的时候，周边聚落迅速衰落、消失，包括原有的次中心都不再存在，聚落的集中化十分明显。其他聚落之间的间距明显加大，但这已不是资源域或生业需求的空间，而是小聚落萎缩或消失后的空白地带。

良渚早期阶段只有钱墩和杨巷两个小聚落，直线距离约 8 千米，凌家滩超大型聚落完全消失，这个区域曾经辉煌一时的场景也落下了帷幕。

从裕溪河流域聚落变迁的材料可以比较清晰地看到，凌家滩聚落自崧泽早期初兴，与上游的窦家嘴、太湖山东麓的上左都成为小范围意义的中心，至崧泽中晚期脱颖而出迅速成为超大型聚落，其他区域的中心聚落和普通聚落则出现了萎缩、消失，这个完整过程对于认识凌家滩及裕溪河流域的文化与社会发展十分重要。

如果按照西方考古学流行的概念，将整个崧泽时代的聚落在时间上扁平化处理，经过空间聚类分析显示该地区在凌家滩文化时期共有 60 多个地方性社区，其规模从独立家庭的农庄到约由 350～700 人组成的大型村落，此外还有两个由一两百人组成的社区和四个由 50～100 人组成的社区。超过一半的社区都是由一两个家庭组成的小农庄，虽然这些小农庄的数量很多，但其人口总数只占凌家滩时期人口的很小一部分，大部分人口都居住在规模超过 50～100 人的社区。对地表居住密度进行数学上的平滑处理，可以进一步看到三个大的聚落集群可以被清晰地划分出来，这些三个聚落集群的范围横跨数千米，且彼此之间被人烟稀少的空间所分隔（图四七）。凌家滩是当地最大的聚居地，凌家滩及周边的第 2 聚落集群人口估计在

640～1 280人，第1、第3
聚落集群人口据估算均为
200～400人。公共建筑和
大量精美玉器是拥有特殊权
力的标志，它与人口集中化
相匹配，足以反映宗教和仪
式活动乃至玉石资源的掌控，
是凌家滩文化在社会整合方

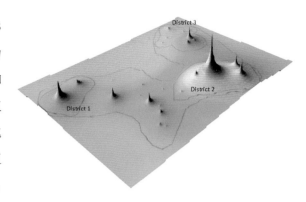

图四七　裕溪河流域凌家滩文化时期居住密度图

面的重要支撑[41]。虽然关于史前社会的人口计算有各种方式，并存在各种问题，
但上述数据至少给了我们一个便于理解的人口规模。

　　一个影响了东南地区史前文化发展的区域中心，在经过短暂的兴起、发展之
后，最终出现在巢湖与长江之间。

第四节　凌家滩崛起

　　根据上述材料，凌家滩聚落的发展可分为三个阶段，目前了解较详细的是中晚
期阶段——繁盛期，也即相当于崧泽中晚期。在凌家滩超大型聚落形成之时，不仅
面积巨大，聚落的布局结构也有了明显规划，壕沟、生活区、大型祭坛及随葬玉器
的高等级墓地均快速出现，可能具有议事、宗教和礼仪方面作用的超大型活动场所
（公共建筑或广场），以及玉石器制造场所、农耕场所都有各自的区域。

一、选址

　　凌家滩以北约5千米为太湖山，聚落选建在由该山向南偏东延伸出来的一条狭
长条形山岗的前端及其两侧平缓滩地上，南面紧靠裕溪河（后河）的北岸[42]，属
岗地—平地复合型。这种选址可以满足以下几方面的基本需求：

避水生存　是选址的首要需求。从地理环境来看，裕溪河河水自西面的东关（濡须口）一带冲出山口之后，往东不到 5 千米处有一条太湖山向西南方向延伸的类似长臂半环抱的山岗，有效阻挡了河水向东南凌家滩方向的冲击，在广袤的冲积平原上水流流速变缓，凌家滩人群选择其更东约 5 千米远的另一条长岗为依托，无论是在防范水患还是开展农业方面，都是较为理想的，从主要生活区位于该山岗的东侧分析，这种避水选择更有其合理性，内壕沟没有以山岗为中心，而是偏向于山岗东侧，将主要生活区设置在壕沟内的偏东区域，有着同样的道理。

获取生存资源　是选址的另一重要需求。北面的太湖山具有丰富的矿藏、动植物类自然资源，附近的山岗、丘陵适合于野生动植物的繁殖。采集、狩猎活动能够保障基本的生活需求。按照一般的考古学关于资源域的理论推断，该地也在适合人群生产、生活的 5 千米半径的范围内。山岗东、西两侧河湖相沉积所形成的平坦且肥沃的土地，为农业生产提供了足够的地力，流速缓慢的裕溪河为日常生活和农业灌溉提供了稳定、充足及方便汲取的水源。

交通　是作为中心聚落和可能的产业中心的另一选址需求。作为一个具有宗教和礼仪功能的区域中心聚落，适当的地理位置是最佳选择；而如果作为加工、转运玉石器的场所，裕溪河及太湖山东部的支流可以沟通长江与巢湖，也是极为便利的水运通道，有利于原料和产品贸易的往来。顺裕溪河而下，沿长江向下游可抵达宁镇地区，再往东可抵达环太湖地区；逆江而上可达皖西南地区及长江中游；往北过巢湖则可与淮河流域直接接触。

以上原因，或构成凌家滩中心聚落选址的潜在因素，不过史前时期是否完全遵从这些因素的影响并不十分肯定，但至少其中部分因素对凌家滩的选址具有显著影响。

二、结构

（一）纵向结构

凌家滩聚落在选址上属于岗地—平地复合型，因而在聚落结构上有其独特的一面，即不同聚落要素对海拔的不同选择：

作为聚落最重要组成的主要生活区，在不受水患的影响下，宽广的平地自然成为日常生活首选区域，特别是在聚落人口集中化的趋势下，足够生活所需的平地是十分重要的地理因素。现今海拔 6～7 米左右的山岗两侧平地，若去除上层的宋代以后地层，加上凌家滩文化时期本身形成的地层厚度，合计约 1 米左右，原初的生活面海拔应在 5～6 米，与现今的后河正常水面高度相近，但现后河是经过改造并因下游裕溪闸蓄水抬升后的水面，之前的水位当在海拔 3～4 米，因此生活区正常情况下并无水患之虞[43]。

大型集体活动的场所（或公共建筑、广场），虽然并不是日常使用场所，但一般具有议事和举行礼仪（或宗教）活动的性质，在聚落中具有十分重要的地位，因而与主要生活区距离不会太远，同时又能够预防大水患等自然灾害。目前在山岗南端近河处海拔 10～13 米的区域，已发现面积约 3 000 平方米的红烧土密集区，左、右紧邻生活区但地势明显较高，比较符合上述要求，应当属于集体活动的场所。

墓葬区是史前人群想象的与活着的人群距离遥远而与神更近的另一个世界，选择高处，与活着的人群保持适当距离但又在可触及范围内，是墓葬区选址的重要原则。自河岸往北到约 500 米处的山岗最高处南部，地势逐渐抬高，在海拔约 20 米的平缓高地上铺筑祭坛、埋葬具有一定身份的墓主，正是这一理念的结果。至于凌家滩的普通人群埋葬在何处还不清楚，但难以与他们同处一地是可以确认的。

以上梯级式的纵向聚落结构，表现出凌家滩人群已按照生活便利程度、集体活动以及与神灵沟通的需要，规划了整个聚落的布局——海拔由低到高，表现为逐渐远离日常现实生活的趋势（图四八）。

（二）平面布局

根据钻探和局部发掘资料，凌家滩聚落若按照东以内壕沟东段为界，南以后河北岸为界，西、北以外壕沟为界，面积可达 140 万平方米，若不计算这个范围内的

图四八　凌家滩地形及聚落结构

大港河等水域，陆地面积有 110 万平方米。这个面积当然包括了从早期开始到最后衰落的聚落不断扩大的过程，至少在内壕沟以西至外壕沟之间近 30 万平方米平地并无多少文化堆积，或许是聚落扩展尚未来得及延至此处。

　　文化堆积丰富区域主要在沿河北岸，自西侧的外壕沟向东到内壕沟东侧的总长近 2 000 米，但内、外壕之间的大片区域很少，以山岗东侧的石头圩为主，往北距现河堤约 200 米左右为房址分布密集区，超出此范围再往北的文化堆积就很少、很薄。从这些房址往南到后河之间的大片区域，有大量灰坑、红烧土堆积、可能的道路等，同时也是生活垃圾的主要存放区，呈现出沿河布局的特点，但并非紧靠河岸而是有一定距离。推测聚落是沿河布局的依据，除了文化堆积丰富区在沿河分布的长度是宽度的近十倍外，石头圩地点以红烧土为特点的大面积遗迹（应为房址）的排列方向大略为 116°，而后河在此段的流向也几乎一致，应该不是偶然，而是典型的沿河布局的体现。

　　聚落南半部有一条内壕沟，南临后河，其他三面围成梯形，围合以内的面积近 50 万平方米，是整个聚落的主体。它将前述的集体活动场所、堆积丰富的主要生活区都围合起来，只在壕沟北段偏西与祭坛和高等级墓地南侧位置有一处宽约 15 米的缺口，应是作为通道得以沟通内外，充分说明了内壕沟对主要生活区的保护功能。

在内壕沟以西、以北约 500 米外，发现有一条可能属于晚期扩建未完工的外壕沟，东北部缺失，但北段同样有一处数十米宽的缺口，或应为未完成的通道所在。两条壕沟之间的平地上的遗存相对较为贫乏。

在岗地之上，均有不同的文化堆积，分布长度超过 1 500 米，而宽仅 400 米左右，但受长岗地形限制，因而整个聚落分布在沿河布局的基础上略向北凸出。山岗上的堆积显示，南端的集体活动场所和中段最高处的墓地最重要，在墓地附近也可能有与其他祭祀或随葬品制作相关的玉石器制作场所，但其他遗存并不太丰富。

从宏观角度而言，可以看出整个聚落是以内壕沟为主体发展起来的，以保护活着的人群及相应的设施为重要目标，内壕沟还作为生死两界的重要界线。主要生活区、集体活动区、防卫区及设施、祭坛和高等级墓地，都有明确的功能区划，石头圩房址以北的大片空白区可能属稻作农业区，反映出凌家滩已完全具备了大中心聚落的要求和格局。

三、要素

一个完整的聚落应具备一套相对完善的生业体系和功能布局，比如农业、手工业等生产区域，房屋建造、日常生活和垃圾处理等生活区域，墓葬、祭祀等冥界区域等。而作为一个超大型聚落，既可能只有一套完整体系，也可能会存在由多个小聚落共同组成的相互依存又相互独立的多个体系，前者反映出超大型聚落的社会复杂化程度较高，社会运转较为复杂，而后者更多的是一种相对聚集或依附的组合关系，复杂化程度较低，不过两者之间也并非完全排斥，存在着过渡性质的可能性。特别是史前时期，存在着大小不一的人群组织，小到一两户大到上百户家庭，其社会结构是大不相同的。

（一）壕沟设防

凌家滩的壕沟有内、外两条，但地表除个别位置如山岗上有山塘、上龟塘、下龟塘等应是壕沟的残留外，其他均已平整无迹象可寻，都是 2011 年底以后经过全面钻探才得以发现。内壕沟位于聚落的南半部，与后河围合形成了完整封闭的防护体系；外壕沟在内壕沟西约 540、以北约 510 米处，只发现了西、北两段。

1. 内壕沟

走向基本上东起生活区最南端后河边，向北偏西延伸一段后折向西部，再向西跨过山岗，然后向南偏西折向裕溪河边，整体形状呈梯形。壕沟总长按照中心线计算为 2 045 米；东段长约 550、西段长约 500 米；因为整体呈梯形，东西两端的距离为南宽北窄，分别约 1 230～1 160 米。壕沟以内围合的面积近 50 万平方米。

内壕沟沟口的占地面积约 4.5 万平方米。在对 3 条解剖内壕沟的探沟剖面和多个钻探剖面综合分析后，并利用插值法模拟计算，有两种算法：第一种是将壕沟分成很多段，然后每一段壕沟的平均深度与沟底宽、开口宽构成几何体，计算该几

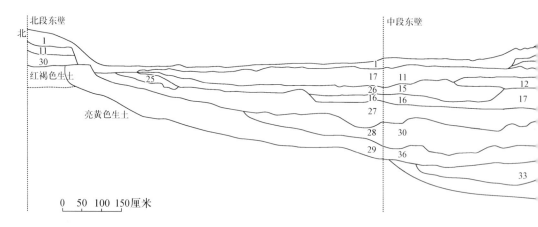

图四九　凌家滩 TG2 剖面简化图

何体的体积作为该段壕沟的土方量，最后将所有段壕沟土方量相加，得到内壕沟土方量为 64 914.95 立方米；第二种是构建内壕沟模型，测量得到内壕沟土方量为 67 479.65 立方米，两者略有偏差但不是特别大，综合来看内壕沟所挖土方量大约在 6.5～7 万立方米[44]。

内壕沟沟口窄处的宽度一般约 8～17 米，最宽处 30 多米，以 20 多米宽度为主，东段偏北的个别位置不足 10 米宽，是否与出入口有关尚未可知。但在北段的祭坛墓地南侧，有一处宽约 15 米的缺口，应是出入口。

沟口在不同位置距地表深度约 0.5～2 米不等。沟的自身深度也差距较大，总体上是平地部分较浅，东段最浅处不足 1 米，一般以 2～3 米为主；岗地部分较深，在 TG2 中段最深处超过 3 米尚未到底（图四九），而往东在岗地斜坡钻探所得数据显示个别位置的自深超过 6 米。

通过详细钻探分析和实地勘察，可知内壕沟在山岗的部分是利用祭坛墓地以南的相对低洼之处，将山岗东—西向切断，但沟底并不平坦，而是顺山岗地势向东、西两侧倾斜，有 7°～12° 较大坡度，这处洼地如有大水汇聚可以快速外排。在对沟底的高度详细钻探测量后，发现在山岗东、西两侧的平地部分，沟底较为平坦，高差较小，显示沟内水流日常应较为平稳或缓慢向后河流动（图五〇、五一）。

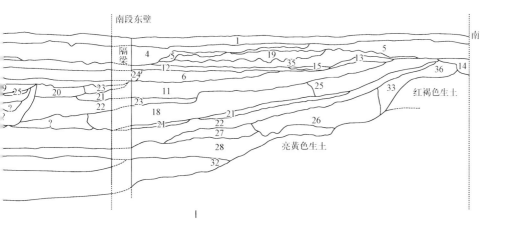

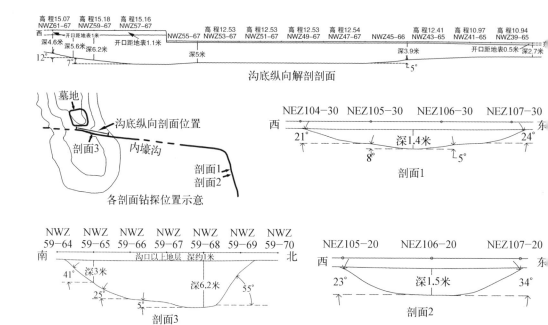

图五〇 凌家滩内壕沟部分剖面钻探图

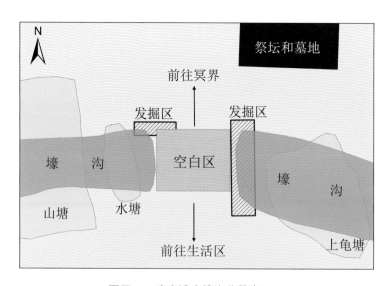

图五一 凌家滩内壕沟北段出入口

2. 外壕沟

只见于聚落的西、北部，西段自后河向东北方向至养鸡场以南位置开始连续向内折弯、收缩，然后折向东。目前所知西段长近 900 米，北段长约 180 多米，合计长度近 1 100 米。

外壕沟沟口的占地面积约 2.8 万平方米。因为外壕沟所在的聚落西北部地势总体是东北高西南低，所以壕沟底部的深度从西南向东北方向总体深度不断增加，以使沟底尽量较平，平均深度约为 0.81 米，北段跨岗地部分局部较深。使用跟内壕沟相同的计算方法，大致估算得到外壕沟的土方量约为 22 230.92 立方米，也就是大约 2～2.5 万立方米。

沟口宽约 12～30 米不等，因绝大多数都在平地，沟的自身深一般约 0.8～1.7 米，但在北段山岗处局部深在 4 米以上。经在外壕沟西北角养鸡场北侧的 TG6 解剖，确认了其为沟状遗迹，在南坡脚还发现很少量凌家滩文化陶片，光释光测年证实，壕沟的下层厚约 1 米堆积形成于距今 6 600～4 000 年之间，结合陶片可以证实也属凌家滩文化时期开挖[45]。

在北段中部，同样有一处宽达数十米的缺口，也应是规划为出入口之处，但宽度远远超出了出入口的需要。另外北段部分区域迹象不清，而其东部地势低洼，钻探无法确认是否有迹象。虽然也不排除因为低洼就此可以具备预设的防洪或防卫功能，但综合超宽的通道，更有可能是一项连出入口都未挖完的未完成工程（图五二）。

此外，在内壕沟东段以东，还有一处平面呈三角形的沟，全长约 320 米，沟口宽约 6～12 米，深 0.9～1.2 米，沟壁斜，底较平。沟内围合的面积约 4.5 万平方米。从现象看与内壕沟似有关联，填土中可见少量凌家滩文化的陶片，但因没有发掘验证，其时代、功能难以确定，或为聚落的附属抑或内壕扩建场所。

3. 壕沟堆积特点与功能

经过解剖发掘得知内、外两条壕沟内的堆积，都显示了复杂的堆积过程：

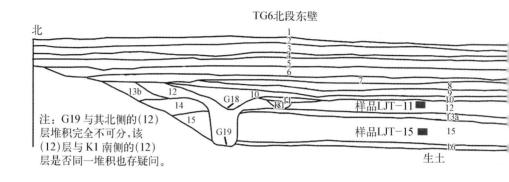

北

TG6北段东壁

注：G19 与其北侧的(12)层堆积完全不可分，该(12)层与K1南侧的(12)层是否同一堆积也存疑问。

生土

图五二　凌家滩外壕沟解剖剖面（TG6）及光释光取样位置图

下层都是凌家滩文化时期，上层有 1 米左右的汉代和唐宋以后堆积，但在两个时期之间长达三千年的时间内几无堆积发生，特别是自然堆积也不曾见到。这种状况有几种可能性：一是壕沟内堆积在凌家滩文化之后，因聚落衰落而不再有人为活动填塞，但这样的话即便是排水功能因沟内堆积而废弃，自然状态下的堆积也应该继续发生而不会中断；或者这三千年内自然堆积速率确实极其缓慢，在考古工作中难以辨识出来，但这实际上是不太可能的。二是壕沟内的堆积并不一定具有平均速率，有些地段会在一定时期成为洼地，而被人群反复使用，另一些地段则较快速堆积[46]。三是汉代人群仍可见壕沟的低洼特点，通过重新改造、清淤等方式将沟下挖到一定深度并再次使用、堆积，新石器时期至汉代之前的堆积被破坏，直到明清时期将其最后填平，这种可能性最大。因为发掘探沟选择具有随机性，几条探沟的成果还不能代表壕沟内堆积填充的完全真实状况，但大体上还是能说明问题的。

对外壕沟的土壤微形态和植硅体分析结果也证明，在凌家滩时期为了挖壕沟去森林化，草本植物比例增加。壕沟底部较为纯净的堆积表明初期人类活动在壕沟附近较弱。底部开始从下往上逐步递减的植硅体数量和种类表明，草本植物尤其是喜湿的芦苇和莎草科逐渐减少，地表逐渐变干或者植被逐渐恢复，受人类活动影响较弱，并伴随一定程度的土壤发育，说明此处有一段时间作为稳定的地表

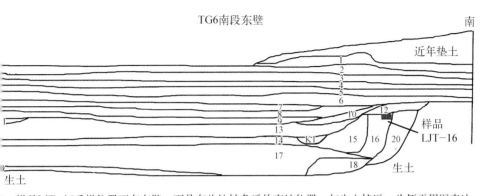

TG6南段东壁

南

近年垫土

1
2
3
4
5
6
7
8
9
10
12
13
14 K1 15 16 20
17
18

样品 LJT-16

生土

生土

注：样品LJT-16采样位置不在东壁，而是在此处转角后的南坡位置，与生土接近。为便于用图表达叠压关系，特以东壁示意。

存在，也就是说凌家滩文化在这个时期对这条壕沟的使用处于停顿状态。从挖沟开始清理植被，到后期壕沟逐渐废弃，在经历了一段时期的较少人类干扰后，植被逐渐恢复，直到近现代被作为农田使用，较完整地从一个剖面显示了壕沟利用的全过程[47]。

对于各地壕沟的功能，历来有不同看法，主要有防御和防洪两种观点。裴安平系统梳理了全国的材料，并对名称和定义进行了讨论，认为长江流域首先完成从干沟到水沟、从聚落围沟到聚落环壕的转变，不认同防洪功能，认为它与城墙一样最本质的内涵应该还是社会发展的需要使然[48]。何驽虽未明确探讨壕沟的防洪功能，但对长江流域的壕沟而言也是倾向于与城墙一样是防洪的[49]。从凌家滩内壕沟的山岗部分沟底倾斜难以存水的状况分析，作为储水防御的功能显然不存在，但结合出入口的存在、两侧平地的沟底平坦及发掘所见大量淤泥的现象，至少平地壕沟又具有储水防御的功能；至于山岗部分的无储水壕沟，本身较深也不排除在沟底采取其他形式防御的可能，比如淤泥或荆棘等，这在关于怀宁孙家城城垣与壕沟的功能讨论中也曾有分析[50]。因此，凌家滩壕沟应是具备防洪、防御双重功能的。

内壕沟与后河完整围合形成环抱的聚落坏壕，围护的正是最主要生活区，包括可能具有礼仪性质的集体活动场所（或公共建筑）。这种结构无论是对入侵的其他人群或野兽而言，都具有较好的抵御作用，而祭坛和高等级墓地在内壕沟外侧，无法起到保护作用。如果作为防御功能而存在，它的保护对象应当是活人及其生活设施，而不应是逝者及其墓葬，但壕沟在祭坛墓地的南侧有一个缺口，应属出入口所在，可以紧密地与主要生活区关联，又体现出凌家滩人群对这一重要场所的重视。

因此，内壕沟又成为凌家滩聚落划分生死两界的重要标志。与墓葬和生活区混同在一起的观念不同，凌家滩将主要生活区与重要墓葬区严格划分开来，是史前时期人群对生、死二元世界观念的重大变化，结合祭坛的出现，表达出人与神或祖先的沟通渠道已被割裂和专属化。

壕沟的出入口也是值得关注的信息。外壕沟目前所知只有半环抱状态，但在北段的中间同样有一处缺口，与内壕沟出入口的位置相同，说明当时人群对聚落的规划已具有相同的理念，也可能说明陆路通道应该是从太湖山麓向南进入凌家滩聚落；从另一角度而言，也是获取5千米之外的太湖山野生动物、植物甚至矿产等生业资源的有效通道。这条通道，实际上也是数十年前现代村民仍然使用的、通往东关或翻越太湖山的必经之路，应有其合理之处。通过常规的成本计算公式并基于坡度和地形起伏因子，计算得到各功能区之间的理论最优路径分析[51]，也有助于了解各区之间的主要活动路线，但理论分析的通道与当今现实的通道略向西偏移，并没有走岗顶的线路（图五三）。

（二）生活场所

生活状况无疑是全面认识凌家滩聚落的重要因素，本节主要介绍生活区的基本情况，具体的生业及其他内容另在第四、五章详细介绍。经过全面钻探和局部发掘，目前对凌家滩的生活区的基本状况、功能布局等已有初步了解。

通览聚落的平面布局，可以知道主要生活区都在内壕沟以内，沟外除了祭坛和重要墓葬区外，生活类遗存虽然也遍布各个地点，但并不丰富，只有西北角的养鸡

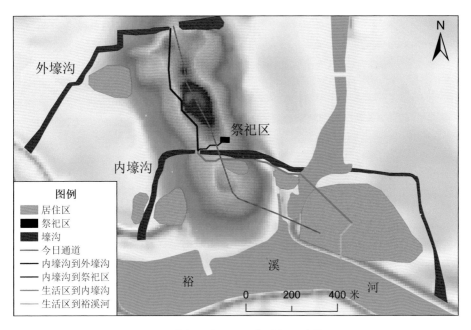

图五三　凌家滩功能区最优路径理论推测图

（据《基于多源数据融合的遗址古地层重建与应用研究》图 5 改绘）

场一带有 1 万多平方米的区域略显丰富，可能是另一个小型聚落或具有其他功能的区域。总体上可以将凌家滩生活区划分为以下几个部分：

1. 集体活动场所

位于聚落南端的山岗尽头海拔稍高但较平缓的位置，以发现的面积约 3 000 平方米的红烧土密集区为核心，北距祭坛墓地约 400 米。该区域大多数在表土层下即见红烧土，大部分被近现代坑和近现代水沟打破，红烧土分布十分密集几乎没有中断。据钻探所知，南北长约 90 米，东西宽约 30 米，最厚处约 1.5 米。据南部中间一口历史时期的水井（00J1）剖面观察，该井打破了厚达 1.4 米的红烧土层，红烧土块形状、大小不一，颜色以红色为主，少量黄色、青色，质地较硬。在红烧土层下有大范围的灰褐色土层，内含褐斑和凌家滩文化的陶片，从井壁上观察，厚约 1.6 米，再下为黄色生土层（图五四）[52]。结合在其周边的钻探可知，红烧土层铺

图五四　水井剖面所见红烧土层

垫之前，其下已有较厚的文化堆积，也就是说凌家滩人群在此有较长期的活动之后，才开始了红烧土层的铺垫。

因这一区域原始地貌呈现向东倾斜的特点，整个红烧土堆积东边偏厚而西边偏薄，若按平均1米厚度计算，也有约3 000立方米体量，扣除红烧土之间的空隙是用土来填充的，暂以20%计，也需2 400立方米。

假设完全利用房屋废弃后的红烧土碎块铺垫，如果以0.5米厚、2.5米高的墙体计算：

2 400立方米÷（0.5米×2.5米）=1 920米

即需要1 920米长的墙体的红烧土量。按照这一数据，假如借用年代相近、房屋结构和面积均较普通的较完整房址为依据，如枣阳雕龙碑遗址第二期保存较好的F6双间房计算，该房址面阔约5米，进深约4米，墙体厚30～40厘米，仅四面墙体加中间隔墙的红烧土量约40立方米（未扣除门道空间）。据此，红烧土堆积则约相当于50间的双间房屋红烧土墙体的红烧土量（但不包括屋顶的红烧土量）。

假如按凌家滩98F1这处体量较大的双间房计算，该房址残存面阔约10米，进深超过4米，墙体厚按70厘米计，四面墙体加中间隔墙的红烧土量约56立方米（未扣除门道空间），红烧土堆积约相当于35间的双间房屋的红烧土量。

虽然这只是最简单的估算，不排除多次堆积而成的可能，也可能存在集中、专门烧制的红烧土，但说明当时需要投入大量的人力，还不包括相应的平整地表、搬运材料、修建铺设以及其他辅助工作，没有一定的人力支持，以及各种协调管理，是难以达到的。

这片红烧土堆积可以确认是凌家滩时期人工有意识铺垫而成，因山岗东侧有斜坡向下，在铺垫时东侧较厚而西侧略薄，形成相对平整的场地。据分析，红烧土块由两部分组成，其外侧为一层拌有红烧土颗粒的黏土，应属人为制作的一种黏合和承重作用的建筑材料，而内核则为人为烧制的红烧土块，用黏土原料在950℃以上烧制而成[53]。

以往有学者认为这里应该属于聚落的宫殿或神庙一类场所，或者是大型广场[54]。作为目前所知凌家滩聚落最大的单体红烧土区域，虽然还不清楚它的具体功能，但作为地势高亢、位居生活区中心的大型建筑设施，它是集体活动的某种场所应该没有疑问，只因相关证据不足，还难以确定它属于哪种具体的场所，这有待于日后发掘成果的支撑。

2.日常生活场所

在山岗尽头两侧的广阔平地上，分布着大面积的红烧土和各种灰坑、沟，绝大多数在内壕沟与后河围合的区域内，在山岗西侧的石家圩紧挨内壕沟的两侧，红烧土堆积稍显丰富，但与东侧的石头圩相比则大幅减少；山岗东侧的石头圩最为密集，自山岗南端的红烧土密集区向东，长达800多米的范围内连片分布大量的红烧土堆积，估算有10万平方米，这些红烧土堆积大多数与房址有关，但分布颇有规律：

一是基本上在南距现在的后河北岸200多米，大致呈西北—东南向（116°左右），长条形分布，轴向与后河流向基本一致，符合沿河而居的特征。每片占地面积较大，中间最大一片约800平方米。根据钻探和有限的发掘情况分析，其中一部分可能为红烧土坑或铺垫的道路，但多数应与房址或其废弃堆积有关。

二是其南侧至后河之间，红烧土分布零散，但各种大小不一的坑或沟状堆积十分密集，堆积内陶片、碎骨等遗物丰富。

三是往东、往北到内壕沟边缘地带，遗迹很少，属主要生活区的边缘。

四是部分红烧土堆积呈长条状，有可能是与连排房类似的建筑基础。

从这些分布可以看出，当时的生活区主要是在内壕沟以内的中部，房址距河岸稍远，呈西北—东南向长条形分布；其他遗迹以靠近河岸为主；远离河岸的区域日常活动较少。在文化堆积上表现为越远离河岸堆积越薄、包含物越少，越靠近河岸堆积越厚、包含物也越多的特点。从内壕沟北段 TG2、TG3 内的堆积情况看，内、外坡的遗物都很少，也表现出远离生活区则垃圾数量急剧减少的现象。

聚落西部的内、外壕沟之间的数十万平方米区域，仅有最南端的内壕沟外侧以及西北角的养鸡场一带有少量生活迹象，大多数区域几乎空白。造成大范围空白的原因，还不十分清楚，但有以下几种可能：

一是这片区域缺乏了山岗的阻挡隔离。裕溪河从东关（濡须口）冲出山隘后，易对该区域产生涤荡，只有养鸡场一带地势稍高。但这并不是主要问题，因为东部的石头圩同样低平，却呈现繁荣的景象。

二是这里地势低平，易受洪水冲击，可能作为农业生产用地。但目前还未对本区域的土壤开展相关工作，无法了解是否与水稻生产有关。

三是另有一个可能的原因，这片区域需外壕沟完成之后起到保护作用，才便于聚落的扩大使用，但因为外壕沟的停工，导致这片区域难以得到利用。

这些空白区与东部的繁荣景象形成了鲜明对比，但也从另一角度反映出凌家滩聚落在进行规划利用时，为什么总是偏向于山岗东侧。

在垃圾处理方面，可以看出具有一定的行为习惯。就近处理是最重要的习惯，即一般就近扔于低洼或斜坡低下之地。壕沟边坡、坑或自然沟都是天然的倾倒场所，尤其是沟类的边坡容积量大，更是倾倒的最佳区域，但由此也带来沟变窄而需时有疏浚。2014 年在内壕沟西段的 TG1 内坡（东坡）叠压的数十层凌家滩文化堆积，便呈现出年代越晚越向壕沟中部推移的趋势。但离生活区稍远的区域，即使容积量再大也不会有太多垃圾扔入。东侧石头圩一带近河岸方向的大量坑状堆积中，包含物十分丰富，多数应是垃圾倾倒场所。西侧石家圩的内壕沟内侧斜坡上，经 TG1 发掘得知也是靠近这一带房址的垃圾堆积重要场所，发掘出土的陶器碎片、动物骨骸、炭化植物众多，还包含大量的碎红烧土块，这些都应是生活废弃物（图五五）。除了这些坑、沟外，一些自然沟的边

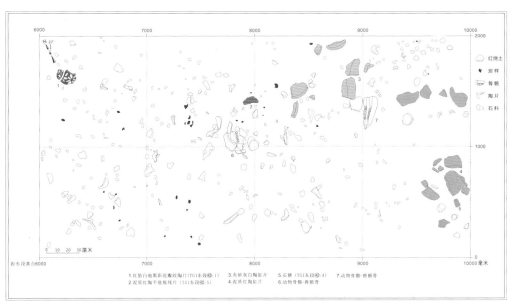

图五五　凌家滩 TG1 东段第 42 层遗物分布情况及局部遗物分布图

南半坎发掘区内的自然沟（镜像 0°）

TW48N02 北壁自然沟剖面扫描（镜向 0°）

图五六　凌家滩 TW48N02 北壁自然沟及剖面扫描（镜向 0°）

坡上，同样有丰富的生活垃圾，如在南半坎发掘的一条超过 5 米宽的自然沟中，出土了大量与 TG1 内坡相同的生活废弃物（图五六）。但内壕沟北段、东段和外壕沟距房址等生活设施稍远且并不是日常生活经常途经之处，因而沟内或边坡所见垃圾却很少。

作为日常生活最重要的房址，因发掘有限还不太清楚，但 1998 年在石头圩 T0411 发现了一处残房基的基础（98F1），因距地表太浅仅剩墙基，至少为两间相连的房址，中间有纵向隔断。房基大致呈东—西走向，略偏东南，残长近 10 米，宽约 0.7～1 米，最宽处超过 1.2 米，中部有一道隔墙残基长超过 4 米，东端还有一处也可能为隔墙残基，仅略向南拐出不足 0.3 米，向东是否延伸不太清楚，如果也作为隔墙，那么东侧一间的宽度不足 2.5 米，与西侧的宽度相差较大，就可能是大房内的小隔间。墙基剖面呈倒梯形，上宽下窄，上宽 0.7 米左右，是先挖基槽，再填入碎红烧土块，残存的红烧土厚约 0.3 米（图五七）。

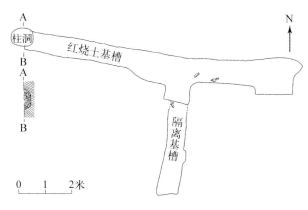

图五七　凌家滩 98F1 平面图

同样的基槽，在 2013 年石头圩地点发掘中也有发现。这处红烧土遗迹有 200 多平方米，可能不是普通的生活场所。揭去上层覆盖的红烧土碎块后，便在外围出露一圈呈弧形的基槽，体量比 98F1 要大很多，通过解剖了解到基槽同样呈倒梯形，内填满红烧土块，上宽约 2 米，厚约 0.4 米；中间的红烧土块分布区通过小探沟解剖也显示出先挖坑再填红烧土的特点。它与外围基槽之间有一道宽约 1 米的空白带。因为未全面揭露，详情还不得而知，但作为一处较大型的建筑是没有问题的（图五八、五九）。在发掘出土的红烧土中，有少量印有"木骨""植物茎秆"痕迹的红烧土当系木骨泥墙所遗（图六〇）。在 2015 年南半坎地点发掘中，还发现了一面较平整的大块红烧土墙体残片，另一件红烧土立柱（TW48N01⑱：135）直径近 16 厘米，断面可见泥片贴敷的分层现象，外表较光滑，一端的中间残存空洞直径约 5 厘米左右，应为木柱朽痕（图六一）。

综合这些残碎的信息，可以知道挖基槽、铺垫红烧土应是这时建筑的共同特点，至少能复原出凌家滩房址建筑的片断过程：挖基槽—填红烧土碎块—立柱及外裹泥—支木骨—填植物茎秆加固—抹泥墙—可能经火烧使立柱、墙体牢固。房址的形态因功能差异而各有不同，其中有隔间的双间或多间排房就是其中重要的一种。

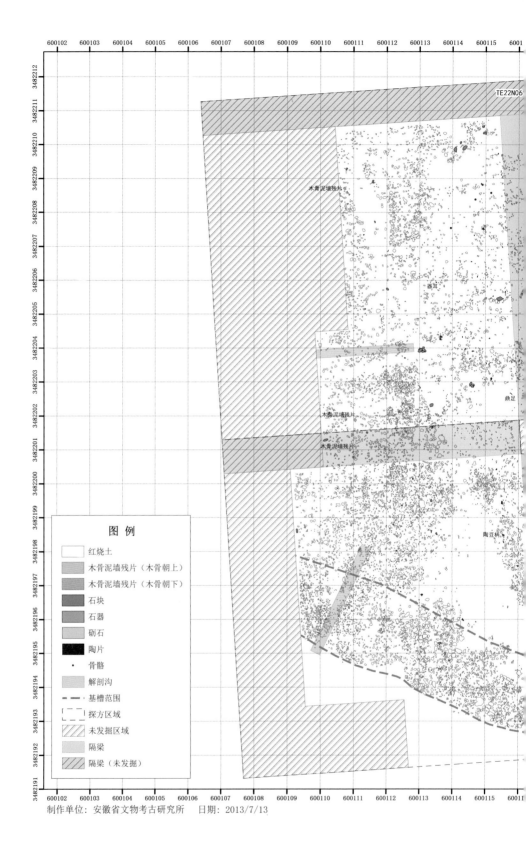

图 例

- □ 红烧土
- ▨ 木骨泥墙残片（木骨朝上）
- ▨ 木骨泥墙残片（木骨朝下）
- ■ 石块
- ■ 石器
- □ 砺石
- ■ 陶片
- • 骨骼
- ▨ 解剖沟
- ‒ ‒ 基槽范围
- ⌐ ⌐ 探方区域
- ▨ 未发掘区域
- ▨ 隔梁
- ▨ 隔梁（未发掘）

制作单位：安徽省文物考古研究所　　日期：2013/7/13

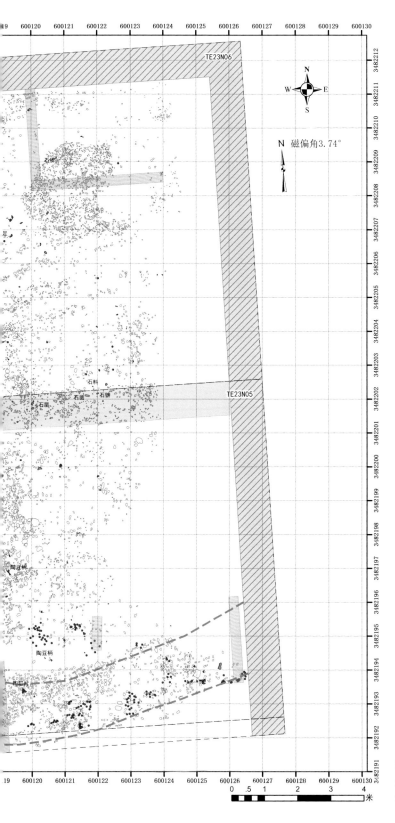

图五八　2013 年石头圩发掘红烧土遗迹分布图（GIS 制图）

宽约2米

揭去上面覆盖的红烧土后出现的线条

沟槽上覆盖的红烧土厚20厘米左右

此边缘未揭覆盖的红烧土前便已呈此线状

面宽约2米，深约40厘米

剖面呈倒梯形，两侧边略弧，底平（宽约1米）

图五九　2013年石头圩红烧土遗迹—基槽

粗细不同木骨痕的红烧土
（TE23N06 红烧土层）

植物秆痕迹的红烧土
（TE23N06 红烧土层）

图六〇　石头圩夹木骨、
植物茎秆红烧土

木柱朽洞

顶视

立柱

附着的红烧土

泥片贴敷分层

图六一　南半坎圆柱状红烧土立柱

以木骨泥墙构建的地面式红烧土排房，在这一时期较大范围的黄淮地区和汉水上中游较为流行，河南淅川下王岗仰韶文化三期[55]、邓州八里岗[56]、郑州大河村仰韶文化三期[57]、湖北枣阳雕龙碑二期[58]等都出现了两间甚至多间连体的排房，凌家滩两间或多间房的出现，当是这种大环境下的产物。

3. 手工业及农耕场所[59]

凌家滩的玉、石器体现了十分发达的手工业特点，尤其是墓葬中随葬的较多边角料、芯以及一些半成品、残次品，都是制造过程中的产物，绝大多数情况下应为本地制造，而不会是从聚落外带入的，但到目前为止，还未发现明确的手工业生产区。根据 2000 年和 2007 年的发掘情况，在墓地西北部不少探方的凌家滩时期地层中，都发现过可能作为原料或工具的石块等，还有配套的粗加工工具（图六二）。在发掘过程中，已意识到在墓地附近可能存在就地制造玉、石器的场所，但不一定存在具有固定程序、分工协作的作坊，因为整个社会还没有达到分工明确、阶层清晰的状态，工艺上还处于探索阶段，也没有形成完善的流程。除墓地附近外，生活区也当存在此类场所。

农业在凌家滩聚落中已有明确证据，炭化水稻及红烧土块中夹杂的稻壳都足以说明稻作农业的存在。从自然环境与生活区的关系来看，内壕沟的内外周边均为广阔平地，距离生活区很近，适合农耕活动，内、外壕沟之间的大片土地同样适合农耕，但作为生产场所的农田在什么地方还是未知数。不过在以往钻探过程中，内壕沟内的东北角存在大片红烧土的空白区，柱状采样和分析的结果表示偏下层是常绿阔叶林和浅水湖泊沼泽景观，偏上层是森林湖泊沼泽景观，其中直径大于 40 微米的禾本科花粉接近 10%，残留疑似水稻的植硅体，反映了采样点附近可能存在的稻作农业活动。

图六二　凌家滩 T0619 ③层石砧及盘形器（镜向东北）

（三）祭坛墓地

作为区域性超大型聚落，与凌家滩人口相匹配的墓地应该有多处，但目前只发现了一处大型高等级墓地，其他墓地（包括大量普通平民的）则未发现，是否在生活区埋葬还是有其他独立的墓地也并不清楚。

已发现的高等级墓地位于从太湖山延伸出来呈西北—东南向的长岗近最高点，海拔 20 米以上，与周边平地的相对高差约有 13 米，平缓的岗顶略微向南倾斜，如果没有树的遮挡可以通览整个内壕沟和主要生活区。这处墓地实际上依托了山岗近顶部的一处祭坛。祭坛是以黄土、细碎石子和石块、较大石块从下往上分三层构筑而成，石子和石块的原料可从岗地东侧的坡脚获得。这处祭坛的形状并不十分规整，并且经历过修补、增扩[60]。

整个墓地分布面较广，估计会有上百座，已发掘出凌家滩文化时期的 70 座墓葬，可以划分出多个墓区，不同的墓区埋葬了不同身份的墓主。多数墓葬打破了祭坛或围绕在周围，其中最重要的多座墓葬均位于祭坛的南侧，随葬大量玉、石器及特殊功用的器物；西、北侧有较多墓葬随葬有玉石残件、边角料，还有少量制作工具等，应属具有较高身份地位的工匠；围绕祭坛及顶部位置，却出现一些显然级别较低但又不算十分贫穷的墓葬，可以看出明显的分级现象。

上述情况一方面体现了以内壕沟为特征，对主要生活区防护的核心构思，整个布局具有明确的规划，不同功能区有各自的位置需求：集体活动场所既在相对高处，又与普通生活场所相距较近，方便开展议事、礼仪性活动等；而祭坛墓地并非日常活动所需，则处在内壕沟之外的聚落最高处，作为能够沟通上天与神、祖先的场所，也就是说生死两界通过内壕沟划分得十分清晰。另一方面，又体现了需要开展的一系列生产劳作、埋葬祭祀等需求，在主要生活区之外的综合规划，在内、外两条壕沟的北段留有一处出入口，一是使得生死之间并未完全割裂；二是保证人群的出入、远距离觅食、获取其他资源等生产活动的顺畅；三是作为区域中心聚落，它不仅仅是本聚落人群的生产生活场所，还可能会容纳周边其他小聚落的人群在此

图六三　凌家滩聚落生活方式示意图（甘创业绘）

进行一些跨区性的活动，比如集中的宗教或崇拜仪式、重要人物的葬礼等，甚至产品交换，在水陆交通、大型场所等方面都有所体现（图六三）。

第五节　崛 起 之 因

　　一个区域中心的产生，既需要交通、资源等地理条件的支撑，也需要前期聚落发展的人文背景，还需要适应当时的社会需求。在形成的过程中，更会有各种难以预料的因素，但在众多的聚合、分离、兴起、衰落过程中，人群本身的适应力、创造力也是十分重要的因素。凌家滩区域中心的产生，也是多种条件复合作用的结果。

　　在宏观地理位置上，凌家滩乃至裕溪河流域并不是大区域间文化互动的要道，但很可能在社会需求的刺激下，相对合适的地理条件也能够促使这里成为重要区域，至少沟通巢湖与长江之间的裕溪河，可以在一定条件下成为交通枢纽。从本章第二节宁镇、茅山地区到大别山东南麓的宏观聚落变迁趋势看，有明显自东向西发展的过程，而长江北岸的东北—西南向的大别山余脉正可以连通两端。若将北阴阳营文化的兴起，看作是以玉、石器这类重要产品为特点的话，那么当产业发展到一定程度，资源枯竭或者产能需要扩大或者产品种类和质量需要提升时，寻找新的或更好的矿产资源会是十分重要的事。从宁镇向西跨江，顺着这条余脉寻找新资源，很有可能成为裕溪河流域兴起的重要基础，相应地，会有治玉的理念和技术跟随。凌家滩文化与北阴阳营文化玉、石器在很多工艺、风格上的高度相似性，很具有"文化基因"的性质，而年代上前后相续、宏观聚落变迁出现向西转移的事实，为探索这一问题提供了新的思路。

但凌家滩中心的出现，并不是一蹴而就的。自马家浜文化晚期在裕溪河流域出现少量聚落之后，到崧泽早期阶段已有较快的发展，聚落众多，在巢湖出口的裕溪河岸形成了窦家嘴小区域中心聚落；中游的凌家滩也因交通便利、具有不易受洪水侵袭，且有宽广平地等良好微观地理环境，而同样成为小区域中心聚落；凌家滩东北方向太湖山麓的上左为另一个小区域中心聚落。此时的凌家滩虽有较大发展，但也不足 10 万平方米，尚未达到足够规模。到崧泽中晚期，凌家滩最终脱颖而出，以上百万平方米的超大型规模成为全流域唯一的中心，而其他两个小区域中心则已衰落，整个裕溪河流域的同时期聚落数量、分布也出现大范围减少，人口、资源等都应该具有了集中化的趋势。另一个不可忽视的现象是，以崧泽文化为代表的长江下游同时期文化，出现了更加广泛的区域互动，在联系日益紧密、文化更加趋同的情况下，在裕溪河流域及更大一点范围内形成了以凌家滩为核心的区域文化共同体，凌家滩在交通、资源、宗教信仰等诸多方面的中心地位更加凸显。

适应环境和社会需求，确保聚落的安全性和发展潜力以及由此带来更大的吸引力，是凌家滩中心聚落的重要目标。良好的聚落规划、大型公共设施的建设、必要的组织管理、具有活力的创新精神，则是其需要努力提高的方向。壕沟的开挖能够满足防水和防御的安全需求；集体活动场所是满足大型活动的前提；大型祭坛的出现可以改变"家为巫史"以达到"绝地天通"的目的，同时有效地统一了宗教信仰并形成独专的神权，将活着的世界与神和逝者（祖先）的世界相隔离，也反映出社会意识层面有了重大变化，这是社会复杂化的重要一步。

这些措施都是社会发展到一定阶段的结果，也体现出较强的聚落规划与社会组织管理能力，没有足够而有效的运转组织以及强化的权力意识，是难以达到上述目标的。伴随着以上的变化，社会也开始出现分层现象，贫富差距、贵贱差距进一步拉大，其重要表现是以当时长江中、下游甚至更大区域内十分热衷的——掌控珍稀的玉、石资源及其产品——为物化表征，凸显个人的身份地位。墓主人拥有玉、石器产品的数量和质量成为身份标志，个别特殊的器物更是掌握在极少数人手中，极可能作为宗教信仰的法器和权力方面的象征，进而更加巩固了这个区域中心的地位。

第四章

饮食器用

　　饮食是人类最基本、最重要的本能。"民以食为天"，即使贡奉神祖，也需要以"食"为重，并配以器用和相应的礼仪，所以《礼记·礼运》说："夫礼之初，始诸饮食。"所谓饮食，包括饮与食两方面，"食"是对动植物原料进行初次加工、再加工甚至不加工就直接可以入腹满足生存需要的物质，最基本的就是"茹毛饮血"的生食与蒸煮烤炙的火食；而"饮"除了水为生存必备之外，其他是与酒、甘醴等液态饮料相关的，需对植物原料进行压榨、发酵等处理而获得可以饮用的特殊液体，多数情况下会对神经系统产生刺激作用，如史籍记载的商代人便以好饮酒著称。不同的文化也有不同的饮食方式，在食物处理方面，有以粟黍类颗粒状入食的粒食传统，也有将小麦、植物块茎磨成粉状再加工的面食习俗；在进食方面则有手抓、匕匕、筷子等；在形式方面如分食、围食等。围绕饮食更是形成了功能不同、丰富多彩的器物，如炊煮的鼎、鬲，盛食的碗、钵，储食的盆、罐，还有脱壳的磨盘磨棒、杵捣的杵臼、研磨成粉的刻槽盆，以及作为饮器的杯、壶等等。

　　为了维持生存需要并更有利于生产生活而获取生存资源和改善生活质量的经济行为，包括制陶、玉石器制作和纺织等手工业在内，都是广义生业经济的重要内容，其中对食物资源的获取和利用则是狭义的生业经济，也是讨论饮食最重要的部分。在考古学兴起之前，有关古代饮食的研究都以史载为本，无法确知古代饮食的具体内涵。而考古学在科技手段运用之前，也只能根据肉眼可见的发现如粟、黍、小麦、水稻以及动物骨骼等大略了解古人的食物来源，但随着考古学的进步和多学科合作的深入开展，浮选法的运用、淀粉粒等残留物分析、锶同位素和碳氮稳定同位素分析等越来越多的方法、技术[1]，为发现古人的饮食种类、饮食方式提供了大量的新信息，甚至连酒的生产都能够从科学的角度得到阐释[2]，从而更深入地了解以往肉眼无法看到的内容，拓展了饮食研究的视野。

与饮食相关的器物研究，一直是考古学的基本内涵，形态、功能、制作工艺是众多研究者的关注内容，而在引入成分分析、理化分析等技术后，更摆脱了仅仅对形态开展分析研究的局限，能够在产地、配料、功能等方面提供更加科学的研究支撑。

与饮食和器用相关的内容，构成了凌家滩文化生业经济最基本的内涵，近年来已受到诸多学者的关注。自2013年以来，随着凌家滩"探寻活着的世界"考古工作的开展，在凌家滩的主要生活区连续开展了多次发掘，重点是针对垃圾倾倒场所（如沟）的发掘，获得了大批生活方面的材料，而在外围韦岗小聚落的发掘，同样获得了大批材料，可与凌家滩超大型聚落进行比较研究。因为运用了较多的科技方法和观测手段，虽然才短短几年的时间，已使原本近乎空白状态的凌家滩生业经济研究取得了一批重要成果。

第一节　食　为　天

史前时期饮食的完整链条包括：食物获取（含养殖）—加工—食用—残料利用（骨角器等）—垃圾丢弃。食物获取是饮食的第一阶段。作为食物来源的动、植物，长江下游的崧泽时期延续了马家浜时期早已完成了的二元经济结构，也就是从大自然中获取食物的捕捞、狩猎、采集，与通过农耕和家畜饲养的人工种植、驯化、养殖并重。凌家滩文化的肉食获取除了依托山林河川中的动物外，饲养也成为重要手段，从而可以得到更多并且稳定的肉食来源；植物除了传统的采集对象，以稻作农业为特点的农耕同样得到了发展。

一、动物食材

（一）动物种类

凌家滩遗址经过 2013 ～ 2015 年度的多次发掘，共出土大小不等的动物遗骸共计 1439 件，韦岗遗址 2013 年度发掘出土动物遗骸 214 件。这些材料有不少因破碎而难以确认其种属，两地还另有较多无法辨认的碎骨[3]，但因材料均是发现于各自的壕沟内坡上，也就是最主要的垃圾倾倒场所之一，因而在相当程度上代表了当时生活的状况，能够反映内涵的真实性，也使两地的比较具有可比性。

表 4-1　凌家滩和韦岗遗址出土动物种属

瓣鳃纲 Lamellibranchia 　真瓣鳃目 Eulamellibranchia 　　蚌科 Unionidae 　　珠蚌亚科 Unioninae 　　　丽蚌属 *Lamprotula* 　　　丽蚌 *Lamprotula* sp. 硬骨鱼纲　Osteichthyes 鸟纲　Aves	哺乳纲　Mammalia 　食肉目　Carnivora 　　犬科　Canidae 　　　犬属 *Canis* 　　　狗 *Canis familiaris* Linnaeus 　　猫科　Felidae 　　　豹亚科 Pantherinae 　　　　豹属 *Panthera* 　　　　虎 *Panthera tigris*（Linnaeus） 　偶蹄目 Artiodactyla 　　猪科　Suidae 　　　猪属 *Sus* 　　　　野猪 *Sus scrofa* Linnaeus 　　　　家猪 *Sus scrofa domestica* Linnaeus 　　鹿科　Cervidae 　　　鹿属 *Cervus* 　　　　梅花鹿 *Cervus nippon* Temminck

具体而言，凌家滩遗址在可鉴定标本数中，哺乳纲有 99.58%，占绝对优势，但 58.44% 鉴定种属的特征不明，只能认定为大型、中型、中小型、小型哺乳动物或哺乳动物。在哺乳纲中，狗 12 件，占哺乳纲可鉴定标本总数的 2.03%；虎 1 件，占 0.17%；梅花鹿 8 件，占 1.35%；大型鹿科动物 1 件，占 0.17%；小型鹿科动物 10 件，占 1.69%；猪 560 件，占 94.59%。其他数量很少的瓣鳃纲（丽蚌）4 件，占标本总数的 0.28%；鱼纲（鱼）1 件，占 0.07%；鸟纲（鸟）1 件，占 0.07%。

韦岗遗址有 53.74% 鉴定种属的特征不明，只能认定为中型、小型哺乳动物或哺乳动物。哺乳纲占 99.53%，其中梅花鹿 16 件，占哺乳纲可鉴定标本总数的 16.33%；猪 82 件，占 83.67%。鸟纲（鸟）1 件，占标本总数的 0.47%。未出土任何狗的遗存，可能与发掘地点选择或骨骼埋藏状况较差有关，也不排除还没有驯养狗。

图六四　吕鹏在凌家滩整理室进行动物骨骼鉴定

概括而言，凌家滩遗址出土动物种属包括瓣鳃纲（丽蚌）、鱼纲（鱼）、鸟纲（鸟）和哺乳纲（狗、虎、梅花鹿、大型鹿科动物、小型鹿科动物和猪）等，共计 9 类；韦岗遗址出土动物遗存包括鸟纲（鸟）和哺乳纲（梅花鹿和猪）等，共计 3 类，凌家滩的动物种属较韦岗更为多样，存在少量特征明显的野猪个体。这些动物都属于可以肉食的品种，与全国其他众多遗址的发现具有很大程度的相似性，因而可以认为它们大多数属于凌家滩时期的肉食品种（图六四、六五）。

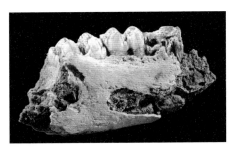

猪下颌骨

猪上 M3 游离齿

鸟肢骨　　狗右侧尺骨　　鱼脊椎骨

图六五　凌家滩出土的部分动物骨骼

（二）肉食来源与利用

环境考古学研究表明，凌家滩遗址史前地貌环境为三面临水，与河流相连，周边有丰富的水陆野生动植物资源和便利的水运交通可供利用[4]。依据凌家滩和韦岗的地理位置及附近地形，可以知道北有太湖山和土山，属森林覆盖区；山麓地带则存在草地、水溪，这些为野生动物提供了良好的栖息场所，也为凌家滩人群提供了丰富的野生资源和可开展狩猎活动的便利。在凌家滩南缘的后河及其他河流，也为捕捞水生动物提供了保障。

1. 肉食来源与种类

已知的凌家滩、韦岗人群获取动物资源的方式主要包括以下 3 种：

（1）狩猎：主要针对梅花鹿等鹿科动物，也包括个别虎、野猪、鸟类，种类和总数并不多，鸟骨也绝非鹰之类的大型鸟类，这些动物一般在北面的山林中获取。鹿科动物是最主要的捕捉对象，对凶猛动物、鸟类的捕捉不是主要目标。将鹰、虎、野猪的形态雕刻在精致玉器上，应当表现的是人群对这类凶猛动物的敬畏，这些难以获取的动物不应是日常肉食对象，而应是敬畏或崇拜的对象。

（2）捕捞：主要针对淡水贝类和鱼类资源，目前所见只有丽蚌和鱼，数量极少，种类单调，这些动物来源应该就在后河或附近的水域之中。在玉器中可见龟，说明对其他水产（如两栖类）也应有所利用，但是否作为肉食则未可知，毕竟所见的龟形象都与狩猎中难以获取的动物形象一样，作为重要的礼仪或法器之表现。

（3）饲养：有猪和狗两种，鉴定结果可以确认是家畜饲养品种。

作为大型聚落的凌家滩 3 种方式均有，但小型的韦岗聚落只有对鹿科动物的狩猎和猪的饲养，缺乏水生产品和狗的饲养，与凌家滩有一定区别，鸟类在两地也均十分少见。不同规模的人群在捕猎大型凶猛动物方面，或可能在个人能力、综合协调方面都存在一定的差别。

对凌家滩与韦岗遗址出土猪牙结石进行的碳稳定同位素检测表明，凌家滩与韦岗出土的猪均以 C_3 类植物为主要食物来源，说明二者的食性一致[5]。

锶同位素分析有助于判断其他动物的来源。家猪活动范围是十分有限，其锶同位素可以作为本地的比值，而梅花鹿的活动范围大约为 5～15 千米。根据凌家滩出土猪牙釉质的锶同位素比值，建立当地生物可利用的锶同位素比值范围，可以推

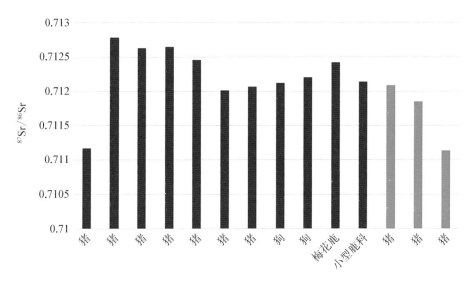

图六六　凌家滩与韦岗出土动物遗骸的锶同位素比值柱状图

测凌家滩聚落出土的狗和鹿是当地动物，韦岗遗址出土的猪可能为本地出生。因而两地动物中的猪、狗和鹿等均为当地动物，活动范围大致为凌家滩周边 5～15 千米内，或为当地人所驯养，或者是通过狩猎所得[6]（图六六）。

作为区域中心的凌家滩，家畜饲养或已成为获取动物资源的主要方式，家养和野生哺乳动物的比例分别为 96.62/3.38（NISP）和 86.11/13.89（MNI）[7]；韦岗家养动物的种类主要是猪，其相对比例分别为 83.67/16.33（NISP）和 85.71/14.29（MNI），数据显示家畜饲养在凌家滩文化的两个遗址中占据绝对主导地位，其重要性要较狩猎和渔捞方式为重。凌家滩作为中心聚落，它和以韦岗为代表的一般聚落在获取和利用动物资源的方式应存在不同，家养动物除本地供应外，还可能存在周边一般聚落（如韦岗遗址）的输入。

如此高的家畜饲养比例是否过高估算了，还需要更多材料加以慎重讨论。不过虽然有发掘位置限制、出土遗物偶然性的原因，但鉴于发掘地点主要是垃圾区，还要考虑发掘的精细性问题，特别是凌家滩的发掘分布在不同位置的多个地点，尤其是出土遗物最丰富的 TG1 发掘，在 60 平方米范围发掘动用了 8 位专业人员

1　土壤运往堆土区前进行遗物拣选

2　大量土壤采样

3　现场仔细发掘

图六七　凌家滩 TG1 遗物拣选与土壤采样

（含本专业学生），尝试新理念下的精细发掘方法实验，现场虽未对土壤实施水选，但对地层划分、土壤中遗物的拣选还是十分仔细的，基本上所有土壤在运到堆土区前都进行了人工拣选，并采集了较多浮选样品、植硅体样品（图六七），在后期整理过程中对动物遗骸也都注意到，因此鉴定结果在一定程度上可以反映出肉食的偏向性。

这种偏向性与长江下游稍早或同时期其他文化的整体趋势差异过大，如河姆渡文化、马家浜文化和崧泽文化，以猪和狗为代表的家养哺乳动物在哺乳动物群中所占比例均未超过 30%，并有一定数量的野猪，整体上以渔捞和狩猎为主，家畜饲养规模小[8]，在生业上都显示出对野生动物资源的依赖。年代稍晚的良渚文化，家畜饲养业规模扩大，家养动物所占比例剧增到 50% 或以上，但家畜饲养业发展不均衡，越靠近政权中心区，家养动物所占比重越高[9]。凌家滩和韦岗发现的野生动物无论是种类或者数量，都较其他文化各遗址的少，对水产品和鸟类的食用也十分缺乏，但家畜饲养却十分重要，呈现出与其他文化不太一样的形式。

2. 肉食消费利用

在具体的消费倾向中，凌家滩的猪骨遗存中包括较多年龄较小或幼年的头骨、肱骨、胫骨、桡骨、盆骨、跟骨、掌 / 跖骨等部位，某些骨骼部位上有屠宰加工

哺乳动物肱骨近端切割痕　　　　　　　　被烧黑的猪骨

图六八　凌家滩被切割、火烧过的骨骼

的痕迹，肢骨及头骨上烧痕表明烧烤可能是制作肉食的方法之一（图六八）。

　　根据牙齿萌出和磨蚀鉴定死亡年龄[10]的猪右下颌骨标本，凌家滩3件（2件2.5～3岁、1件7.5岁），韦岗3件（2件3～3.5岁、1件3.5～4.5岁），共6件，均在2.5岁以上，甚至包含1件7.5岁以上的猪个体，这似乎与屠宰家猪多为年龄在1～2岁年轻个体的认识相抵触。由于可鉴定标本量较少，还难以看出这是不是普遍现象，但存在超龄家猪现象则是可以肯定的。这些超龄家猪，是否表示对成年和老年猪下颌的特殊使用（譬如祭祀）？如果具有类似作用，又与中国史前时期较为普遍地用幼年个体猪做祭牲的现象[11]相左。这些被特殊饲养到成年以上可能作为猪牲的出现，背后应该包括一系列与之相关的特殊喂饲方式（地点、饲料、来源等）、特别选择（年龄、形态、毛色等）、祭祀仪式（屠宰方式、祭祀地点和对象等）等活动，反映了凌家滩遗址的特殊性和重要性（图六九）。

　　作为史前时期对动物资源利用的另一个重要方面——骨角器，目前还未在凌家滩文化各遗址中发现，也未发现骨料和骨废料等，这既有发掘地点选择的问题，也有环境能否适合保存的问

图六九　凌家滩TG1东段第42层猪下颌骨

题，但纵观其他各文化的骨角器，应该是存在的，骨角器加工场所和相应的遗物还需以后考古发掘证实。

二、植物食材

以植物为食是人类最基本的生存手段。植物食材种类十分广泛，包括自然的水生植物、陆生植物，也包括农业栽培、驯化后的植物。长江下游在早一时期的马家浜文化、河姆渡文化阶段，便已完成了水稻的驯化，出现了水稻田和相应的灌溉系统，马家浜文化的草鞋山、绰墩、姜里遗址均发现了种植水稻的稻田，这些田块面积不等，小的不足 1 平方米，大的可到 16 平方米，是一种小田块耕作模式[12]。河姆渡文化田螺山遗址水稻田的发现，证实已从事稻作生产[13]，最近余姚施岙遗址更是发现了自河姆渡文化早期至良渚文化早中期的大面积水稻田和农耕遗迹[14]，足以证实长江下游的稻作农业已广泛地开展起来。农业的发展为各文化、各聚落的兴起提供了相对稳定的食物保障，也更加促进了稳定态聚落的繁荣，从而有利于社会经济、文化的发展，并形成逐渐规范、完整的祭祀场所、礼仪制度等。

目前还未发现凌家滩文化稻作农业发达的充分证据，但诸多证据显示稻作农业是确定存在的。在凌家滩、韦岗的发掘中，经土样浮选都发现了少量炭化稻（图七〇），其中 TG2⑬韦岗早期的一粒炭化水稻，经北京大学 AMS 测年，按 1σ（68.2%）校正后为 3 650BC（24.9%）3 630BC、3 580BC（43.3%）3 530BC；按 2σ（95.4%）校正后为 3 700BC（1.1%）3 680BC、3 670BC（32.6%）3 620BC、3 610BC（61.7%）3 520BC，也即最大限度在 3 700BC ~ 3 520BC 之间，均值在公元前 3 600 多年前，与地层和陶片分析的年代结果十分吻合。

图七〇 凌家滩石头圩 2013 年发掘浮选

在凌家滩石头圩地点的钻探，了解到内壕沟内的东北角采样点附近可能存在稻作农业活动。从发现的一些稻壳痕迹等来看，当时的凌家滩人群已经从事稻作农业生产，红烧土中发现的大量水稻颖壳痕，也证实了稻壳被利用的事实（图七一）。

微观环境研究得到的结论与之大体相同。对凌家滩遗址及其东北侧2千米外韦岗遗址的植被研究显示，以栲属、栎属、榛属和榆属为建群树种反映这一时期该小区域呈现出亚热带常绿—落叶阔叶混交林的温暖湿润景观，而香蒲和芦苇反映遗址附近存在明显的浅水沼泽湿地。韦岗遗址 TG1 在生土层中即大量存在水稻扇形植硅体，

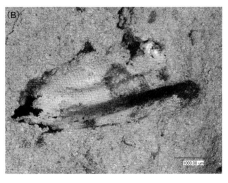

图七一　凌家滩红烧土块中的水稻颖壳印痕

说明当时该地应该有野生稻分布；其浓度自下而上也逐渐升高，⑰～⑫层间甚至达到或远高于用于判断古水田的标准（5 000 个／克干样水稻扇型植硅体），至⑪层开始其浓度又迅速降低，同样或与该阶段的降温事件直接相关[15]（图七二、

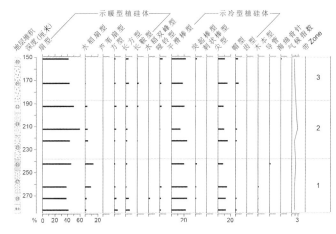

图七二　韦岗遗址 P1（下部）植硅体百分比图式

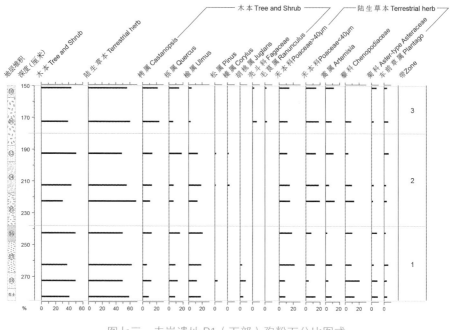

图七三　韦岗遗址 P1（下部）孢粉百分比图式

七三）。凌家滩和韦岗遗址土壤样品的检测结果表明，在研究区域内的环境下，植被以 C_3 植物为主[16]。

　　以上证据确切地反映了凌家滩和韦岗已从事稻作农业生产的事实，以稻米作为粮食是当时人群食谱中的重要部分（图七四），只是目前还不清楚它的发展状况怎样，它对当时社会的粮食支撑能够达到怎样的程度。但是无论水稻在食谱中占据多大分量，在当时都不会是唯一的植物食材，其他采集经济也应是植物食谱的重要补充。根据环境研究的结果，凌家滩和韦岗的植被中，有多种均可作为食物的来源，如木本科中的栎属及其他壳斗科的坚果、子叶都含有大量淀粉，还有禾本科中的水蕨属等多种植物也均可作为食物（表 4-2）。

1毫米

凌家滩
TE22N05⑤

2毫米

韦岗
TG2⑬

图七四　凌家滩与韦岗的炭化水稻

表 4-2　凌家滩遗址和韦岗遗址植被类型一览表

植被类型	凌家滩遗址	韦岗遗址
木本植物	栲属、栎属、榛属、松属、铁杉属、其他壳斗科等	栲属、栎属、榛属、松属、榆属、胡桃属、毛茛属、其他壳斗科等
陆生草本植物	水稻、芦苇、竹亚科、禾本科、蒿属、藜科等	水稻、芦苇、竹亚科、禾本科、蒿属、藜科、车前草属、菊科等
水生草本植物	香蒲属	香蒲属等
蕨类植物	水龙骨科、水蕨属、凤尾蕨属、槐叶萍等	水龙骨科、水蕨属、凤尾蕨属等

　　通过对处理食物或炊食有关的器物开展残留物、淀粉粒研究，也可以看出凌家滩植物食材的种类。作为凌家滩晚期重要器物之一的刻槽盆，无疑是加工、处理食物的工具，对凌家滩发掘出土的 18 件刻槽盆残片开展淀粉粒分析后，发现了种类丰富的淀粉粒，其中以薏苡和未定禾本科为主，其次是小麦族、壳斗科栎属和其他根茎类植物的淀粉粒，而豇豆属、莲藕和山药的淀粉粒相对较少。淀粉粒的统计分析结果表明，野生植物的采集应是凌家滩文化生业模式的重要组成部分。凌家滩的生业方式在不同时期发生了细微变化：薏苡和未定禾本科植物的比例虽一直占据着优势，但晚期已开始有意识地减少对这两类植物的依赖，逐渐加强了对小麦族、栎属、豇豆属和根茎类植物资源的开发和利用[17]。由中国科学技术大学对陶豆、盆内表的淀粉粒分析，也得到了大致相同的结论，由此可以知道，栎属、薏苡属、小麦族、莲藕等是常见的植物食材。

　　上述结果表明刻槽盆主要用于加工野生植物资源。但值得注意的是，在器物上发现了大量受到研磨/杵捣处理的破损淀粉粒或烹煮导致的糊化淀粉粒，这表明它们应该用于研磨/杵捣和烹煮食物，但始终采用研磨为主、烹煮为辅的方式。刻槽盆的功能在不同阶段无明显变化。

　　综上所述，目前所知凌家滩文化时期人群的食物来源以狩猎、捕捞、采集、家畜饲养和稻作农业为基本方式。肉食以家养猪、大型鹿科动物为最重要对象，家养的狗虽更多地作为狩猎、看护等作用但也可以作为肉食，而以家猪占绝对优势的现象十分特别；对水产品的利用限于蚌、鱼等易于捕捞的对象，可能作为崇拜对象的两栖动物——龟是否也纳入肉食当中还不清楚；大型凶猛动物如虎、野猪和飞鸟类并不是捕捉的主要对象，甚至成为崇拜对象。植物食品的种类多样，采集的栎属及其他壳斗科的坚果、薏苡属、小麦族、豇豆属、莲藕和根茎类植物，以及水蕨属等多种禾本科植物，都成为可以果腹的食品，而人工种植的水稻则是重要的组成部分，它改变了人群完全依赖自然植物的状态。

第二节　陶　为　本

制陶产业是新石器时代最重要的基础产业，在凌家滩文化所处的距今5 800～5 300年左右更有了极大发展，无论陶窑，还是陶器器类与功能，都有了巨大变化。黄河流域的庙底沟文化在前期单体窑的基础上，出现了复合结构的倾斜状、环形火道、中央台面窑床的陶窑，结构上发生了突变，热能积聚效应提升[18]；长江中游的汉水中游大溪文化到屈家岭文化时期横穴窑使用明显增多[19]，意味着制陶技术发生了较大变化。长江下游陶窑资料报道较少，虽不排除平地堆烧的可能性[20]，但这种较为原始的烧造方式与当地崧泽文化开始发达的陶器产品并不匹配，应存在相关陶窑遗迹。在凌家滩文化中目前还未发现陶窑遗迹，不能知晓其烧造方式，但偶尔见到黏有陶器碎片的红烧土块。

除最常见的夹砂、泥质陶外，夹植物陶也是这一时期在黄河中下游和长江中下游广泛使用的陶质，成为这一时期羼和料的一大特点，但夹石英却在凌家滩文化中相对多见。以庙底沟文化为代表的彩陶此时也繁盛起来，并对各地产生了极大的影响，但凌家滩文化中彩陶或彩绘陶较为少见，纹饰与庙底沟文化相似但又有所不同，更可能与海岱地区彩陶相似。在长江中游前一时期盛行的白陶，此时已衰落，但在凌家滩及其他地区还偶有所见，质地上兼有夹粗砂和泥质。器物种类上整个长江中下游以鼎、豆、壶为典型组合的器物群已经形成，但各地自身的文化特征也日益突出，形成了共性与个性并存的局面。

在这样的宏观背景下，了解凌家滩文化的制陶产业便会更加清晰。

一、陶器种类

以韦岗遗址、凌家滩遗址生活区发掘材料构建起来的凌家滩文化早、中、晚期，反映出较为明显的陶器变化情况，但总体上延续性还是很好。韦岗遗址存在于早、中期，陶器可以分为红陶系、灰陶系、黑陶系，仅有极个别的夹粗砂白陶和绘彩陶盆。以夹石英和粗砂的厚胎缸极具特色，虽总量不多但较为显眼；质地疏松、夹植物或蚌末陶数量最多，最多的在地层单位中可占一半左右，主要是作为炊器的鼎类；泥质陶以各种豆、罐、壶、盆、盘为主。凌家滩遗址主要为中、晚期，最大变化是灰胎黑衣或黑皮陶数量有明显增多，还出现了少量较精致的夹细砂黑陶鼎，但夹植物陶鼎始终占有重要位置，而白陶虽出现个别泥质但数量极其有限。

总体而言，凌家滩文化陶器以鼎、豆、罐、碗、钵、盆、缸为主要器物组合。早期器物组合以罐形鼎、柄身较直的粗柄豆、细高柄豆、高领罐、敛口盆、凹底缸为主；鼎足以泥质夹植物的横装宽扁凹面足、足身平直的窄鱼鳍足、素面近圆锥状足为主，另外还有麻花形鼎足，器耳包括牛鼻耳、鸡冠耳。此外还有釜、碗、钵、杯、盖、纺轮、陶丸等（图七五），韦岗出土的一件灰胎黑衣的四足近方形钵，口部拐角有流，一侧面有残器耳，殊为少见（图七五，17），稍晚鼎足还出现了夹细砂的横装宽扁凹面足、饰纵向凹槽横装扁椭圆足、饰一排纵向凹窝的圆锥状长条形足、足身外弧的窄鱼鳍足以及凿形足等（图七六），其中一种如韦 TG2 扩⑧：57 的夹细砂黑衣（皮）陶鼎的足根处，饰极浅的多道凹弦或凸棱颇有特点（图七六，9），另外算珠状豆柄、细柄豆的圈足部位折成台阶状也都是这一时期的特点。

在中、晚期阶段，牛鼻耳则退化、消失，饮器中出现了鬶、觚形杯、双折腹壶，可能属于酒器一类，具有配套使用功能，还有刻槽盆的出现则具有研磨或捣杵

1. 鼎 TG2⑭：3　　　　2. 缸 TG2⑭：4　　　　3. 缸 TG2⑭：2

4. 鼎 TG1⑰：4　　　　5. 缸 TG1⑬：5　　　　6. 盆 TG1⑬：3

7. 鼎 TG2 扩⑫：8　　8. 盆 TG2⑫ 层下　　9. 圈足 TG2⑬：4

10. 鼎足 TG2⑪：6　11. 鼎足 TG2⑭：14　12. 鼎足 TG3⑩：31　13. 鸟喙形耳
　　　　　　　　　　　　　　　　　　　　　　　　　　　　　　TG2 扩⑬：68

14. 牛鼻耳 TG2⑫：49　15. 流 TG2⑫：24　16. 把手 TG2 扩⑩：27　17. 四足方形钵
　　　　　　　　　　　　　　　　　　　　　　　　　　　　　　　TG1⑮：3

图七五　凌家滩文化早期陶器（韦岗遗址）

图七六　韦岗遗址早期鼎足

野生植物和烹煮食物的功能[21]。上述陶器已有明确的功能区分，炊器、食器、盛器、酒水器均已具备，这些重要变化反映出凌家滩晚期社会生活方式的改变。墓葬中的陶器与生活区的在种类和形态方面大致相同，如鼎、豆、壶、罐、盆、钵之类（图七七，1～10）。但一些较特别的器类在生活区则未见或极少见，如可能与江苏高邮龙虬庄所出有关的高柄壶（报告中称为豆壶）、与大汶口文化相关的背壶，源于东南的鸡形壶，但这些种类在墓葬随葬品中的数量都很少（图七七，11～16）；更重要的差异在于质地，墓葬中的陶器火候较低，质地较差，胎体也较薄，以泥质灰黄陶为主的胎体也与生活区有较大差别。这些差异表现出墓葬随葬品基本上是作为冥器使用的，在质量上明显不如生活用品，应有一套专门的制作工艺，也反映出凌家滩墓葬中对陶器随葬的重视程度远不如玉石器。

二、制陶工艺

　　制陶工艺一般包括原料选择、羼和料利用、坯体制作方式和技术、器表修饰、颜色选择与烧成工艺几方面。因为凌家滩墓葬中的多数陶器较为破碎，难以观察到

1. 鼎 87M12：36　　2. 豆 98M19：10　　3. 壶 98M16：21　　4. 鬶 87M11：9

5. 碗 98M16：16　　6. 小杯 98M12：3　　7. 小罐 98M12：11　　8. 细长颈壶 87M17：46

9. 双折腹壶 98M8：8　　10. 纺轮 98M19：16　　11. 高三足盆
98M29：54（55）　　12. 高柄杯 87M9：42

13. 豆 87M9：46　　14. 背壶 87M9：45　　15. 鸭形壶 87M9：56　　16. 杯 87M9：35

图七七　凌家滩墓地陶器

详细的制作过程，下文对于制作工艺的了解主要以凌家滩和韦岗的生活用品为主要观察对象。

（一）原料选择

1. 基本材料

除极个别白陶外，基本上选用普通黏土为材料，并无特殊之处。其基体主成分为 Si、Al、Ca、Na、K 等[22]。对于黏土的处理，主要体现在泥质陶器上，但目前所见应未经过严格的淘洗、炼泥等方式，一些泥质陶中还含有极细的粉砂，当属原料的简单处理甚至直接利用。只有极少量厚胎似缸体的利用了含镁、铝较高的白色黏土为原料，烧制成白色陶。

2. 羼和料

在凌家滩文化陶器中比较受重视，包括夹石英、长石、粗砂、细砂、植物、蚌末几种，还有极少量岩屑如榍石黑云母、角闪石[23]应是偶然出现，不是有意羼和的结果，但这些较特殊的因素有助于寻找泥料的具体来源。

石英　在其他同时期文化中作为羼和料相对少见，而在凌家滩文化中略多，基本上羼和在陶缸胎体中，个别鼎也可见，极少量的可能属缸类的近白色陶中也掺有石英（图七八）。因为石英颗粒没有或只有局部被磨圆，大都棱角分明，在韦岗和凌家滩遗址中也都出土过较小的石英块，可证是将石英块敲碎后成为颗粒较粗的石英粒，羼和到黏土中。石英粒大小不一，一般1毫米以下，较大的可达3～5毫米，羼和石英的基本上

正面　　　　　　　　断面（放大）

图七八　夹石英白陶缸片（凌 TG1 东16层）

同时还羼和了大量粗细不等的砂粒，使器物表面十分粗糙。这种特殊的羼和料，当是为增加胎体的黏合力，在烧制和使用过程中以防爆裂。

植物　是凌家滩文化中数量较大的一类羼和料，以器表和胎体有较多孔洞为特点，质地较轻，主要羼和在鼎、釜、罐的胎体中，以鼎最多。实际上是在泥质陶中羼和了大量植物，以水稻颖壳、碎植物茎秆为主，或也羼和了炭粒。一般都因植物烧失出现较多孔洞，以往也有称为"粗泥陶"，或统称为"夹炭陶"[24]，但它与单纯夹炭不同的是夹炭陶质地较为密实，因为器表的孔洞特点，还容易与夹蚌陶所形成的泡陶[25]相混淆。凌家滩文化陶胎羼和植物的比例很高，在早期的部分遗迹单位中甚至达到了半数以上，但中、晚期数量减少，这与各地总的发展趋势是相同的，而马家浜时期仍然十分流行的羼和蚌末现象此时已较少见。

砂粒　是全国各地十分常见的制陶羼和料，有粗砂和细砂两种，有一部分其实并不是有意识地羼和导致的，而是原料中便已存在，但夹砂若只存在于较为固定种类的陶器中，则说明已对原料有明确的选择、处理，一般会认为夹砂陶在原料中使用，即使没有刻意羼和砂粒，也是有意识保留了原料中的砂粒。在凌家滩文化中羼和砂粒也十分普遍，特别是极粗的砂粒与人工敲碎的石英粒一道羼和在陶缸胎体中，虽数量很少，也足以证明人工的作用，并有替代夹植物陶之势。细砂陶是凌家滩文化中应用最为广泛的，但总量也并不太多，晚期在鼎、罐等炊煮器、盛器中利用较多，同样根据不同器类是否夹细砂的判断，推测这些细砂也应是人工羼和或有意识保留的。

从羼和料的选择来看，除时代共性外，与器物的不同功能有十分密切的关系。需要承担较大负载的缸和直接接触火的鼎，选择了大颗粒石英、粗砂和植物，而部分鼎和罐、盆等盛器则选择了细砂，其他大量的盛器、饮器则选择纯泥质，也就是说与人体长期直接接触和使用的器类，是以触感较好的泥质陶为主。

（二）坯体制作方式和技术

泥条筑成法是凌家滩文化中应用最广泛的方式。因为材料所限，还不能很好地

夹石英缸腹片内表，有
泥条筑痕

夹石英缸底内表，泥条贴筑，
每道宽 1.5～2 厘米

夹石英缸腹片，断
面贴塑已裂开

夹石英缸腹片，断面有贴塑分层

图七九　韦岗 TG2 扩⑧层陶缸制作痕

图八〇　凌家滩陶缸底制作
痕（00JT6②层）

了解究竟是圈筑还是盘筑。从残存较多的缸底部来看，圈筑是常用的方式，极个别有盘筑，在下腹部分层贴筑也是常见的方式，为加强底部的承载力，还常辅以泥条（片）贴筑加厚（图七九、八〇）。

　　一些体量较小的器物直接捏制成型，而较大或结构复杂的器物如鼎、豆以及附属的耳、鋬、鼎足、圈足，则采用了分段制作、再行拼接的方式，个别鼎足还可见到外侧用泥片包制的现象。

　　因为大量陶片的器表都经过了修饰，难以看到是否有慢轮修整痕迹，但诸多器物表面光滑、规整的特点显示慢轮修整应该存在。在凌家滩晚期一件陶豆柄（凌 TG1 东㉒层）的内表还发现了螺旋状的加工痕迹，应属拉坯指印，显示快轮拉坯技术已经出现（图八一），但全部陶片中所见极少，缺乏更多证据支撑，或为快轮制作的初始阶段。这与大汶口中期偏晚、大溪文化晚期、崧泽文化晚期大体同时出现的快轮拉坯技术是相吻合的，地处快轮技术的"新月形地带"[26] 范围内。

左半内壁　　　　　　　　　右半内壁

图八一　泥质灰胎黑皮陶豆柄内壁快轮拉坯指印

（三）器表修饰

若从原始胎体表面开始，器表修饰的一个完整过程可以分为：裸胎简单处理—刮抹—刷浆—施衣—抛光—施纹（绘彩、刻划、镂孔等）六个工序，但实际上只有少数器物运用了全部修饰，大多数只有前三或四道工序，而施纹除绘彩至少需在施衣之后开展外，其他施纹也可以在前面任一程序之后开展，并无确定规则。具体可以分为胎体修饰、纹样装饰两类。

胎体修饰　是对胎体进行一定程度的改造，但基本上限于正常视觉可及的范围，如外表、豆盘和盆等器的内表，目的是使器表光滑平整、耐看好用。而正常视觉不易看到之处一般都不处理或只有简单处理，如鼎、罐内表和豆柄内表，常常只有简单的刮抹，或者增加刷浆工序。

裸胎指器表未经过修饰或只有最简单的抹平。刮抹是在裸胎表面进行了一定的处理，但因之后对于外表大都有其他方式的进一步处理，难以目视观察到，目前所见主要在内表或部分陶片的局部外表偶见。刷浆是在裸胎表面施以一层略厚的灰黄色泥浆，极少数刷有灰白浆，类似于瓷器制作中施用化妆土。这一现象实际上是广泛存在于各地不同时期的陶器上，但以往并无多少研究者关注[27]。施衣则是在器表加施一薄层红、黑或白色衣，较刷浆层要薄，但具有显著的装饰效果，绝大多数都是在刷浆层的表层加施。抛光一般是在施衣的基础上，经过快速打磨，使器表呈现出一定的光泽。

刷浆工艺在凌家滩文化泥质陶器，特别是施衣的陶器上普遍存在；在夹植物、石英、粗砂陶器上也都明显可见，但浆层相对较厚[28]。通过刷浆一方面可以使器体更加光滑平整，减少孔隙，另一方面也有利于器表的进一步装饰。无论是夹植物、石英、砂还是泥质陶，刷浆所用的原料基本都一样，都是未经深度处理、质地细腻的灰黄色泥浆，但有个别为灰白色浆，较为少见，却是凌家滩文化中极具特色的工艺（图八二）。

图八二　刷灰白浆陶片（凌 TG1 西㉓：64）

施衣主要有红、黑两种，仅极个别施白衣，基本上都是在泥质陶器表面，极少量见于夹细砂陶器上。因为厚薄的不同，可以细分为红衣、红皮、黑衣、黑皮。"皮"之所以称之为"皮"，只是相对于"衣"而言较厚，有些在烧制或使用过程中会出现龟裂纹。但红衣（皮）与黑衣（皮）的形成方式不同，前两者实际上是第二次刷浆，通过在泥浆中添加富含铁元素的矿物颜料（如赭石），改变铁含量和三价铁的转化，而呈现出红色，这层泥浆附着力较强，但如裂开时容易成片脱落（图八三）；后者则是通过渗炭工艺使陶器表面形成黑色，一部分因渗入较深、附着较好，成为较厚的黑皮，但也有相当一部分仅渗入较浅，在发掘出土后稍经刷洗后便显露出胎体，只能依稀见到残存的局部黑色（图八四）。红衣（皮）常施于泥质或夹植物陶盆等少量器类上，个别夹石英和粗砂的陶缸上也有，显示了陶缸的特殊功用；而黑衣（皮）则较多见于泥质灰胎的豆、盘、碗、杯等与人体直接接触较多的器类上，部分器表经过了打磨抛光，呈现出有光泽的磨光黑皮，在少量

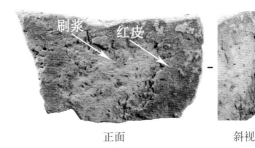

刷浆　　红皮

正面　　　　　斜视

图八三　夹植物磨光红皮陶片及红皮脱落情况（卞 TG1 ⑰：53）

夹细砂　|　泥质

1. 韦 TG2 扩 ⑧ : 72　　2. 凌 TG1 西 ㉗ : 21　　3. 凌 TG1 东 ㉞ : 29

图八四　夹细砂与泥质磨光黑皮陶

夹较细砂的精致陶鼎、壶上也有施用（图八四，1）。施白衣是凌家滩晚期一种特殊的工艺，在泥质灰陶的表面施以白色陶衣，但并未见有加施彩，其功能还不清楚。

抛光工艺一般在施过红、黑皮的表面，其中红皮表面可见较多，黑皮较少且光泽程度差异较大，或因其他原因导致（图八四，2、3）。

纹样装饰　在器物的不同部位，主要采用刻、抹、镂、压、戳、贴、绘几种手法，施以不同的纹样，增加了器物的美感，是在器表利用各种方法加以进一步装饰，其中绘彩仅在彩陶器上可见，是对器表最精致的处理，可以达到较好的艺术效果，但凌家滩文化的彩陶器数量很少。很多工艺也可以在胎体修饰之前或之中完成，如刻、镂、贴等。通过上述手法，形成了凹槽、按窝、凸棱、凹弦、盲孔、镂孔、附加堆、按压花边、乳钉等纹样，个别器表在红衣（皮）、灰白衣上加饰了黑彩或红彩图案，以红衣（皮）黑彩为主，灰白衣红彩极少，个别因色彩相近，是否在红衣（皮）上施以红彩难以判断。

鼎、罐类器物上的装饰较为简单，在釜形鼎身上部以凸棱、凹弦围成多圈的纹饰最为常见。但鼎足的变化较为丰富，早期鼎足以宽面上抹、刻出一或多道凹槽最具特点，在近圆锥足的足背上饰一组圆圈或戳印盲孔也颇有特点，与长江下游同时期的黄鳝嘴文化相似。部分是制作过程的遗留，但也具有装饰作用，比如鼎足上方足根部的按窝一般是在按压足根贴紧鼎身的同时形成的。少量扭成麻花形的鼎足也可视为装饰的一种。

豆是纹样装饰中最突出的器类，足见其在器物群中的重要地位，以柄部施纹最

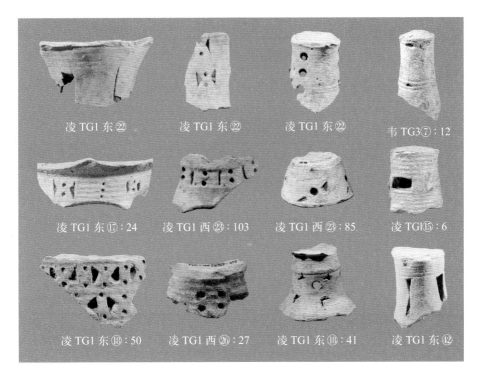

图八五　凌家滩文化中晚期豆柄各种纹样

多、纹样最丰富。早期的豆柄上常饰细凸棱或凹弦，但也有简单的镂孔，随后很快发展出组合复杂的各种圆形镂孔和盲孔、三角形镂孔，中、晚期时出现了成对的三角图案，中间有时还夹一至四个圆盲孔，与崧泽时代的三角夹圆孔有异曲同工之妙（图八五）。

　　盆、壶等器物上偶有少量绘彩，主要以红衣（皮）为衬地，其上用黑彩施简单的宽带纹等。韦岗早期的 TG2 扩⑬：4-2 实际上是在红皮之外又加施了一层黑皮，因为器物残缺，究竟是为了施黑皮还是为了施黑彩，倒也无法分辨，但这种大面积施双色皮的现象，是极少见的，或许反映了在这一区域彩陶使用之初的不成熟工艺。另在凌家滩 TG1⑫ 发现的一件白衣衬地、黑彩勾画出的多组弧三角形组合图案，若以白地为视角反视则类似花瓣图案，虽与庙底沟文化有渊源，但更可能是受来自海岱地区彩陶的影响（图八六、八七）。

凌 TG1 东⑫：1　　　　韦 TG2⑬：5

韦 TG2 扩⑬：4–2

凌 H64（TG13）　　　凌 H64（TG13）

韦 TG2 扩⑬：6–2

图八六　凌家滩与韦岗遗址彩陶片

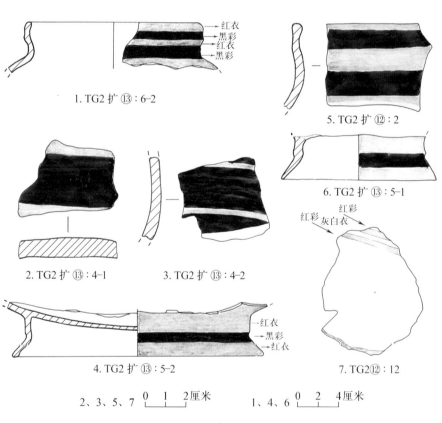

1. TG2 扩⑬：6–2

5. TG2 扩⑫：2

6. TG2 扩⑬：5–1

2. TG2 扩⑬：4–1　　　　3. TG2 扩⑬：4–2

4. TG2 扩⑬：5–2

7. TG2⑫：12

2、3、5、7　0　1　2厘米　　　1、4、6　0　2　4厘米

图八七　韦岗遗址彩陶片

（四）颜色选择与烧成工艺

陶器的颜色选择直接反映了凌家滩文化的审美观念，但与烧成工艺有较为密切的关系，也就是说技术的改变会影响对颜色的偏好。

红陶系列仍是整个凌家滩文化陶器的主色调。缘于氧化焰烧制技术一直是传统的、易于掌握的工艺，但选择添加矿物颜料，经过涂红衣改变器表颜色，在很大程度上改变了完全依赖烧造技术的缺陷，较之单纯烧成的红陶产品，表面更加鲜艳明亮。

灰陶系列产品缘于还原焰技术，它在全国的广泛推广以及火候的提高，使多个区域文化的陶器发生了较大改观，特别是以崧泽文化为代表的长江下游地区，在陶器产品种类、风格上有了巨变，崧泽文化大量质地较硬、形态各异、质量上乘的泥质灰陶器，达到了这一时期的最高水平。凌家滩文化的灰陶在早期数量并不多，但到晚期有了快速增加，当是还原焰技术水平提升的结果。所制灰陶器以泥质陶为大宗，色泽较为纯正，但是纯色灰陶器并不多见，大多数灰胎陶器表面施加有黑衣（皮），说明凌家滩文化可能并不崇尚灰色。

黑陶系列产品是凌家滩文化的重要品种，缘于渗炭工艺技术的提高。在早期数量不多，但与灰陶产品大致同步，中期有了大规模的发展，并持续到晚期，显示了渗炭工艺的快速发展，其中纯黑陶较为少见，大量的是各种灰胎或类似夹心饼干的黑衣（皮）陶。从某种程度而言，凌家滩文化的渗炭工艺与还原焰的技术发展大致是共生的。黑陶系列产品主要是泥质陶的豆、盘、觚形杯、鬶等，偶见较精致的小陶鼎。其中一种外红里黑或外黑里红的豆盘，较为独特，这种盛行于马家浜文化晚期的独特工艺，在凌家滩仍有所体现，而另一种外红里黑的夹植物陶鼎，则可能是其他因素导致，与豆盘的外红里黑有着不同的原因。黑陶使陶器色彩的美观性更加多样化，并成为凌家滩文化中晚期的主流色彩，它更多地在盛器、饮器中应用，也就是更多地出现在人群日常的视角中，反映出重要的色彩选择趋向。

从上述分析来看，凌家滩文化的制陶产业无论是制坯技术、烧成工艺，还是器物种类，从早期到中、晚期都有较为明显的变化，但同时又有较强的延续性并体现了技术持续发展的过程，总体上具有红色陶器始终为主，黑色陶器逐渐盛行，灰色陶器并不突出的特点。大多数器物表面都有刷浆和施衣，以改善器表的光滑和美观程度。对不同器类的功能需求，在胎体厚度、羼和料选择、质地选择上也各有不同，直接并长期与火接触的鼎一直选择了夹植物或夹砂，以增加强度和抗爆裂需求，但晚期夹植物有所减少，呈现出夹砂替代夹植物的趋势，烧造也以简单的氧化焰为主，形成以红色为主的色彩。普通不需负重载的盛器则选择夹细砂或泥质，烧造则以还原焰兼加渗炭工艺为多，形成红、灰、黑各种色彩搭配，一部分还通过施衣、施彩增强色彩的鲜艳程度。与人体直接接触较多的食器、酒水器则选择较细腻的泥质，重点应用了渗炭工艺，少量还通过磨光使器物更为精致。

除食物获取、制陶产业外，凌家滩文化还有纺织、骨角器、玉石器制造等产业，其中玉石器制造是该文化最具特色的，将在第五章单独介绍。骨角器制造本应是淮河流域和长江中下游常见的重要产业，但或因埋藏条件的限制，或因文化选择的倾向，在凌家滩文化中基本未见。纺织业的成品实物一般为有机质而难以发现，只有无机质工具类还能够得到保存。凌家滩、韦岗遗址中发现了数量并不太多的陶质纺轮，都是纺织的基本工具，早期主要形态是两面扁平中间一孔的普通纺轮，并无特别之处，如韦岗 TG1⑯：1；同为韦岗最早的 TG2⑫ 层下 G3 底部发现的一件陶纺轮（红烧土堆 2：3），为泥质灰胎黑皮陶，明显为手制，工艺极普通（图八八）。晚期在凌家

陶片红烧土堆 2：3　　　　TG1⑯：1

图八八　韦岗早期纺轮

滩祭坛区域出现个别叶腊石质纺轮，较为精致，但并非日常所用。

　　上述饮食与器用，代表了凌家滩文化最基本的文化面貌与日常的生活内涵。生活用陶器与墓葬中出土的相比，总体上呈现出牢固、实用兼顾美观的特点。在历时性的演化过程中，大致与崧泽文化等同时期文化的陶器发展保持了一致性，但也有自身的一些特点，比如对陶色的选择上不尚灰色便与崧泽文化有所不同。在中、晚期阶段出现的以较多鬶、觚形杯、刻槽盆等器物的组合，与此前有明显变化，很有可能是饮酒风气的兴盛所致，体现了社会的巨大变化，这与聚落研究反映出的聚落和人口集中化趋势是相呼应的，而作为凌家滩文化最具代表性的器物——玉石器的大发展，也是在这一时期开始了引领风气的新气象。

第五章

玉石制作

　　作为世界三大玉文化中心之一的东亚地区，是玉器制造和使用最重要的区域，已有上万年历史，远早于以玛雅文化为代表的中美洲，更早于大洋洲。各地使用的材质也有很大差异，但绿色系列和近乎透明的颜色却是各地共同喜爱的对象。

　　关于玉的定义，历来有不同标准，以往曾有较多讨论。从质地硬度而言，有硬玉、透闪石玉之分，硬玉为翡翠，透闪石玉为透闪石、阳起石之类；从矿物学角度讨论，玉有一整套明确的标准，凡是达到或具备成分要求的所有矿物集合体（岩石）都可称为玉石[1]；但从中国传统文化认知角度而言，除矿物学所确定者外，还将温润、光滑的各种似玉质材料也都作为玉器看待，包括绿松石、玛瑙、煤精、石英、水晶、蛇纹石等，甚至叶蜡石、滑石等温润、较软的材质也被视为泛意义上的玉[2]，也就是《说文解字》中的释玉："石之美者，玉也。"

　　近些年不少学者在论文中采用矿物名称命名，如"软玉"称"透闪石玉"（简称"闪石玉"），"岫玉"称"蛇纹石玉"，确定产地后，再前缀地名。闪石玉由角闪石类矿物（主要是透闪石，有时含有少量阳起石和其他杂质）组成，达到工艺要求（如温润细腻）的才是玉，否则就是岩石，如粗糙的角闪石岩、透闪石岩和阳起石岩等，都不是玉。闪石玉在我国玉器发展史中占有重要地位，但不能忽视其他玉石的作用。岫岩闪石玉、蛇纹石玉、绿松石、玛瑙及其他玉石共同主导史前的玉文化；和田闪石玉、蛇纹石玉、绿松石、玛瑙及其他玉石则共同主导新石器时代晚期以后的玉文化。蛇纹石玉由蛇纹石矿物（$Mg_3[Si_2O_5](OH)_4$）组成，蛇纹石矿物组成的集合体，即称"蛇纹岩"，蛇纹岩不一定就是蛇纹石玉，当蛇纹岩达到工艺要求（如致密光润）时，便可成为蛇纹石玉。中国的蛇纹石玉的产地相当广泛。绿松石与玛瑙同闪石玉、蛇纹石玉为四大传统玉石。除此之外，还有独山玉、翡翠和其他玉石与宝石[3]。

中国考古界多年来对于"玉"的概念曾进行过广泛的讨论，在实际研究中则常常是广义的，泛指各个时代能制造玉器的所有玉材，包括各种温润的石材。就材质而言，泛意义上的中国著名古玉材料有新疆和田玉、辽宁岫岩玉、河南独山玉（或陕西蓝田玉）、湖北绿松石四大古玉。在新石器时代，以绿松石为代表的玉器最早出现于距今八千多年的河南舞阳贾湖、新郑裴李岗和甘肃秦安大地湾一期文化，距今五千多年前才扩展到黄河上游、海岱、东北和长江流域[4]，但一直未得到大规模使用。以透闪石、阳起石为代表的玉器，也包括蛇纹石玉器，都在距今约九千年的东北地区出现，在黑龙江饶河小南山遗址发现了数量较多的玉玦、环、珠、管、小璧形器，甚至还有体量达到长 16.7 厘米、重308.2 克的玉斧，光泽莹润者多为透闪石，光泽暗淡者常为蛇纹石，相关的 15M2 和 15M3 墓中采集的炭粒测年经树轮校正，为距今 8 775 ～ 8 595 年（95.4%）、9 135 ～ 9 010 年（95.4%）[5]。距今八千年左右在东北兴隆洼、江苏顺山集、浙江跨湖桥等遗址也有少量玉器发现[6]。距今六千多年在江南的河姆渡文化、马家浜文化中开始出现包括透闪石、阳起石等材质多样的玉器[7]，并逐渐形成了以透闪石玉为特色的中国古玉饰品的主流。从这一时期开始到五千多年前，是用玉材质广泛、玉器种类多样的中国玉器大发展期。蛇纹石玉的使用虽然很早，但在距今五千年以后才逐渐大规模使用，特别是在四千多年前的良渚文化晚期使用更加广泛，或与透闪石一类的玉资源减少有关。

凌家滩文化玉器的出现正是处于用材广泛、种类多样的大发展期，玉器也成为凌家滩文化最有代表性的器物，在种类、形态上开创了一代新风，成为整个中国甚至东亚地区同时代玉器的最重要代表之一，并达到了当时的最高峰。历年发掘的玉器绝大多数都出于凌家滩遗址中间高岗地上的墓地，在生活区多个地点的发掘都极少出土。虽然因为近年在生活区的发掘主要是寻找生活垃圾堆积，一般较少出现较完整的产品，不排除发掘区域选择导致的偶然性，但还是体现出玉器使用功能的不同，特别是玉器作为珍贵产品，一般都会伴随着死者埋葬而随葬于墓内，而不会出现在垃圾之中。由此也可以知道，玉器——特别是完整玉器——具有明显不属日常生活需要的属性。

磨制石器虽然从新石器时代早期开始就已经出现，但制作技术和种类的发展在距今六千多年前才有了长足进步，距今五千多年前随着社会需求的急剧增多而快速发展起来，尤其是长江中、下游石器制造技术的发展十分迅猛，成为这一时期的突出特点。从宏观演进过程来看，玉、石器的制作是伴随时代进步，在距今五千多年前达到了技术合一的地步。两者的高端制作技术基本呈现出共同特征，原本作为生产工具的石质斧、钺、锛、凿在功能上也出现了变化，一部分具有了礼器或财富象征意义甚至是某种权力的象征，并在材质上出现少量以玉代石现象；玉器也摆脱了原来只作为饰品（含礼仪功能）制作的单一性；以钺为代表的单个玉器体量也出现了增大趋势。这一现象在凌家滩玉、石器中表现得尤其明显。

凌家滩遗址历年出土的玉器（含芯、边角料、原料）有1 200余件，石器近600件[8]；韦岗遗址出土砺石60余件，残石钺1件，以及石斧、锛、凿多件。这一方面体现出中心聚落的特殊性，另一方面也与考古工作不足有关，但凌家滩发现的玉、石器代表了该文化最高水平却毋庸置疑。

从发现情况来看，以凌家滩遗址为主的玉、石器工业相当发达，各墓中随葬的原料、半成品、边角料和管钻芯等说明了产品应为本地所产。玉料主要为透闪石、阳起石类及玛瑙、玉髓、叶蛇纹石、利蛇纹石类。在玉、石器加工技术上，切割和雕刻环节的线切割、锯切割，琢制环节的掏膛法，钻孔环节的细长孔对钻和隧孔钻法，都达到了当时最高水平[9]。石器以钺、锛、凿三者最多，制作工艺精致，抛光技术高超，多数管钻圆孔两面对钻准确。凌家滩和韦岗均出土了大量的制作工具——砺石，也反映出当时玉石器制作的繁荣景象。

凌家滩遗址出土的玉器超过了陶器和石器等的总和，上千件玉器在一个墓地出现，正像报告中所认为的那样，这是一个尚玉的世界[10]。但同时，石器也展示出独特魅力。纵观凌家滩玉、石器，其造型、种类与长江下游的北阴阳营文化、崧泽文化、良渚文化都比较相似，表现出前后承袭的一贯性，此外还有淮河中下游和海岱地区文化因素，并与东北的红山文化也有难以说清的关系。玉器的数量和种类都为当时之冠，独特多变、形态奇异的风格，反映了宗教信仰、礼仪、技术等多方面丰富的内涵，并显示出明显的超前性和独特性[11]，在中华文明形成过程中具有十分重要的作用。

以下主要以凌家滩墓地所出材料为基础，介绍凌家滩玉石器的种类、内涵和制作工艺。需要说明的是，"器"本身有明确的定义，指器具、用具，是经过有意识加工、改造后适合于生产、生活或其他用途的物品，所谓"玉不琢，不成器"，表达的也是要经过加工才能成为"器"。凌家滩出土的边角料、芯和玉料等如果认真划分的话，只是制作过程中的产物，可作为玉、石制品而不能称为"器"，但因不是本文讨论的重点，并未将它们分离开来，仍旧笼统地归为"器"而一并加以研究。

第一节　种类与内涵

一、石器

凌家滩出土的石器因为出土地点的不同，实际功能有所差异。墓葬中随葬有石器近600件，但种类并不多，比较单调，以钺、斧、锛、凿为主，其他数量较少。大多数缺乏使用痕迹。除部分锛、凿因材质较差而粗糙外，其他多数较为精致，还有一定数量制作精致的石锛半成品，更无实用功能，这些应是随葬专用产品。生活区出土的仅有少量斧、钺、锛等，使用痕迹明显，多数还残缺，当是日常生产用具。

石钺在凌家滩墓地中数量最多，达到270件左右，仅07M23一墓便随葬了近50件。形制以圆角或折角长梯形为主，多数石材具有花斑特征，应是刻意选择的原料，另有少量石钺虽归入石器，但经检测局部却含有玉质成分。有几件独特的体近方形、弧刃圆角、中间孔较大，与北阴阳营墓地所出者相同，当受北阴阳营文化影响所致，应具有明确的传承关系（图八九）。

圆角大孔　　　　含玉质　　　　折角长梯形　　　　花斑

图八九　凌家滩各类石钺

石锛、凿都是木作工具，也是凌家滩墓地中的主要器物种类，但锛有200件左右，而凿仅30件左右。锛有宽体、窄体两种，前者较少，但体量明显较大，制作精致，有些尚未开刃。还有不少锛、凿的用料较差，岩石解理较多，出土时多有风化现象（图九〇）。

石器的其他种类很少。纺轮虽有所见但基本上已被陶纺轮替代，个别似玉质的十分少见（如叶腊石纺轮）。作为装饰用品的小璧、环也极少见。石芯也很少，不过在98M23中与石钻、砺石共存，与大量玉芯随葬的墓葬有显著差别，除极少数经过再加工外，其他都是生产过程中的废料。还

宽体锛　　　窄体锛　　　风化锛　　　凿

图九〇　凌家滩各种石锛、凿

有少量未能定名的器物或是未成型产品，如在 98M29 中有两件可称为戈或矛的石器。作为重要射杀工具的石镞，只在凌家滩生活区出土一件残器，这种在各地遗址中较常见的工具难以在凌家滩发现，也是匪夷所思，虽不排除有骨制的而难以保存的可能性，但数量之少是否与当时的社会环境有关也是需要考虑的问题——包括生业中所见狩猎野生动物较少的社会现象（图九一）。

叶腊石纺轮

石芯

石镞

石戈（矛?）

图九一　凌家滩其他石器

　　石钻应是一种加工玉石器的工具，但其本身也经过了制作，可以归到石器之中。在凌家滩墓地、生活区也发现了数件，共同特点是器体扁平、顶端都有类似螺旋状的痕迹，称之为"钻"还是其他名称，目前并不能确定，但作为钻孔或打磨孔缘工具应无问题。也有专家认为其是轮制工具下端的承轴器[12]，但从器形、痕迹分析，更适合于手工打磨玉石器，而难以作为承轴工具使用。这类工具在九千年前的黑龙江饶河小南山遗址便已萌芽，有较长时间的演化过程，在崧泽时代有了较大发展[13]，浙江桐庐方家洲的玉石器制造场所便发现了多件[14]（图九二）。

　　数量较多的砺石、石球（锤），也是制作玉石器的工具，严格来说也并不能归入到石器中而只宜称为石制品。砺石可作为打磨各类器物的统称，主要发现于生活区。在韦岗、凌家滩的壕沟内垃圾堆积中，共发现了上百件砺石，可以分为柱状、扁平状、不规则形，体量绝大多数都很小，或因长期使用之故，较大型的殊为少

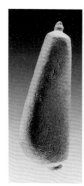
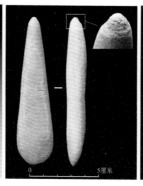

| 凌家滩 | 小南山 | 方家洲 |

图九二　凌家滩与小南山、方家洲石钻

见。其中柱状砺石均有多个磨面，扁平状的也常有几个磨面，说明使用时可以利用任何方便的部位来打磨石器，大都手持操作。如果按质地划分，有硬度较低的细砂或粉砂质、硬度较高的中粗砂质、硬度很高的石英砂岩等。不同材质、不同形态的砺石，当具有不同的功能，质地较软的应是磨制玉石器的主要工具，而十分坚硬的则难以作为磨制之器，或可作为抛光之用也未可知。如果深入研究，应当能对不同砺石的更细致功能有所了解，比如在粗磨、精磨、抛光等不同的制作工序中使用。当然部分砺石可能并不仅仅用于制作玉石器，同样会用于骨质等材料的器物制作，但总体上与玉石器制作相关应当没有问题。大量砺石的出现，与当时玉石器生产的大发展是较为匹配的（图九三）。

从石器的种类来看，基本上都是生产工具或制作工具的工具，钺、斧、锛、凿虽然作为随葬品大量出现，但其原始功能都与砍伐、木作有关，体现了当时生产作业的主要方面仍是与生活密切相关的开垦耕地、搭建房屋，而农具、武器极其少见，是较为特殊的社会现象。这些信息都有助于全面探讨凌家滩的社会面貌。

二、玉器

与石器相比，玉器种类明显丰富多彩，大小不一、形态各异的已超过 30 种，因绝大多数都出于墓葬之中，可以认为，它们大都具备了随葬礼仪的性质，其中较多数量的饰品在日常生活中虽可以使用，但显然不应是普通饰品，也不可能为日常生产、生活时所戴，当同样具有礼仪性质。目前仅凌家滩墓地出土的 1 200 余件玉器，实际上包括了两三百件不能称为"器"的原料、制作残剩的芯和边角料，只是

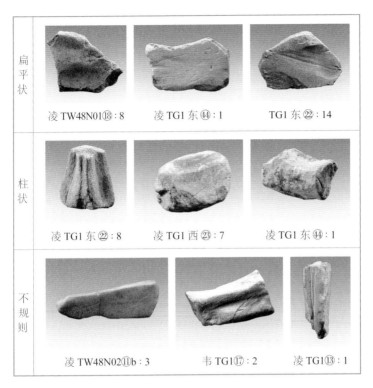

扁平状	凌 TW48N01⑱：8	凌 TG1 东㊽：1	TG1 东㉒：14
柱状	凌 TG1 东㉒：8	凌 TG1 西㉓：7	凌 TG1 东㊽：1
不规则	凌 TW48N02⑪b：3	韦 TG1⑰：2	凌 TG1⑬：1

图九三　凌家滩砺石

（凌：凌家滩、韦：韦岗）

生产的前后端产品或废弃之物。产品种类以环形器（环镯、玦、小璧）、半环形器
（璜、珩）、管最多；其次有斧、钺；还有体量很小的半球形、月牙形、坠饰等各种
奇形怪状的饰品，应是利用边角料再加工而成的，这些小饰品应当作为附属物与服
饰、仪杖用品配套使用；另有象形的人、龙、龟、鹰、虎以及神秘难解的刻图玉版
等十余种，但除人、虎、龟外每种都仅有一件。

　　如果将所有玉质遗物包括在内，按器物单体的功能分类，大体可以分为以下几
种，但实际上有不少器物是以组合方式共同完成一项功能而使用的[15]。

　　一是礼器，指为礼仪之需可独立或组合使用的非日常用品，细分为兵礼器，包
括斧、钺；动物或人物形象的象生礼器；特异形礼器，包括各种造型奇特还不能明
晰其功能含意的器物，以及端饰等组合成礼器之一部分的附件。

二是饰品，指需与人体结合使用或附着于人体之上的装饰品，包括体量稍大的首饰服饰，体量较小、一般成组或成串使用的小饰品，从广义而言它们大都不会平时穿戴使用，也可属于礼仪类用品。

三是过程产品，包括原料、芯和边角料在内的其他类。

（一）礼器

1. 兵礼器

数量达 40 余件，以钺最多，少量为斧，但只有 10 余座墓随葬，生活区偶尔出土破碎残片。玉斧为长舌形，器体较窄而厚，一般无穿孔，保留了作为砍伐用具的原始形态。玉钺与石钺的形制基本相同，绝大多数钻有 1 孔，个别有 2 孔，其中一种较窄长、体厚、剖面呈扁椭圆的类似斧，数量很少；另一种体较宽而薄、剖面扁平，整体呈近梯形，是凌家滩最主要的玉钺形态；而个别体较长、刃角外撇明显的呈"风"字形，已是较晚的形态。玉质斧钺的随葬，主要存在于大墓之中，一般墓中数量较少或缺失，但也偶有所见（如凌家滩墓地北区 98M6）。从这些情况来看，还是缺乏严格的身份划分，说明它们还没有很好地形成后来作为兵权象征的作用（图九四）。

舌形斧　　　　穿孔舌形斧　　　　梯形钺

图九四　凌家滩各种玉斧钺

长条形钺　　　　风字形钺

2. 象生礼器

均为动物或人的形象，数量只有 10 余件，但形态多样，独立成型的有人、龙、鹰、龟、猪、蛹形器，另有虎形并不是独立玉雕，而是作为璜或其他礼器的组成部分。

玉人　总共发现 8 件，其中 6 件出土于凌家滩两墓之中，每墓 3 件，形态相同，87M1 为 3 件站立姿态，98M29 为 3 件蹲（坐）姿态[16]，还有 07M22 和万氏坟填土中发现 2 件圆雕、半圆雕残器。

前两种玉人长 10 厘米左右，雕刻基本相同，略属半圆雕，正面外凸而背面平整。玉人均为方形脸轮廓，表情严肃，具有神秘感，头顶戴有可能横扎了带子的纵梁冠[17]，弯曲的两臂上以凹弦或凸棱表现出戴有环镯类饰品，十指抚置胸前，明显具有祈祷特征。较平的背部偏上方斜钻一对隧孔，应为绑缚或缝合在某种衣服或片状物上。

玉人的整体形态体现出凌家滩特有的风格，与江苏高淳朝墩头遗址崧泽末期到良渚初期的戴冠玉人在表现形式上十分相似，均为扁平状、正面展现，而与红山文化牛河梁遗址发现的圆雕立体人像和良渚文化昆山赵陵山遗址出土的侧面人像均不相同（图九五）。在 2016 年抢救性清理现代坟底的残墓（07M22）时，还发现了 2 件不同的玉人，一件仅

凌 87M1：3　凌 98M29：14　朝 M12：17-1

牛 N16M4：4　　　　赵 M77：71

图九五　凌家滩玉人与牛河梁、朝墩头、赵陵山玉人比较

背面　　　　　正视　　　　　左侧视

凌家滩 07M22：14 玉人头像

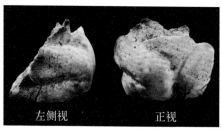

左侧视　　　　　正视

凌家滩万氏坟：2

与良渚文化眼部风格比较

凌家滩 07M22：14

凌家滩 T0706 ③：01

良渚文化　瑶山 M10：15

与红山文化跪姿比较

红山文化　那日斯台采集

图九六　凌家滩、红山、良渚文化玉人特殊因素比较

剩头部双眼以上部分，属半圆雕，背面平整，眼仅残留局部，头上戴有高冠；另一件属立体感最强的圆雕，但仅剩腹以下部分，背面残缺，呈跪姿，与红山文化那日斯台遗址采集的石雕人像在形态、姿势上都十分相近，残存眼部的上挑特点与良渚文化神人兽面纹很相似[18]，同样类似的眼圈在凌家滩花斑残石器（T0706 ③：01）上也有体现（图九六）。

　　玉龙　只在凌家滩 98M16 发现 1 件，器体小而扁薄，呈圆环状，首尾相连，吻部突出，长径仅有 4.4 厘米，也有学者认为此龙应是虎形而不是龙形[19]。采用了雕、刻两种方式表现出龙的形象，头顶两角（或耳）运用了半雕半刻的手法，而眼、鼻用阴线刻纹表现，卷曲的身上用阴线简单刻出多道类似鳞片的线条，两面刻纹相同。在近尾部对钻 1 个小圆孔，应属悬挂用，但悬挂后则成头朝下的倒悬状态，其义难解，不过前述朝墩头和赵陵山玉人也都在器下方钻有一孔，若悬挂则均为倒悬状态。这种以今人视角称为"倒悬"的方式，在史前时期自有其原因，甚至是当时长江下游流行的方式。当然，若或作为其他小饰件在该器上的挂孔，也未可知。

它与红山文化玉龙的区别在于红山文化的玉龙分布较广，体较厚，大小不一，大都是首尾略连或分开呈 C 形，更近于立体的圆雕，小圆孔钻位在龙头的后方，悬挂时不至于头倒朝下。崧泽末期到良渚早期也短暂地出过多件玉龙，但单体都很小，有些只有 1 厘米左右，属于退化状态（图九七）。

凌家滩 98M16：2　　牛河梁 N2Z1M4：2　　普安桥 M8：28　　后头山 M18：1

图九七　凌家滩、红山、崧泽—良渚玉龙比较

玉鹰　仅 1 件，与蹲（坐）状玉人同出于 98M29，为扁平形，最宽 6.35 厘米。鹰首为侧向表现，尖喙明显，以圆圈表现眼睛；两翅和尾却以正面形象表现；平展的两端各有一动物头部，有人认为是猪首；胸部刻有内、外圆圈，之间刻八角星纹；器身最中间钻一圆孔。鹰正反两面雕刻的形态完全相同，达到了极高的工艺水准。

虽然红山文化与良渚文化也都有玉鸟，但与凌家滩均有明显区别。红山文化玉鸟数量稍多，鸟首较简略，均正向雕刻而成，两翅下垂呈展开或半展开状，翅较宽大；牛河梁出土的一件玉鸟则属特殊形态，收翅回首，十分惟妙。良渚文化玉鸟极少，形态也已十分简略，仅具简单的鸟形，鸟首已退化，但双眼平铺似剖开展现。这些与凌家滩年代接近的玉鸟，都呈片状，到较晚的时候，良渚文化新地里遗址发现的一件则具有圆雕立体形态了，与此前的大不相同（图九八）。

因为鹰（鸟）在古代文献中常被视为东夷的族群象征，所以不少学者认为凌家滩玉鹰在很大程度上有来自海岱地区的大汶口文化影响，是作为部落或部落集团权力的象征，是太阳崇拜、鸟崇拜、猪崇拜三位一体的综合[20]。但大汶口文化至今

凌家滩 98M29：6 玉鹰

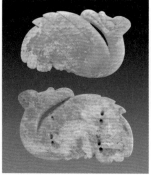
牛河梁 N16M4：1 玉鸟

胡头沟 M1：8 玉鸟

喀左东山嘴 TC6 ②：1 玉鸟

瑶山 M2：50 玉鸟

反山 M15：5 玉鸟

新地里 H11：1 玉鸟

图九八　凌家滩、红山、良渚玉鸟比较

未发现玉质鹰（鸟）实物，陶器中也难见鸟形象，只有中期彩陶中有类似勾连对鸟纹，当是受庙底沟文化彩陶影响。从各方面因素分析，凌家滩玉鹰与遥远的红山文化的关系或许更密切一些。

　　玉龟　有具象和简约两种，各只有 1 件，均出于墓主腹部附近。87M4 的玉龟十分具象，分背甲、腹甲，两部分可以分合，背甲上有 3 条纵脊，首端有 4 个围成方形的钻孔；腹甲尾部被截平；器两侧有明显的甲桥和腋凹与胯凹，首端和两侧甲桥各有钻孔。整体形态接近于动物分类中的乌龟。出土时刻图玉版也在其旁，被玉龟甲夹在中间，当与占卜或神灵有关（见第二章图一○）。另一件 07M23 为简约玉龟，已呈扁圆筒形，仅有四角的胯凹还能看出是龟的形状，腹甲尾部也被截平。与简约玉龟同出的还有 2 件扁圆筒形器，应是可用线绳穿起的一组，3 件器物内都各有 2 件类似圭状的长条形玉器，一端穿孔，若悬挂在器内可晃动。这种长条形器在 87M4 玉龟旁也有 1 件，功用应相同，有学者认为是占卜之器，也有人认为是玉铃舌[21]。

具象玉龟在红山文化中出土多件，部分如胡头沟 M1 所出为鳖的形态，但龟鳖都为实体，均无中空，与凌家滩可分合的中空形态有别，只有一件在上、下腹甲之间将四周雕空但中间仍留有连接。凌家滩简约玉龟组合形态十分特别，与红山文化玉质斜口器颇多相似，两者或有联系。在 07M23 发掘之前，一般都认为红山文化玉质斜口筒形器有本地陶器渊源[22]，但此后有学者认为其源于凌家滩[23]，也有学者据此提出斜口筒形器为龟壳的观点[24]。在其他文化中，尚未发现这类器形（图九九）。

凌家滩 87M4：35、29　　　　　　凌家滩 07M23 组合照

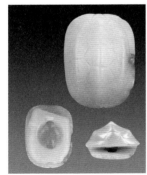

牛河梁 N2Z1M21：10　　　胡头沟 M1：7（鳖）　　　反山 M17：39

图九九　凌家滩、红山、良渚玉龟比较

用龟随葬的传统其实是淮河流域久远的习俗，并延及汉水上游、长江中下游。在距今八九千年前的河南舞阳贾湖遗址，便发现了较多用真龟随葬的墓葬，其中有的龟壳内附有大小不一的石子[25]。但此后一段时期这一习俗似乎销声匿迹，直到大汶口文化中期才又重现，在江苏邳县大墩子、山东王因等遗址中，都发现过在龟壳中置有骨针、锥等情况，与凌家滩玉龟中附有长条形玉器有异曲同工之妙（图一〇〇）。对于龟甲的研究，历来有不少见解，如占卜说、响器说、巫医工具说、护臂说，以及龟灵说等多种[26]。凌家滩等地以玉制作的玉龟或实物龟壳，无疑体现了将龟作为重要工具，起到与神灵沟通的作用，以至龙山时代以后，成为中国古代占卜的最重要工具之一（图一〇一）。

贾湖 M233：13　　　　大墩子 M44：13　　　　王因 M2301：25

图一〇〇　贾湖、大墩子、王因墓葬随葬龟壳

3. 特异形礼器

以刻图玉版、三角形玉片、人形饰、冠状饰、勺等最具特点。这些器物的共同特点是除冠状饰外都只有 1 件，更加表现出凌家滩玉器在全国玉器大发展期具有独特的创新性。

刻图玉版　出于 87M4，出土时是被夹在具象的玉龟背甲与腹甲之间，突显了其神秘性。平面为长方形，最长仅 11 厘米。整体制作十分规整、精致，表面略弧凸，两侧短边略内弧，除底边缘外，其他三个边缘都减薄，在减薄处和底边各钻 9、5、5、4 孔，将中间刻有图案的部分包围并突出起来。中间凸起位置是玉版的核心，整个刻图分内、中、外三个层次，最中心是一个八角星纹，外边缘用一个小圆圈围绕；中间是八个大致将玉版等分的圭形图案，外面也用一个较大圆圈围绕；

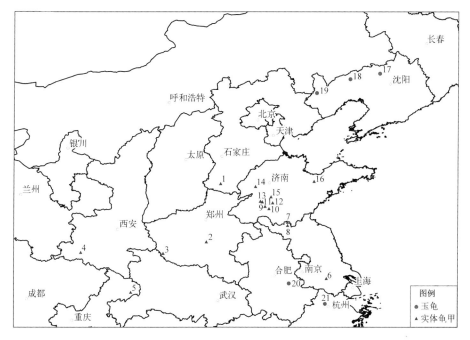

图一○一　中国史前用龟习俗分布示意图

（据黄翠梅、郭大顺文改绘）

1. 河北邯郸涧沟　2. 河南舞阳贾湖　3. 河南淅川下王岗　4. 陕西南郑龙岗寺　5. 重庆巫山大溪
6. 江苏常州圩墩　7. 江苏邳县大墩子　8. 江苏邳县刘林　9. 山东邹县野店　10. 山东兖州王因
11. 山东兖州西吴寺　12. 山东泗水尹家城　13. 山东汶上东贾柏村　14. 山东荏平尚庄
15. 山东泰安大汶口　16. 山东潍坊前埠下　17. 辽宁法库叶茂台　18. 辽宁阜新胡头沟
19. 辽宁朝阳牛河梁　20. 安徽含山凌家滩　21. 浙江余杭反山

外层则再用四个圭形图案，圭尖指向玉版的四角。

　　这件玉版是凌家滩玉器中最独特而重要的一件，因而众说纷纭。有的学者根据它出土时与玉龟同出的现象，认为应当与文献记载中的"元龟衔符"、八卦有关[27]；也有学者根据圭形图案指示的方向和边缘钻的不同孔数，认为与方位和数理有关[28]；还有不少学者认为与天文及观象授时有关[29]；或与式盘有关[30]；或将其与良渚玉琮仰视角度展开进行有机联系，认为是玉神面[31]，甚至与中国文化中的宇宙观念相关[32]；另有学者对其中的具体图案进行了考证，如八角形图案的源流[33]、作为日晷的早期形态[34]等；更有学者认为圭形图案代表了树，也就是社神的象征，即地母[35]。这些观点大多依据各种文献记载从不同角度对玉版进行了阐释，但因玉版图案的复杂性，在历时久远的文化传承过程中发生了多次含意变化，因而它当时的具体含意已难辨析清楚，不过作为史前玉器中至今为止唯一的特殊玉器图案，其后世影响确实融入了中国古代文化传统中，特别是与汉代及以后盛行的天文、方术中所使用的一些实物相似，比如日晷、式盘等，其与安徽阜阳西汉汝阴侯墓中出土的太乙九宫占盘的地盘布局十分相似（图一○二）。

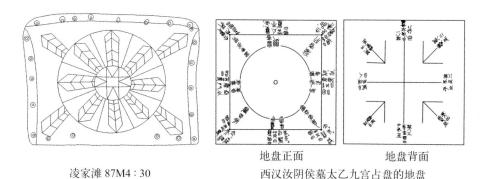

凌家滩 87M4：30

地盘正面　　　　　地盘背面

西汉汝阴侯墓太乙九宫占盘的地盘

图一○二　凌家滩玉版与汉代占盘布局图

三角形玉片　与冠形饰、勺均出于 87M4，只有 10.2 厘米高。呈等腰三角形，两面都经精磨，但只有一面刻有树形纹饰，底边还钻有 4 个小孔。这件器物研究者不多，俞伟超先生认为是社神的象征[36]。它的表现形式与汉代画像石中的长生树颇为相似（图一○三）。

人形冠状饰　器体扁平，长度只有 8.9 厘米，用雕与刻混合的方式，将中间琢出一个较大的椭圆形孔，上、下刻有较复杂的图案，一侧缘有凸凹，从侧面看很像人的鼻子、嘴，与马鞍山烟墩山、昆山赵陵山所见玉人在人脸或头部表现有所类同，所以一般认为它是人头形冠饰。但因侧缘减薄并有 2 个小孔，也有根据良渚文化中发现的玉梳背，认为应是横过来作为梳背使用[37]，或是与斧、钺的瑁有关[38]。方向明从工艺、刻纹角度也对该器的功能提出了疑问[39]。

若从制作形态、刻纹等现象分析，将器物竖立观察视为人像自有其可信之处，尤其侧面的凹凸部分可作鼻、嘴的想象，较宽一端的刻纹也可当作羽状纹饰，但在似鼻、嘴的一侧加钻2孔又难以理解。而若作为梳背，虽然满足了作为组合配件的梳背之需求，钻孔可以起到与梳子本身捆绑结合的作用，但侧面似鼻、嘴的凹凸形态，则会在被嵌上梳子时失去其视觉可见的意义，也就是说在该部位没有必要造型；特别是中间的较大梭形孔，对于梳背来说更无必要，在良渚文化诸多梳背中也未见中间开孔的风格，因此从各部位造型的功能角度分析，作为梳背也有难以解释之处。

凌家滩 87M4：68-1
三角形饰（照片）

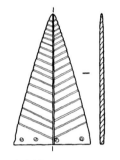

凌家滩 87M4：68-1
三角形饰（线图）

萧县圣村 M1
画像石（拓片）

图一〇三　凌家滩三角形玉片与汉代长生树

在器体中间开大孔的风格，在淮河流域各文化中时有所见，但均为骨器。最早于八九千年前的舞阳贾湖遗址出土了20件"叉形骨器"，多置于成堆的龟甲之上，偶有被握于死者手中或置于身旁，其用途可能与龟有关[40]，是贾湖遗址的典型器之一；高邮龙虬庄遗址二期前、后段都发现有称为"骨匕首"的器物[41]；泰安大汶口遗址也曾出土7件"骨矛"[42]，与龙虬庄所出相近。这些器物年代跨越时段较长，但大孔风格似乎一直被传承，或者说在利用这类骨器时，大孔的功能一直得到了重视。凌家滩这件玉器的大孔已缩小呈梭形，在质地、形态、功能上都大不相同，但还是可以看出风格相似（图一〇四）。

玉勺　只有1件。长达16.5厘米，长柄，柄尾端弯曲并有一小孔，勺匙修长但很浅。勺也就是古代所称的匕，用来舀干食如米饭之类。考古发现中多见骨匕，

凌家滩 87M4：40　　良渚玉背象牙梳　　贾湖 H502：1　　龙虬庄 M402：4　　大汶口 63：10
　　　　　　　　　　（周家浜 M30：1）

图一〇四　凌家滩人形冠状饰与良渚梳背和其他文化大孔风格器物比较

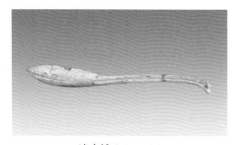

凌家滩 87M4：26

瑶山 M12-2836

图一〇五　凌家滩与瑶山玉勺

这件玉匕是目前年代最早、制作精细的一件玉质器物[43]。在良渚文化早期的瑶山墓中也曾发现玉勺，也是十分罕见，较凌家滩所出更为精致，但器体明显变宽（图一〇五）。

上述几件特异的玉器都出于 87M4，体量都不是很大，数量也都只有一件，但代表了凌家滩玉器的最高水平，具有极其丰富的内涵。这些器类均昙花一现，并未在凌家滩延续下来，显得十分突兀，但它们与此后的良渚文化玉器有若隐若现的联系，个别图案形态还与三千年后的汉代遗物有跨时空相似。

（二）饰品

饰品是全部玉器中的大宗，在很大意义上与礼器并不能严格区分，甚至可归于礼器之中，将这些器物从礼器中相对分离出来，既是因为其中一部分介于生活审美与礼仪用器之间，也是因为另有一部分不具备独立功能，需要与其他器物相配使用而不能单独称之为礼器。种类有璜、环镯、瑗、玦、小璧、双连璧（环）、管、珠、耳珰、冠状饰、坠饰、护腕形饰，还有半球形、宝塔形、月牙形、钥匙形及缝缀用的玉片等多种形态，并发现了2件绿松石片，总数达800余件。其中大小不一的环镯近400件，数量最多，璜、管各有100余件，玦也超过百件，小璧、缝缀玉片和半球形饰数量各有数十件，但其他种类数量很少，很多是利用制作其他玉器时裁切下来的边角料再制成小饰品，因而形态各异，并无定规。这些玉器约占全部玉器总数的2/3以上，占严格意义上可称为"器"的玉器总数3/4以上，足见这些饰品是凌家滩玉器中最主要的器类。按可能的使用方式，大致可以分为四种：

一是可直接穿过、接触人体肌肤的装饰，如环镯、玦、耳珰，即直接人体饰品。冠状饰如果是作为梳背的话，也属于此类。

二是通过线绳或其他方式串联、并联起来，大都作为组合件悬挂于人体之上，可称为悬挂人体饰品，如璜、管、珠、小璧等。

三是可以缝缀、悬挂在衣服等软质材料之上，组成装饰，器体本身或背面有可穿线绳的小孔，是这些器物的重要特征，可称为间接人体饰品，如背面有遂孔的半球形饰、器体较扁带孔的玉片。

四是不一定与人体相关，而是作为其他器物上的附属饰品，如各种宝塔形、月牙形等体量很小的玉器，可利用镶嵌、套接、捆绑甚至胶类物质将其附着于某种仪仗或其他器物之上，甚至不排除作为棺上装饰的可能——但这一点还没有足够证据证明。这类当然也可以与第二、三种组合使用。

这种划分总体上是以人为核心来确定的，也就是距离人体肌肤的远近或亲密程度（图一○六）。其中三、四两类玉器中有一部分也可以互归，甚至四个类别中的个别玉器都可以互归，比如在凌家滩07M23中便有较多的玉环、玦与瑗配伍，作为组合装饰悬挂在棺内两端的棺板之上，而不是作为身体装饰。由此可见，虽然凌家滩饰品类玉器已有较明确的功能划分，但并不十分严格，也正是处于创新阶段用

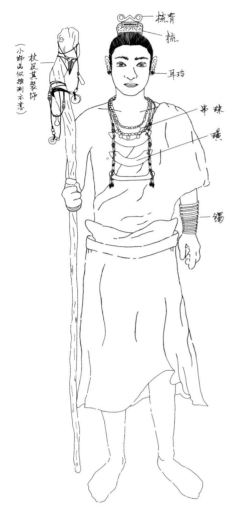

（小饰品候推测示意）

杖反其装饰

梳脊

梳

耳珰

半珠

璜

镯

图一〇六　装饰品与人体关系示意图
（甘创业绘）

玉规制不稳定的体现。

1. 璜

是长江下游这一时期较常见的人体装饰品，在其他区域较少。按照目前对玉璜的类型学研究，各地总体发展趋势是从弦径较小、体较短到弦径较大、体较长；器体宽度的变化趋势则是从窄体变为宽体。牟永抗等人认为"条形璜的两端逐渐减薄增宽，随后出现了圆心角明显增大的桥形璜，最后演化成外缘呈锯齿状的半璧璜"[44]。

年代最早的在萧山跨湖桥遗址曾发现3件，距今约8 000～7 500年，其中1件具备了璜的各项基本要素，可确认为璜，最长仅6.2厘米，两端都有孔，但并非内外对穿而是类似侧向的隧孔（T302②∶1）[45]，应是璜的早期形态。这种原始相对容易制作的璜的形态，一直存续到崧泽末期，但器体的演化也与其他璜一样走向宽体。此后在距今6 000多年的河姆渡文化中，出现较多称为"璜"的器物，不仅器体较小，且绝大多数只有一侧钻孔，严格来说不具备璜的左右对称、佩带均衡的功能，还难以纳入"璜"的范畴。但在距今6 500年左右开始的马家浜文化中晚期阶段，玉璜已较为成熟，并成为除玦之外的主要饰品。在马家浜—崧泽过渡阶段，也就是北阴阳营文化兴盛之时，器身剖面呈圆或扁圆、较窄的条形璜得到了较大发展，成为主流产品；大致与此同时或略晚，另一种折角璜（外缘较平，如倒置则类似石板桥的形状，又称为桥形璜）兴起，但延续时间较短并很快退出了玉器主流。到崧泽文化中晚期，宽体璜流行并快速发展起来，在此基础上极具特色的齿纹璜开始出现。崧泽文化晚期偏晚阶段，一种类似半个玉璧形状的半璧形璜成为重要形式。到了崧泽末期和良渚早期，这种宽体璜中间的中空急剧缩小并且深度变浅，已基本丧失了原有的含意和功能，在瑶山遗址还发现了已退化的中空处新增有凸尖的现象（瑶山 M4：34）。到良渚文化早中期之后，作为崧泽时代最具特征的玉璜就基本消失了。璜的消失，很有可能与崧泽—良渚文化转型期女性地位的下降有关，因为在崧泽晚期、良渚文化早期璜多数是作为女性配饰的（图一〇七）。

凌家滩玉璜各种形态均存在，包括瘦窄的条形、折角形（桥形）、宽体的半环形和半璧形，但是不同形态都有一些独特表现，其中边缘呈锯齿状的宽体齿纹璜、打破璜体外轮廓流线型线条的略宽体出廓璜、两端刻虎形图案的虎首璜、从中间剖开可以分合的偶合式璜，以及宽体并在近外缘处钻 3 孔的"珩"，都是凌家滩玉璜中较有特色的（图一〇八）。

偶合式璜　主要是分体式条形，偶见桥形和略宽体。都是从中间将整器对半剖开，可以再度拼合在一起，通过在内、外两侧缘依长轴方向打出凹槽，并纵向穿孔，可以用细线连接起来而外表看不见，体现了巧妙的思路和精湛的技巧。凌家滩偶合式璜数量较多，明确的有 4 对 8 件，另有部分单件，是较具特点的一种玉器。

这种璜最早发现于北阴阳营墓地，也是目前出土最多的地点[46]，另外在江阴祁头山四期[47]、张家港东山村大墓[48]、黄梅塞墩的黄鳝嘴文化和薛家岗文化较早阶段也发现数件[49]，南阳黄山遗址也有报道[50]（图一〇九）。它的分布范围很小，主要在长江下游沿岸使用，其中祁头山四期、塞墩黄鳝嘴文化阶段的，应是马家浜—崧泽过渡阶段从北阴阳营沿江向东、西两侧流传；而东山村、塞墩薛家岗文化阶段的，则应是在凌家滩承袭之后又再次向两侧流传的结果；范围扩展到南阳一带不仅是个案，应是屈家岭文化时期的事了。两次主要的流传有点类似脉搏一样断续扩张的特点。

文化	绝对年代	简约璜	条形璜	折角璜（桥形璜）	齿纹璜	宽体璜及半璧璜
跨湖桥文化	距今 8 000～7 500	跨湖桥 T302：1				
马家浜文化晚期	距今 6 500～5 900	神墩 M88：8	神墩 M227：2			
马家浜—崧泽过渡阶段	距今 6 000 左右		祁头山 H1：1	神墩 M20：3		
崧泽文化晚期	距今 5 500～5 300 左右	南河浜 M78：5			凌家滩 98M15：10	南河浜 M59：13
良渚文化早期	距今 5 300～4 800 年				凌家滩 87M11：7	凌家滩 98M19：8 瑶山 M4：6
良渚文化早中期						反山 M23：67

条形璜
87M15：44

折角桥型璜
87M15：46

宽体半环形璜
87M15：48

半璧形璜
98M19：8

齿纹璜
98M30：34

珩
87M17：10

图一〇八　凌家滩玉璜、珩

凌家滩 87M1：4、5

北阴阳营 M191：1

江阴祁头山 H1：1

张家港东山村 M90：42

南阳黄山遗址

黄梅塞墩 M49：3

图一〇九　凌家滩与其他文化偶合式璜比较

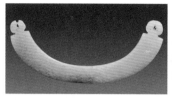

07M22：42　　　　　　　87T0810②：3

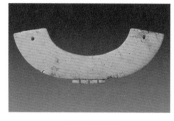

87M10：8

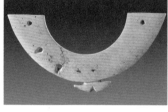

87M11：4

图一一〇　凌家滩出廓璜

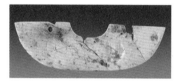

98M30：29（两面）

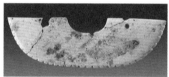

图一一一　凌家滩齿纹璜

出廓璜　数量很少，但特征明显，在璜的两端之上或者下方正中加饰三角形、圆形、长方形甚至多齿状。不同形态的璜都有所见，但主要是在稍宽体的璜上施用。这种特殊风格是通过对流线的一种破坏而产生奇异的美感，其他遗址殊为少见，也同样反映出凌家滩玉器制作正处于创新阶段，并无固定形式（图一一〇）。

齿纹璜　一般是较宽体璜或者半璧形璜，数量较多，形制非常规整。是将外侧边缘切割成锯齿状，有些边缘还通过很窄的减地改变了原本光滑的平面，具有立体效果。齿纹璜正面都打磨光滑，但背面因线切割而留下的抛物线痕却常保留下来，极可能是避免因打磨太多，则需要使用更多较厚的玉料而造成浪费的原因（图一一一）。这种形态自长江上游的峡江地区直到下游均有发现，但基本上是沿江分布，下游及江北所见更多[51]。因为在凌家滩所出数量较多，年代较早，而其他遗址发现十分有限，应是凌家滩的一大发明并广泛地传播出去[52]。

偶合式与齿纹两种璜的分布特点都是主要沿江分布，在时间上前后相续。偶合式璜先以北阴阳营为中心，后以凌家滩为中心，它的兴盛时间稍早，主要限于长江下游，逾下游的线索十分零星。齿纹璜以凌家滩为中心，在凌家滩中晚期时向东、西两侧的长江上、中、下游进行传播，分布范围比偶合式璜广，地点也明显增多，可以看出传播的力度较大。因此，偶合式璜的扩张力明显不如晚期的齿纹璜。但断续三次大的流传，反映出崧泽时代以长江为纽带各文化之间较为频繁而密切的互动关系，更可以看到长江这条经济大动脉在史前时期的巨大作用。偶合式、齿纹璜沿江大传播，与北阴阳营、凌家滩的先后兴起有关，并有扩张—平缓—扩张的节奏（图一一二）。

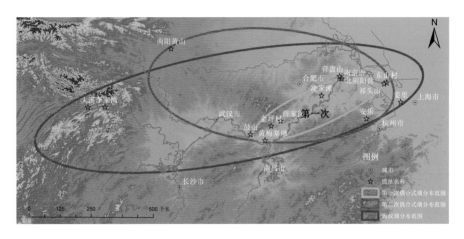

图一一二　长江流域齿纹璜与偶合式璜分布图

虎首璜　总数很少，体略宽，在 87M15 还发现了形态完全相同的 2 件。各璜都是在璜的两端用雕、刻两种手法制成卧姿的虎头和前爪形象，并有几件明显是从中间剖开两半，也可算作是偶合式璜的一种。

在凌家滩之外这种璜极少见，南京营盘山遗址曾见与凌家滩基本相同的形态；近年在良渚官井头遗址也发现一件[53]，但仅略具虎首风格，没有凌家滩的形象完整、逼真。俞伟超先生认为这种璜与结盟、联姻的"合符"有关[54]，类似虎符，是一种较新颖的解释（图一一三）。

除上述璜外，杨建芳先生曾将原称为玉璜中的一种钻有 3 孔者识读为"珩"[55]，是一种少见的形态，形体较宽，中空较小，弧背处有 1 孔作为悬挂的穿线处，两端各有 1 孔可以再分别下挂饰品，有一定道理。在凌家滩墓地只有 87M17 集中出土了 22 件，87M6 中出土 1 件但弧背处的孔偏向一侧（图一一四）。

凌家滩 87M8：26

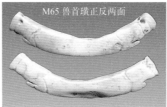
M65 兽首璜正反两面

官井头 M65

南京营盘山遗址

图一一三　凌家滩与其他文化的虎首璜比较

87M17

87M17：16-2

87M17：17

87M17：24

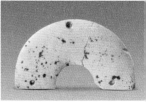
87M17：27

图一一四　凌家滩玉珩

2. 环镯

也是凌家滩玉器中数量最多的种类之一。因为环、镯的定名也不清晰，镯在《说文》中谓"钲也。从金蜀声。军法：司马执镯"，而明代陆容的《菽园杂记》载："今人名臂环为镯。"不同时代的解释不同，但"镯"应是在环镯分化后，后人对厚体环的另一种称谓，形态上与环或有一些区别，而在史前时期，两者是否有功能或其他方面的差异还没有详细研究，考古材料中对环、镯的定名也十分混沌不清，有将体厚者称为镯，或者称为"臂穿"[56]。本文将这类体量和中空（文献称之为"好"）都较大、"肉"较窄的圆环形器，统称为环镯。因体量差异较大，除少量内径5厘米以上的大环镯可以作为穿戴用品外，其他内径多在4.5厘米以下，最小者1.1厘米，与穿戴无关，应是组合配饰的一部分。

凌家滩玉环镯可以细分为窄体环和宽体环，也就是"肉"部的宽窄不同。窄体的一般直径较大，部分剖面呈圆形，但相当数量的则是剖面内缘稍凸、剖面呈三角形。这一类在以往经常被称为"镯"，它们大都可以直接戴在手臂上。凌家滩出土的6件或站或蹲（坐）的玉人像手臂上，都刻有类似环镯的纹样，07M23墓主的两臂上还各戴有10件，足以证明它的功能，但同在07M23的头、脚两端近棺板处，也见到与其他器物组合悬挂在棺板内侧的现象。宽体的直径则较小，基本上是作为组合用的饰品。除了这两种之外，还有个别的宽体圆角方形环、双连环（璧），以及体厚似箍的特殊形态（图一一五）。

凌家滩绝大多数环镯都是光素无纹，但个别器表饰有绞索状或齿状纹，其中齿纹常见于宽体璜上，而绞索状纹以往只见于周代玉器，在良渚文化早期的瑶山（M11：68）也出有类似纹样，凌家滩的具有明显超前性[57]。还有一种双连环（87M15：107-2），是由两个并列的小环不切断而制成，因为"肉"较宽也有称之为"双连璧"，类似器物常见于红山文化和大汶口文化中（图一一六）。

3. 小璧

体量绝大多数外径在5厘米左右，最大的达到6.6厘米，内孔径1～1.5厘米

87M12：5

87M14：6　　　　　　　　　　　87M4：65　　　　　　　87M4：53

图一一五　凌家滩玉环镯

左右，"肉"部较宽。一部分近边缘处钻有 2 ～ 3 孔，还有少量在内、外缘附近均有钻孔（如 87M4：44），应与其他玉饰组合而用，也可称为"系璧"。小璧在制作上既有精磨的，也有残留不少切割痕的，如 00M23：22 通体磨光，器体切得不平略有扭曲，正面局部残存线切痕，背面线切痕较多且可见斜孔 3 个，侧看有 3 孔与背面 3 孔相通；00M21：10 则是用钻芯改制而成，外缘双面钻的台面明显。

另外还有一件称为重环（璧）或双联璧（87T1207②：22），体量较大，外径 11.2 厘米，内径 2.9 厘米，整体呈璧的形状，但是中间有两道切割弧线，将整器分为内、外两个环形，近外缘还钻有 4 个对称的小孔，也应是作为"系璧"使用。这件器物十分特殊，目前为仅见。

凌家滩小璧虽具有璧的形态，实际上与纺轮十分相似，只是纺轮的外缘有的呈斜面（T1607②：4），有的垂直，而小璧外缘则完全垂直，也就是整体剖面形态为长方形。良渚文化玉璧一般外直径都在十几厘米甚至二十多厘米，凌家滩小璧与之相比体量差距很大，还完全不具备良渚文化玉璧的功能，有可能是在良渚文化时体量剧增，并成为具有独立功能的玉器（图一一七）。

凌家滩 87M15：107-2　胡头沟 M3：3　　野店 M22　　　凌家滩 98M29：48

图一一六　凌家滩与其他文化双连环、绞索纹比较

瑶山 M11：68

4. 玦

玉玦是人类最古老的玉质装饰品之一，在中国八九千年前就已出现，最早的见于黑龙江饶河小南山[58]、敖汉兴隆洼等遗址[59]。中国史前玉玦有两大类：一是管状，二是扁平状。管状玦体较高，年代较早的在兴隆洼遗址已有发现（如兴隆洼M118），长江下游在早于凌家滩的河姆渡文化、马家浜文化的圩墩遗址和祁头山遗址中还有所见，在牛河梁遗址中也有发现，但在北阴阳营二期、凌家滩文化时期已经不见，所以并不太流行。大量的扁平玦成为凌家滩和其他遗址玉玦的主要形态。

凌家滩玉玦其实就是在小型玉环上切割出一个缺口而成，也即杜预所言"玦如环而缺不连"。关于其定名，邓淑蘋曾根据文献记载中东周贵族耳旁所悬物称为"瑱"，而考古发现的同时期器物都是有窄长缺口的圆璧形，所以认为称"玦"是被金石学家误导，真实名称应为"瑱"，但名称已用既久，也就称为"玦"了[60]。

凌家滩玉玦数量众多，大小不一，大者外径约 6 厘米，小者约 2 厘米。也可分为窄体环形、宽体小璧形、宽体不规则圆形 3 种，与小环形制基本相同，不规

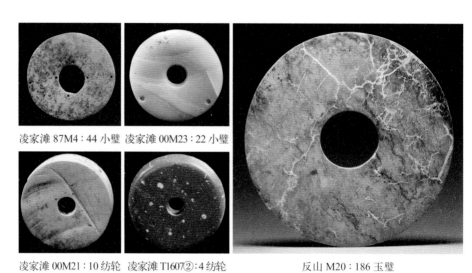

凌家滩 87M4：44 小璧　凌家滩 00M23：22 小璧

凌家滩 00M21：10 纺轮　凌家滩 T1607②：4 纺轮　　　　　反山 M20：186 玉璧

图一一七　凌家滩小璧、纺轮与良渚文化玉璧比较

则圆形呈现为一侧"肉"较宽而另一侧较窄的形态，这种非标准形制也见于年代稍早的祁头山等地，应当是钻孔未能居中或其他因素所致。各墓随葬数量并不一致，一般为双数，以 2、4 件为多，仅 87M15 随葬 1 件，87M14 随葬 3 件，个别墓葬如 07M23 随葬更多。

　　玉玦的分布在凌家滩墓地主要集中在偏南面的两排 11 座墓葬中，只有 87M9 独居中部略西，多数为规格较高的墓葬，较有规律的分布是有玦基本有环，有环未必有玦。使用数量与以玉器为标准的墓葬等级的高低有较大关联[61]，如 87M4 随葬了 14 件，07M23 随葬了约 34 件。从随葬数量和位置来看，其作为耳饰的功能可从多个墓葬中位于墓主头部两侧而得到确认，成双出现也是证据之一。但与环镯一样，似乎还没有形成完全稳定、唯一的功能，在有些墓葬中的分布并非都在耳旁，而是散布各处，数量较多。当然如果从另一角度分析，或也可能存在凌家滩高等级墓葬的某种葬仪，比如有参加葬礼者将身上所戴耳玦放到墓主身边作为助葬用品的习俗（图一一八）。

　　在大致同期的其他各文化中，玦是较为常见的饰品，尤其是马家浜晚期到崧泽早期阶段在长江下游十分流行，而崧泽文化晚期已明显有减少的趋势，至良渚文

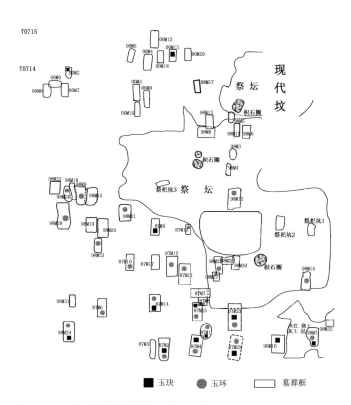

图一一八　凌家滩墓地玉玦、环分布图

化早已十分鲜见。长江中游大溪文化晚期，玉玦也急剧减少[62]。

　　源自东北地区的玉玦，在兴隆洼文化之后并未得到较好的传承，红山文化中十分少见，目前只在牛河梁遗址 N16M15 出土 1 件[63]、内蒙古克什克腾旗南台子遗址 M7 出土一对[64]、阿鲁科尔沁旗塔本套勒盖遗址也曾有发现[65]（图一一九）。

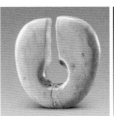

凌家滩 87M7：30　　　凌家滩 87M4：111-1　　　凌家滩 98M16：31　　　牛河梁 N16M15：1

祁头山 H1：5　　　祁头山 M13：4　　　祁头山 M51：2、M51：3　　　祁头山 M54：3

图一一九　凌家滩与其他文化玉玦比较

5. 玉管

在凌家滩墓地发现 100 余件，应该是作为串饰使用的。亚腰形最具特点，数量也最多，另有少量鼓形、直壁或外表呈瓦棱状。在凌家滩只有 9 座墓中发现，但作为串饰在一墓中出土则较多。其中部分玉管横剖面并不是圆形，而是呈扁圆形或者近三角形。个别直壁玉管长达 5.9、5.5 厘米（87M4：68-2、98M29：18），而两端孔径仅 5 毫米，中间部位更窄，展现出了较高的制作工艺。

亚腰形、外表瓦棱状玉管在红山文化中虽无成群出土，但也在多个墓葬中时有所见，而良渚文化中更多的是直壁和鼓形，亚腰形只见于早期墓葬中，也是一种颇具时代特征的小器物。鼓形在河姆渡文化中即有较多发现，因此从亚腰到直壁、鼓形这种变化，不仅与制作工艺的变化有相当大关系，还可能与文化互动有关（图一二〇）。

6. 耳珰

虽然数量不多，但却是凌家滩极具特征的器物。凌家滩报告中称为菌状饰以及类似滑轮的玉饰，也可能是耳珰，这种形制在韦岗晚期地层中也发现 1 件[66]。按凌

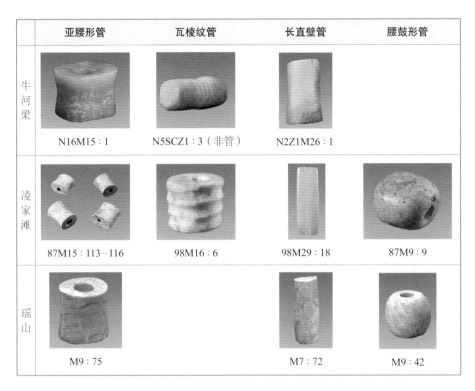

	亚腰形管	瓦棱纹管	长直壁管	腰鼓形管
牛河梁	N16M15：1	N5SCZ1：3（非管）	N2Z1M26：1	
凌家滩	87M15：113－116	98M16：6	98M29：18	87M9：9
瑶山	M9：75		M7：72	M9：42

图一二〇　凌家滩与红山、良渚玉管比较

家滩发掘报告描述，形态可以分为半球形、滑轮形、喇叭形、菌形，也有学者将中国新石器时代耳珰划分为滑轮状、凸钮状和喇叭状三种主要类型[67]，也基本涵盖了凌家滩耳珰的各类型。耳珰的制作均较为精致，材质有透闪石、水晶及煤精，其中水晶质一端为半球体，表面十分光滑；另一种喇叭形胎体极薄（如98M16：41），光亮润滑，胎壁最薄处仅0.5毫米，穿有一孔，堪称极品，也有学者认为这件器物应是黏或嵌在某种器物之上的[68]，但穿孔并不符合一般黏、嵌物品的需求。

对于其中的滑轮形，也有学者称为"耳栓"[69]，最重要的特点是类似滑轮，中间凹而两侧呈圆盘形，但有不少一侧直径稍大而另一侧直径略小。这类器物存在的时间、空间都较广，也有一个发展演变的过程，大多数是陶质或石质，玉质少见。在长江下游七八千年前的跨湖桥遗址，便出现了32件类似的陶器，两侧的直径基本一致，一般都在 2 厘米以下，边缘厚度只有 4～5 毫米，其中 1 件在凹槽内还绕有线圈，所以发掘者将其定名为"线轮"[70]。此后的河姆渡遗址一、二期文化也有发现，被称作"工"字形陶纺轮[71]，虽然形态相似，但个体一般都较大，除极个别外，直径大都在 3～5 厘米，恐不适合戴于耳上。有学者提出的重要一点质疑便是：如果它们确实作为耳饰使用，在该遗址发掘的 27 座各时期墓葬中为何均不见此型纺轮随葬[72]？在长江上中游与凌家滩年代接近的大溪文化晚期也有不少发现，如巫山大溪遗址出土 14 件"双环形耳饰"，多数以"黑色"石材为原料，有些边缘还刻成锯齿状，最大者直径约 4 厘米[73]。

7. 冠状饰

仅有几件，从结构上可以分为上、下两部分，下方为长条形，钻 2～4 个小孔。一种是上方出现介字形顶，两边镂空成大孔，有一件上方残断，也应属此类。另一种是上方雕刻出似兔的形象（87M10：7），也有学者认为不是兔而与红山文化的回首凤鸟相似，还有学者考虑到下方减薄可能是梳背。

8. 其他

瑗　是一种少见的器形，只在凌家滩 07M23 发现。对于器物的名称，虽然夏鼐先生曾将环、镯、瑗、璧、璇玑等以往的定名统称为璧或环[74]，建议取消这种定名，但它与环、璧均不相同，在没有合适的定名之前，本文仍暂用此名。凌家滩 07M23 发现的 2 件，分别在棺内的头、脚两端，与环镯、玦组合在一起构成了两组组配。从出土现状分析，应属悬挂在两端棺板上的装饰，脚端一组呈直立状，以瑗为中心，两侧有大小不一的环镯、玦，部分小环在大环内；头端的已从棺上掉落，但整体布局仍与脚端相同。较为特殊的是，两件瑗外缘刻了密集齿纹，与宽体和半璧形齿纹璜的齿纹相同。它只出在极个别墓葬中并作为棺的头脚两端装饰，可以知道瑗在葬仪中的重要地位。

护腕形饰　只在 87M2 发现 1 件。平面呈长方形，剖面呈弧形类似瓦状，一端较平，另一端向内凹弧，两侧面还各钻 3 孔。从形态来看，虽与具象的龟有些许相似，但一端内凹的形状更符合人体腕部的使用需求，称之为护腕相对合适。在牛河梁遗址也发现类似器物，只是器表有瓦棱纹。

绿松石饰　数量极少，只在 87M1、07M22、07M23 各发现 1 件，在凌家滩区域系统调查时于石头圩也曾采集到 1 件，体量都极小。前两者是呈片状的小饰品，薄而扁平，长度只有 1.3～2.8 厘米，厚约 0.2 厘米，其中 07M22 的还在另一面保留了黑色围岩，这些都应该是镶嵌在某种器物之上的。07M23：278 为一件极小的绿松石管，直径仅几毫米。

绿松石主要流行于黄河流域和北方地区，红山文化中还发现有绿松石鸟，体量很小，仅高 2.4、宽 2.8 厘米[75]，但刻纹充分展现了鸟的羽毛等细节，从上部的羽毛部位还可以看到绿松石仅表面一层，下面也保留了黑色围岩。在长江下游十分少见，北阴阳营曾发现 1 件，晚于凌家滩的良渚文化中则在瑶山、反山、福泉山、邱承墩等多个遗址中有较多发现[76]，呈片状或球状，也是作为镶嵌之物，应属稀缺产品，但瑶山 M11 却有一对绿松石珠，背面穿有隧孔[77]，不应是镶嵌物，当有其他作用。从使用角度而言，这些绿松石饰很少有雕饰，值得注意的是多数将背面的围岩都保留下来，足以显示当时这类产品及原料的珍贵性（图一二一）。

除上述器物外，还有众多各式各样的小饰品，也颇有特点。比如 87M4 的多片缝缀饰，正面、背面都打磨光滑，也十分精致，背面、侧面还斜钻出 3 个孔，应是缝在衣服或其他物品上的饰物。87M9 的半球形饰和 98M29 的穿孔球形饰等小饰件，也有同样的功能，不过在崧泽文化晚期半球形饰也曾见于墓主的头端，"如嘉兴南河浜 M48 和 M55，海宁九虎庙 M5 的隧孔珠紧附在墓主耳郭部位"[78]。良渚早期瑶山多个墓葬中出土了类似半球形饰有隧孔的器物，却是作为柱形器的盖使用[79]，显示出这些形状相同或相近的器物具有不同的作用。

其他饰品的总数虽然不少，但每种数量都不多，甚至只有 1 件，体量也都很小，有些是利用制作璜或其他产品的边角料改制而成，如月牙形饰、鸟形饰、三角形小坠饰等（图一二二）。

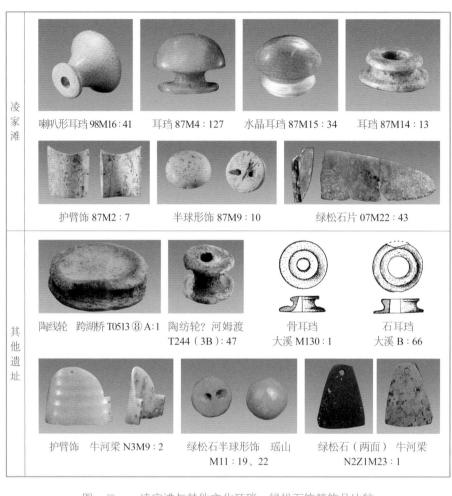

図一二一 凌家滩与其他文化耳珰、绿松石饰等饰品比较

（三）过程产品

指玉器制作的前后端产品和再利用制作的产品，包括原料、芯、边角料等。在墓葬中随葬这些过程产品是凌家滩墓地随葬品的一大特点。

原料仅有 19 件[80]，实际上也有初步加工，表面多经过了打磨，比较光滑，但基本未经进一步加工，有一小部分是从大块玉料上切割下来的小玉料，局部有清晰的线切割痕。这些原料都随葬于墓地南部偏中间身份地位较高的墓葬中，如 87M4 是整个

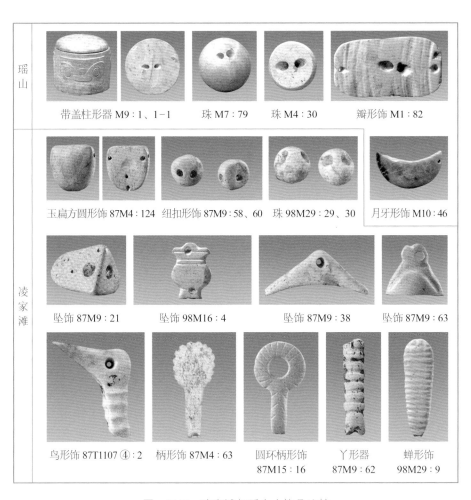

瑶山	带盖柱形器 M9∶1、1-1	珠 M7∶79	珠 M4∶30	瓣形饰 M1∶82

凌家滩

玉扁方圆形饰 87M4∶124　　纽扣形饰 87M9∶58、60　　珠 98M29∶29、30　　月牙形饰 M10∶46

坠饰 87M9∶21　　坠饰 98M16∶4　　坠饰 87M9∶38　　坠饰 87M9∶63

鸟形饰 87T1107④∶2　　柄形饰 87M4∶63　　圆环柄形饰 87M15∶16　　丫形器 87M9∶62　　蝉形饰 98M29∶9

图一二二　凌家滩与瑶山小饰品比较

墓地最大的墓葬之一，87M14则随葬了一件大口缸，应不是一般所言的工匠之墓。

芯的数量较多，南面一排只有87M2随葬3件，主要集中在墓地偏西、西北的墓葬中，特别是98M20有数十件[81]、07M20有15件，与随葬原料的墓葬有部分重合，但并非原材料，而是作为工匠掌握的、治玉过程中的产物，与掌握原材料的墓主还是有一定差别，应当显示两者之间已有区分。大多数芯都是双面钻残留下来的，中间有明显错位形成的台面，少量为单面钻所遗。个别芯的中间还有一个小盲孔，应是制作环形或半环形玉器时，作为旋切的圆心或初钻孔时所遗。

边角料是制作玉器的残留，大小不一，很多残料上可见线切割痕迹，主要是制作器体时的外侧残留，仅有少量是切割器体内侧如璜的中间部分而残留下来，一般都呈半圆形。部分利用边角料改制但未完成的小玉饰半成品，也都归入边角料。这些产品虽然也主要随葬于墓地西、西北侧，但在墓地中没有明显的区域划分，大墓中也有随葬。另一个特点是常数件或数十件撒布在墓中，有些还是在填土里，如07M23填土中便有十余件边角料，说明边角料不一定完全是作为墓主的随葬品，不排除也有在墓主下葬和回填过程中作为助葬品的可能（图一二三）。

无论是远古还是现代，玉料都是较为珍贵的资源，随葬边角料及利用其制作小饰品，是对玉料的珍视和充分利用。明代宋应星《天工开物》在论述珠玉时，指出"凡玉器琢余碎，取入钿花用。又碎不堪者，碾筛和灰涂琴瑟"，即是将边角料的使用达到了极致。

玉料　87M4：12

碎玉料　98M9：20-1、20-2

玉芯（部分）　98M20：45

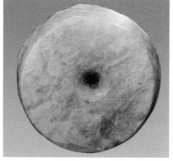

有盲孔玉芯　98M20：45-27

图一二三　凌家滩治玉过程中的产品

第二节　工 艺 分 析

　　玉器与石器制作工艺基本相同，但玉器所需的更加复杂、精细。一套完整的工艺大致包括以下几个方面：选料、切割、制坯、琢磨、钻孔、施纹、打磨抛光，经过几道工序后才形成一件完整的器物。在制作过程中，还有对工具的选择、其他工艺的偶尔使用、具体技术的灵活应用等，上述程序的琢磨、钻孔、施纹部分，也可以前后互换，但这方面的研究目前还严重不足，无法知道凌家滩人群在制作时是否有严格的规范（图一二四）。

一、器物选料

　　玉、石器用料均显得多样，不同器类对原料选择并没有严格规范，但已经对部

图一二四　凌家滩治玉工序示意图

（甘创业绘）

分原料有了明显偏好。经过对凌家滩墓地 20 余座墓葬及附近地层出土的 400 余件玉、石器的检测，以及安徽省地矿局地质调查院专家对 27 件玉、石器的观察[82]，可以了解凌家滩玉、石器制作在选料方面的详细情况。

（一）玉器材质与颜色

玉器选料虽然仍较杂，但已明显倾向于透闪石—阳起石类。最重要的大墓之一 07M23 共出土玉、石、陶器约 340 件，其中玉器超过 210 件，石器近 100 件。经北京大学考古文博学院对能够进行检测的玉、石器全面检测得知，石器约占不到 30%，广义的玉器占 70% 以上。动物形礼器、装饰品、长条形器、环镯、璜、玦等均为玉质。兵礼器有明显不同，斧类均为广义的玉质，其中透闪石玉占到了 63%，其余为蛇纹石—滑石、绢云母等；钺类则以石质占绝对多数，透闪石玉、绢云母—伊利石质仅占 4%。作为工具的锛类，石质占 95%，透闪石玉仅占 5%；而凿类均为石质。

从上述数据可以看出，不同器类对玉或石质的选择也不一样。在可检测的 165 件玉器中，透闪石—阳起石类的透闪石玉占玉器总样品数的 90% 以上，蛇纹石—滑石占 4%，其他材质占 6%，表明该墓葬玉器中透闪石玉数量占绝对优势[83]。

作为最重要的墓葬之一，07M23 或有其特殊性，但上海光学精密机械研究所科技考古实验室对其他 10 余座不同规模墓葬中随葬玉器的检测，则显示了较为接近的结果，在 120 余件玉器样品中，透闪石—阳起石约占 67%，蛇纹石和叶蛇纹石占 14%，石英占 10%，迪开石、滑石、明矾石及透辉石只占不到 9%[84]。

除上述检测、鉴定的材质外，还有极少量的绿松石、云母质玉，以及广义玉料中的水晶、玉髓、玛瑙、叶蜡石等。

在凌家滩周边，具有以上原料的可能产地在巢湖周边、张八岭、大别山南部都有，玛瑙在凤阳有矿藏，绿松石在长江东岸的马鞍山有较多矿藏，石英和其他石料的分布更是广泛，因原料产地研究的不足和矿物来源判断本身的局限性，是否出自这些地方还没有明确结论。但 07M23 出土玉器根据化学成分分析，不同器类表现出较为明显的成分区分，可能暗示不同器类的原料来源具有差异，特别是玉玦使用的原料和其他器物明显不同，MgO 含量更高一些，这指向凌家滩文化玉器加工可能存在着专门化生产[85]。

无论如何，凌家滩墓地不同器类的随葬品对材质选择有相对明确的倾向，而在玉器中，对透闪石—阳起石类的利用则最重要，蛇纹石、石英的利用相对略多，其他种类兼具，仍有多样化特点。这些玉器在质感上，多呈现细腻、光亮、温润的特点。

玉的颜色选择始终以绿、白（或透明）为主。特别是透闪石—阳起石类玉器，虽然出土时大都已受沁白化，但其原始颜色如蛇纹石、云母质玉、绿玉髓等大多数含有绿色，石英、玉髓等是接近白色半透明的。因此凌家滩人群对玉料的选择，以绿色、白色（或半透明）为首选，其他红、黑、黄等色彩只是作为辅助，这种选择与凌家滩陶器显示的色彩偏好明显不同。

选择白与绿两色，是中国古代很多人对玉的认知。宋应星在《天工开物·珠玉第十八》中写道："凡玉唯白与绿两色。绿者中国名菜玉。其赤玉、黄玉之说，皆奇石、琅玕之类，价即不下于玉，然非玉也。"[86]他的认识虽然与古代文人的认知可能并不完全一致，但也道出了古人对玉色其实是有偏好的，而且这种偏好有着久远的传统（图一二五）。

若从较长时段的变化发展来看，江浙一带自马家浜文化到良渚文化，可以看到很清晰地从玉髓类原料向闪石玉类原料的发展演变过程[87]。在马家浜—崧泽早期阶段的桐庐方家洲玉器制造场，虽然墓葬随葬品都为透闪石玉，但生产的玉器都是玉髓质的[88]。时间略早于凌家滩的北阴阳营二期墓地中，玉料已集中于阳起石、蛇纹石、透闪石、玛瑙4种质地，只有极少石英制品，选料较为统一，其中数量最多的璜、玦对原料的选择较为宽泛，基本包括了各种原料[89]。凌家滩则以透闪石—阳起石为最主要质地，石英的使用略多，其他材质明显减少，其中玉玦还与镯、斧、璜在钙、镁、铁上有明显区分，选择了 MgO 含量更高一些的原料，原料来源应有不同。良渚文化早期基本延续了崧泽和凌家滩文化对玉质的选择，但良渚中期以后，虽然透闪石仍是最主要的玉材，却有越来越多的其他材质被广泛运用到

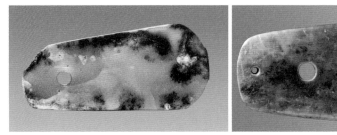

玛瑙钺　98M20：1　　　　　绢云母—伊利石玉钺　07M23：50

水晶耳珰　　　　煤晶组　　　　　环　　　　　叶腊石纺轮
87M15：34　　98T1213③：1　　87M7：40　　07T1607②：4

玛瑙璜　87M15：103－2　　　　　玉璜局部　87M15：103－2

图一二五　凌家滩玉器的材质与颜色选择

玉器制作中，尤其是蛇纹石的运用更加广泛，因此不少学者认为这可能与当时闪石类玉资源的衰竭有关。

（二）石器材质与颜色

石器选料则没有达到玉器那样的较明确分化，多达 20 余种，以大理岩、泥质粉砂岩、火山角砾岩、泥质灰岩、闪长玢岩、火山岩为多。

作为木作工具的石锛、凿用料相对统一，至少在色彩观感上以灰色为主，但其中一部分选用的易风化材质硬度并不太高。而作为兵礼器的石钺、戈（或矛），用料较杂，特别是钺的用料有十余种，但总体上对较硬质材料明显偏好，应是从实用向礼仪用器转型过程中对前一阶段选料的自然延续；此外还都表现出追求色彩的倾向，即喜好多彩斑驳，其中"花斑钺"更是如此，经观测个别位置也夹杂了似玉质的原料，呈现出乳白半透明效果；另一种略深灰色火山岩制成的大石钺很少见，最大的87M4：1、87M15：25体量分别达到长34厘米和36.4厘米，都呈较为凝重的深灰色，当有特殊的含意。

花斑和凝重的深灰色，应是凌家滩石钺材质和颜色的主要选择对象（图一二六）。

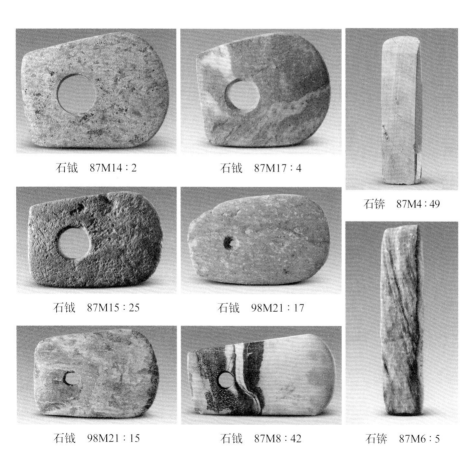

石钺　87M14：2

石钺　87M17：4

石锛　87M4：49

石钺　87M15：25

石钺　98M21：17

石钺　98M21：15

石钺　87M8：42

石锛　87M6：5

图一二八　凌家滩石器的材质与颜色选择

二、制作工具

凌家滩发达的玉、石器制作更多是依靠技艺，当时使用的工具并不特别。已发现的主要是石质工具，以砺石最多，韦岗、凌家滩发掘出土的工具中砺石占绝大多数，此外还发现了少量可能兼有钻孔、打磨孔缘功能的石钻，个别石块也很有可能为敲击原料、制坯的工具。在玉、石器上多见有线切割和片状切割痕迹，但相应的实物工具未能发现，部分软质的工具如线绳难以保留至今，但硬质的片切工具，应当需要从石制品中辨识出来，而作为摩擦介质的"解玉砂"一直没有发现。

（一）砺石

以往各地考古已发现的大量砺石，实际上是对可以磨制玉、石、骨、角等材质的各种石质打磨工具的泛称，按使用方式可以分为两种：一种是相对固定在地面或平台上，通过反复移动坯料达到磨制目的；另一种是可以手持，通过反复移动工具对加工对象进行磨制。但国内考古界对其研究并不多，大都以较宽泛的砺石统称。珠海宝镜湾发掘简报称其为砥砺石，并从功能上进行了分类："皆用细砂岩作材料，可分为两类：一类是用形体较大的细砂岩作砥砺石，器表都有因砥磨而形成的凹面……一类是在细砂岩上砥砺各类尖状器物，如骨器和箭头，使砺石的表面形成多道条痕。"[90]

历史文献中对砺石曾有区分，如《山海经·西山经》："苕水出焉，而西流注于海，其中多砥、砺。"[91]郭璞注："磨石也；精为砥，粗为砺也"[92]，将砺石按质地作了区分。北宋的沈括在《梦溪笔谈》介绍板印书籍"活板"一节中说："字平如砥"[93]，表达出砥石具有细腻、平坦的意思，大抵与后世质地较细的磨刀石相类。《新华字典》对"砺"的解释是"粗磨刀石"，"砥"则是"细的磨刀石"，也就是说在现代语境中，砥有细、平的含意，砺则有粗的含意。

从玉、石器制作的操作链角度分析，原料在经过切割或打制成坯后，便进入琢、磨阶段，其中玉器因为原料的珍贵，更多是通过切割而不是打制方法成坯，从发掘所

176

获的边角料上多有线切割痕可以了解这一环节。砺石便是磨制阶段最重要的工具。

韦岗、凌家滩遗址发现的砺石，按形态分包括扁平、柱状、不规则状；按材质分有粉砂质、细砂质、石英砂岩，石英砂岩属硬质而较粗，前两者质地则相对较软，但粗细各有不同。这些不同的砺石，功能是不相同的，但应该都可用于玉、石器制造，说明在距今五千多年前确实已在质地、功能和使用方式上都有所区分，但是否就是郭璞所言的精为砥、粗为砺，则无从知道了。

柱状砺石 质地大多数为细砂或略粗砂，在打磨时可以较快地磨去坯体多余部分，适合对坯料进行快速加工。体量并不大，一般呈多面体柱状，但并不是标准的立方体，大都是纵剖面呈一端窄、一端宽的梯形，底面宽度以五六厘米为多，除上、下两个面外，周边还有4～6个面，器表大都有明显的凹面或有一两道较宽的深凹槽，甚至连拐角都有磨痕。

它的特点是体量较小，可利用位置较多，各个平面都可以用来磨制器物，比较适合手持打磨，如固定置于地上则显得体量太小而不便于操作。但考古发现的这些砺石，基本上都是被最充分利用后的废弃物，是否刚开始被使用时体量也较小，则是无法确知的问题，但从残存的原始面来看，总体上还是比较小的。这种形态的砺石，在桐庐方家洲玉石器制造场也有较多发现[94]，应是这一时期较有特色却又普遍的工具类型（图一二七）。

图一二七　凌家滩与方家洲的柱状砺石

177

扁平状砺石　属于最常见的种类，质地有粉砂、细砂质，大多数硬度中等，并有少量硬度较大的石英砂岩，有些粉砂质的质地较为细腻，适合于对器体进行精加工，能使器物表面更加光滑。因为大都残断，无法知道其原始形态，但出土的残件也都不大，以五六厘米为多，超过 10 厘米的少见。这些砺石一般是在较宽平的面上磨出了很浅的凹面或多道浅凹槽，或侧面磨出了亚腰形，与柱状砺石较深的凹面或凹槽有区别，也反映出可能作为精加工工具的特点。它们的使用方式，推测主要是置于固定位置，将制作对象反复移动进行进一步加工；但若确实只是小体量的话，作为手持工具也未尝不可。因为质地粗细和软硬程度明显不同，这些砺石的功能也应是多样化的。

不规则状砺石　是因多面打磨后呈现出无法归类的形态，功能上与上述两种并无大的区别，但不同形态的功能多样，区别较大。较为特殊的是有少量十分适合手握的砺石，质地较硬，应当是对器表进行更细致处理的工具，甚至可以推测具有一定程度的初步抛光功能——虽然这种抛光不能与皮质工具相媲美。

对于砺石的形状分类，关键在于它们所体现出的在制作产品时的功能差异——特别是结合质地的差异。可以推测柱状砺石的主要作用是将坯体加工成成型产品，而扁平状砺石是在这个过程中进行各种加工，包括精细打磨。两者在使用方式上也应有不同，一种是具有主动性的手持方式为主，一种是具有被动性的固定方式为主。不规则状砺石中有一部分与其他种类的功能相同，另一部分可作为扩孔、打磨边缘或其他特殊用途。

（二）石钻

在凌家滩发现数件，其中最完整的一件为 98M23：6，与之同出的另有玉环 1 件、石芯 3 件、砺石 2 件，可证其作为制作工具的性质（图一二八）。该器属岩屑砂岩，表面打磨平整，横剖面大致呈圆角长方形，一侧平面有摩擦痕，较宽的平面有一面中段有数道浅摩擦痕。器身两端各有一粗细不同、长短不等的螺旋状乳突。

细端的乳突大致位于器身中轴线上，其与较平一侧面的轴线夹角为 6° 左右；乳突上的螺旋痕按前进方向为左旋 2.5 ～ 3 圈，但与器身之间尚有一段较长的颈部

98M23（东—西）

石钻、砺石、玉芯等出土情况（南—北）

图一二八　凌家滩 98M23 石钻出土现场

明显内凹；凸起螺纹的间距约 1.2 ～ 1.5 毫米，螺纹间的凹槽深浅不一，与器身结合处的接触端面是中间高并向四周倾斜，各斜面的倾斜度略有不同，其中一个斜面与乳突轴线的夹角为 126° 左右。

粗端的乳突向一侧倾斜，其轴线与较平一侧面的轴线夹角为 12° 左右，与器体中轴线的夹角约为 18°；乳突上的螺纹痕不如细端明显，按前进方向为左旋 2 圈左右，螺纹间距大体在 1.2 ～ 1.3 毫米，螺纹间的凹槽稍浅，其下的接触端面也向四周倾斜，倾斜度有一定差别，其中较陡一面与乳突轴线的夹角为 113° 左右[95]。通过分析这件器物最为关键的器表摩擦痕、乳突螺旋痕和两端乳突轴线的夹角，可以得出以下几点认识：

1. 它很有可能通过手持或捆绑、或配合可以旋转的物体进行钻孔和打磨作业，但作为轴承的可能性很小。

2. 两端乳突轴线 18° 左右的交角，能够较好地满足人体胳膊与手在使用工具时不过度弯曲的需求。

3. 左旋的螺旋痕所反映的正是工具工作时右旋的特征，符合大多数人的使用习惯，也从一个侧面证明了它作为手持钻磨工具的可能性。

4. 由于机械旋转具有稳定性特点，乳突轴线与两端的接触端面所形成的夹角应相对接近，但该器呈 20°～40° 不等的夹角，若该器承载了平台，该平台在旋转过程中也不能水平运动，因此它更符合手工操作的不稳定性特点。

综合上述分析，该器用来钻孔、打磨内外边缘的可能性为大[96]。另外几件与此基本相同，其中 TW48N02⑪b：3 在器体表面还可见多个磨面，应是兼具钻孔、打磨之用（图一二九）。

三、制作工艺

凌家滩玉、石器制造形成了切割、琢磨、钻孔、精磨、抛光等一整套基本流程，实心钻、管钻技术已得到广泛使用，还有掏膛、减地、阴刻、线镂等体现了技术多样化，与此前各文化制作技术相比，具有明显的创新性。但是，这些多样化新技术的使用总体上还处于初始阶段，并且主要运用在玉器制造方面，石器因为种类少，要求低，除基本流程和钻孔外，其他工艺基本不用。

总观凌家滩的玉器制作，主要是通过"形"来展示其特点，比较偏重立体形态的表现，器表刻划纹饰并不多见，线条也较简单，主要是为了更好地表现立体形态而辅助施用，"纹"的应用还显简约，缺乏独特的表现元素，也就是说，在玉器制作"工"的方面还不太具备更复杂的技能，"艺"的方面也缺乏更丰富的表现手法，与良渚文化在形制十分规范的情况下，突出以"纹"为特点的表现手法相比，有明显不同。

（一）切割

目前所见的切割技术有线切割和片切割两种，有学者认为已出现砣切割，目前证据还嫌不足[97]。

1. 线切割

是一种传承久远的柔性切割技术，在凌家滩使用十分普遍，其主要目的是将原料切成各种产品的坯体，为下一步深度加工提供基础，此外也在局部造型上有所使

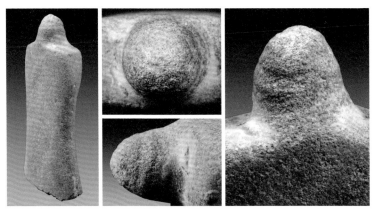

石钻各角度　2014HLTG4④：2

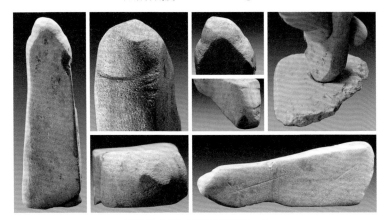

石钻各角度　TW48N02⑪b：3

石钻细部及其测量图　98M23：6

图一二九　凌家滩石钻各角度

用。因为材料硬度较高，质软的线绳无法直接切割加工对象，都是利用线绳带动砂粒摩擦切割，切割时原料因质地的微观差异以及切割过程中用力的波动，会在切割面上形成高低起伏的波状，但总体痕迹为多道不平行的抛物线，而不是砣切割所形成的同心圆[98]（图一三〇）。虽然技术较为原始，但效果是肯定的，多位研究者经过对玉料切割的模拟实验，已经证实这种方法的有效性[99]，但各项实验因操作方式、所用材料不同，数据也有所不同，平均大致在每小时可以切割 0.3 ～ 0.5 毫米深度（图一三一）。

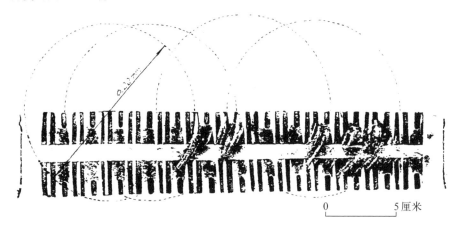

图一三〇　寺墩 M3：22 十三节玉琮上的切割痕迹

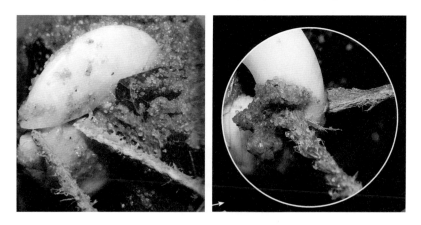

图一三一　线切割加沙示意图
（引自《良渚玉工》）

目前凌家滩的线切割主要见于玉器制作,特别是在使用玉料较多的片状玉器如钺、璜上,另一些小饰件也多有使用,如玦的缺口、璜的内空。璜的正面和内空位置边缘一般都经过精磨基本不见线切痕,但背面常遗留下来(图一三二)。从已出土的少量半圆形边角料来看,可以知道应为璜的内空切割所遗,是从两侧向下线切割到一定程度后,再将其敲下,因而中部会遗留一个凸起。在石器上基本不见线切割痕迹,应该并非因为技术难度,而是石料来源较为方便,大多数通过打制便可以成坯,玉料却十分珍贵,需要更精细的技术以节省原料。这也是线切割主要只在玉器制作中产生、发展的原因之一。

 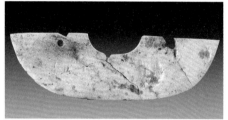

玉钺　87M8:24　　　　　　　　玉璜　98M30:29

图一三二　凌家滩玉钺和璜的线切痕

凌家滩玉玦的缺口切割,基本上采用了常规的线切割方式,值得一提的是有一小部分线切割的方向有所不同,不是从外缘向内或从内缘向外,而是从玦的一个平面向另一平面方向切割。这种切割需要将玦体卡住并控制稳当,不如从内向外切割时只需拉住玦口的对面容易,颇有特点(图一三三)。

凌家滩还发展起一种后世所称的"线锼"技术,即通过线切割将产品造型加以改变,特别是对产品的中间部分进行改变,与"镂雕"或"透雕"相似。这种技术需要将线绳穿过器身,然后再拉动线绳做出各种造型。其方法是先在器体上钻一小孔,使线绳能够穿入再行切割。目前所见材料是以凌家滩为最早,87T1207②:22重环形璧[100]便是以这种方式制作的,在下方的2个小孔明确可见,线锼方向也十分清晰。或因技术难度较大,这种技术在凌家滩并未发展起来,但这种曲线线锼已

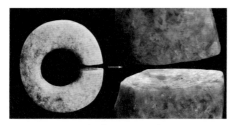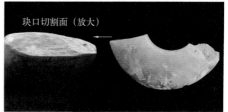

块口切割面（放大）

玉玦（07M22：41）　　　　　　　　　　　玉玦（07M22：59）

图一三三　凌家滩玦口线切割

具备了镂雕的特点，为后来薛家岗文化和良渚文化的复杂线锼镂雕工艺发展打下了基础。

良渚文化早期在瑶山的玉璜和璜形器上（瑶 M11：84、瑶 M7：55）[101]，可以见到已十分复杂的产品。年代稍晚的反山 M15：7、M16：4 冠状器上也有此技术制作的较复杂图案，不过反山 M16：3 玉璜形器[102]上虽然保留了先钻孔再线锼的技术特点，却只用于附属的简单三叉形图案制作，明显呈现出退化特征；赵陵山东山 M1：5 玉钺瑁上的简单图案[103]也说明了这一点。薛家岗文化的玉璜制作有限地运用了这一技术，但远不如瑶山的产品复杂。在整个良渚文化、薛家岗文化中，这种技术成果也十分少见，一直到距今 4 000 年前后，线锼技术才在全国大范围内获得了突飞猛进的发展，如长江中游后石家河文化（也有称为肖家屋脊文化）澧县孙家岗遗址的玉凤[104]、海岱地区龙山文化的临朐西朱封 M202：1 玉簪等造型复杂形象生动的产品。

线锼技术的产生，至少需要两个方面的基本条件：

一是钻孔技术的广泛运用和进步。没有钻孔技术也就无法在器体内部进行线锼，但钻孔技术发生几千年后，才出现这一创新，应该是因为之前的钻孔面积较大，而线锼需要微小钻孔技术（也就是微创技术），才能保证玉器平面不被破坏太多，可以有效地勾划出各种图案。在距今 6 000 多年前的马家浜文化和河姆渡文化时期，钻孔技术才在长江下游获得了较大发展，在北阴阳营文化时期取得了突破性进展，管钻以及小孔制作成为现实。

二是对玉器的审美出现了新需求。虽然看似一个简单的技术，其实是改变了以往只能在器体边缘和表面进行加工的工艺，体现出对造型构思的创新，也是线切割运用的新创造，使器物造型更加丰富多样、立体感更强（图一三四）。

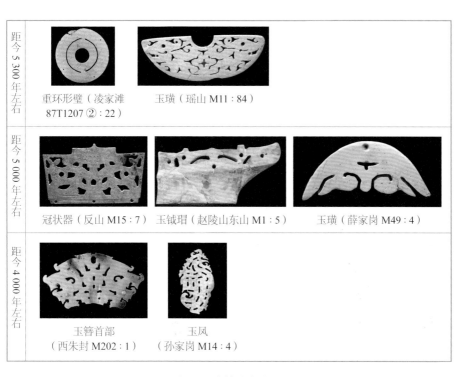

距今5 300年左右	重环形璧（凌家滩 87T1207②：22）	玉璜（瑶山 M11：84）	
距今5 000年左右	冠状器（反山 M15：7）	玉钺瑁（赵陵山东山 M1：5）	玉璜（薛家岗 M49：4）
距今4 000年左右	玉簪首部 （西朱封 M202：1）	玉凤 （孙家岗 M14：4）	

图一三四　玉器线锼技术发展过程示例

2. 片切割

是一种硬切割技术，也称为锯切割。它与线切割最大的不同是用石片等硬质片状工具，对玉、石料进行切割，从而形成较直或局部弯曲的切割痕迹。因为片切割一般较深，若将切痕完全磨去会使器体变得很薄，因而多数器物保留了较深痕迹不予处理。

凌家滩墓地出土的玉、石器中，片切割痕迹发现并不多，而且大多数应用于石器制作，特别是较精致的石锛、钺的制作。98M20 随葬的 4 件石锛半成品

两面和 1 件石锛侧面以及 1 件石钺上，都留下了清晰的片切割痕；00M23：4
还对切割痕的部位进行了打磨、抛光。在玉器上应用片切割技术较少，仅在
少量钺（如 98M7：3、00M21：12）、环镯、小系璧、纺轮上有所发现（图
一三五）。

　　另有一种直线痕迹，基本平直但两侧缘稍有弧度，平面上呈现中间宽、两端窄
尖，立面上中间位置较深而两端很浅，与砣切割的痕迹较为相似，容易被识为砣切
割[105]。如 87M7：5 石钺为典型的片切割痕，一面在切割时没有垂直于器表，而是
与器表有较大斜角，类似于宽砣切割的坡面，但线条较直而长，也呈现中间略深两

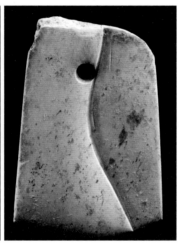

图一三五　凌家滩玉、石器片
切割痕

石锛　　　　　　　　　玉钺
98M20：55　　　　　00M21：12

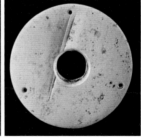
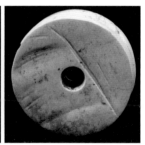

石钺　　　　　　　　　玉系璧　　　　　　　　玉纺轮
00M23：4　　　　　　87M12：32　　　　　　00M21：10

端略浅的特点，恰恰证明片切割是能够
形成这种类似砣切割痕迹的。87M12∶17
石钺上的长切割痕，也类似砣切割痕。
但假设为砣切割所遗，仔细分析会有两
个问题：

一是一次性下切的痕迹长度与深度
问题。如果是一次下切所形成，长度至
少 14 厘米的痕迹只能是弦径，而深度只
有几毫米，那么这种砣具的直径要远远
大于弦径长度才行，也就是必须是超大
的砣轮。以现有长度约 14 厘米为基准，
若切深按 0.3 厘米计算，直径需 163.63
厘米；若按切深 0.5 厘米计算，直径

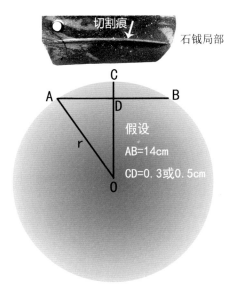

图一三六　凌家滩 87M12∶17 假设直径计
算图

也需 98.5 厘米；按极端的切深（实际未达到）1 厘米计算，直径也达 50 厘米（图
一三六）。推算公式如下：

设圆半径为 r，则直径为 d，深度为 CD，圆心为 O，AB = 14，故 AD = BD = 7
由勾股定理有：

$$r^2 = OD^2 + AD^2 = (OC - CD)^2 + AD^2$$

① CD=0.3 时：

$$r_1^2 = (r_1 - 0.3)^2 + 7^2$$

$$0.6r_1 = 49.09$$

$$r_1 = \frac{4\,909}{60}，即 d_1 = 2r_1 = \frac{4\,909}{30} \approx 163.63$$

② CD = 0.5 时，同理有 $r_2 = 49.25$，$d_2 = 98.5$

③ CD = 1 时，同理有 $r_3 = 25$，$d_3 = 50$

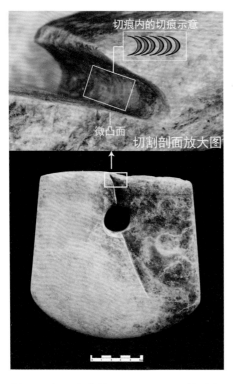

图一三七　凌家滩00M21：14玉钺片切割痕及难解现象

二是分段切割问题。如果不是一次性下切，只能是分小段不停向前切割才有可能，这也是周代玉器运用砣切割时常见的方式。在持续直线往前切割时，会在切割面留下多段断续而不是一段连续的痕迹；若平面为弧形的切割，在转变砣具方向时一定会在切割面外缘留下超出切割边缘的多道短线。但这类关键痕迹未在器表见到。

其实用手持片状硬质工具，以手腕为轴不停地反复切割，也就产生了有支点的近半圆（弧线）运动，因为是弧线运动，工具与器表的距离并不相等，在两端就会较浅，出现类似于砣切割的特点。

较为特殊的是00M21：14玉钺的切割痕，从常态视角看在两面都是片切割形成的痕迹，其中一面较长而略有弯曲，靠钺顶部一端切割较深，从侧面还可看出剖面下方的中间部分微向上隆起，应是在制作过程中工具略抬升或器物某一侧略有升（或降）而形成的。值得注意的是，切割痕内部边缘靠器体位置有一道道似线切割的弧形波状痕，但与正常从面上往内切割的方向垂直，弧凸朝向钺的顶部。假设作为线切割，也就是从钺顶部切口处往器体内切割，但既已片切割，再在深处用线切割既无必要也难以实现。如果是砣切割，则只能是用几毫米直径的砣具，并将砣具直径方向与大切痕方向垂直，从器体中部往钺顶部切割，才有可能形成这样的痕迹，若以直径顺大切痕方向则不能形成这种弧形波状痕，但一般都无法用这种切割方式（图一三七）。

87M15：48玉璜上的近似同心圆痕迹，则更与砣切割无关，而应是以圆心为支点，通过某种尖锐的工具做圆周运动而形成，有学者认为是"旋截"工艺所遗[106]（图一三八）。

图一三八　凌家滩87M15：48玉璜表面痕迹

（二）钻孔

是凌家滩玉、石器加工中较常用的技术，主要有实心钻、管钻两种，但个别石钺上还可见到琢孔的现象，也就是用工具对钻孔部位不断打琢，最后形成小孔，孔壁及孔的口缘部分有大量琢打痕迹。

琢孔　这类痕迹极为少见，是一种较为原始的钻孔手法，与凌家滩较高超的钻孔工艺不吻合，反映出凌家滩玉、石制作工艺存在多样化情形。在凌家滩00M23：1上表现十分清晰，但是在随葬大量精美玉、石器的07M23这类大墓中出现这种低水平的制作，显得十分特别，该墓随葬品恐是反映了多人制作、技艺不同的现象。

实心钻　是用硬质工具直接在器体上钻孔，使用普遍。基本上是在石钺和一些厚体小饰品上施用，玉璜等器物两端的小孔也应是实心钻所致，部分石钺还在钻孔前先在器表琢制出一圈再行管钻孔，因为缺乏足够的旋转，孔壁大都显得较为粗糙，即便留有旋切痕，也是呈断续、不光滑的特征。但是否有些属实心钻孔后再行打磨使孔壁光滑，则无法了解。

管钻　在凌家滩达到了极致，十分成熟，使用十分广泛，在钺、璜、小璧、管及其他各类器物上都有应用，有单面钻、双面钻。从已发现的管钻孔径看，有多种管状工具，最小的钻芯只有0.3厘米左右（如07M23：25）。少量器体上还明确留有未钻透的管状痕，如00M20：3石钺上一面有管钻后敲断的钻芯痕，另一面上还保留了未敲掉的钻芯，殊为难得。单面钻孔经常在即将钻透时将钻芯敲下，因而在孔缘有较多碎崩口，所以有些还对孔缘纵向打磨，使得孔缘平滑。双面钻孔因为最后对钻不齐，出现孔中部有错位的台面，但大多数都未对其进行打磨，仅有很少量

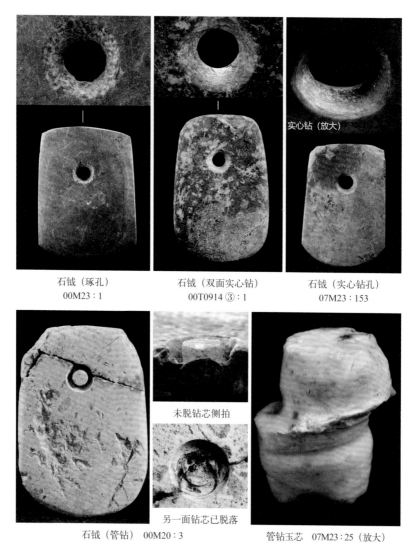

石钺（琢孔）
00M23：1

石钺（双面实心钻）
00T0914③：1

实心钻（放大）

石钺（实心钻孔）
07M23：153

未脱钻芯侧拍

另一面钻芯已脱落

石钺（管钻）　00M20：3

管钻玉芯　07M23：25（放大）

图一三九　凌家滩三种钻孔方式

对孔壁、台面边缘进行了打磨，使整个孔壁十分光滑（图一三九）。

　　管钻还有一个重要的应用对象——环形玉器，包括环镯、玦。其中较大的环镯，都将表面打磨光滑，不易见到原有的制作痕迹，是否是用较大直径的管状工具制成，或是"旋截"而成还难以找到证据，但在体量较小的环和玦上，都有较明确的证据。

目前可以知道，玉玦、小环的成型大多数是从已经过切割加工的大块扁平玉坯上通过钻孔截取而获得的，其中还有一部分可能是利用多次钻成孔芯来制作，也即"套裁"，但套裁一般不会太多，估计多数也只能裁切三环。通过对凌家滩07M23 出土的大量环、玦观察，发现有相当一部分可能是套裁所得，它们的玉质完全相同，厚薄也相同，外环的内缘与内环的外缘均为单面管钻，倾角相同（图一四〇）。在其他墓的随葬品

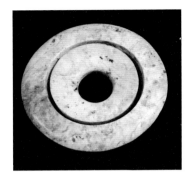

图一四〇　推测的凌家滩平面套裁玉环示例（外 07M23：324、内 07M23：230）

中，部分玦、小环外缘还保留了钻孔形成的凸棱，是利用较大的孔芯再钻内孔（或者步骤反之）进行套裁的明显证据（图一四一）。87T1207 ②：22 重环璧虽然是用线锼方法制作，但也从另一个侧面证明了套裁在理念上已具备了可行性。

也有一部分很有可能是利用较厚的钻芯，再层层水平切割而成，因为管钻时会在钻芯的内、外缘形成斜向的倾角。将07M23 中的部分环、玦叠加起来后，发现内、外缘都成梯形，这些叠加的器物内侧倾角都很一致，推测当时可能已有这种方式制作大小相近的玉器，这种将厚体的成形器按多层剖开的方式也有称为"成形对开法"，具有省时省力的效果（图一四二）。

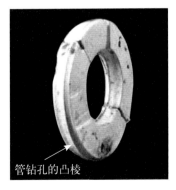

管钻孔的凸棱

图一四一　凌家滩利用外环孔芯制作的玉玦、环（87M7：16）

图一四二　推测的凌家滩厚体裁切方式

这些情况反映出凌家滩的玉工在制玉之前已考虑到玉料的系统利用问题，使切割后的大块玉坯按将要制作的器物大小，更充分、合理地利用。因此，从已切割加工的大块玉坯上经过先钻小孔再钻大孔来截取大孔芯，或反之先截取大孔芯再钻内孔，再以之为坯而加工成块、环，或者利用较厚的钻芯通过水平切割制作大小相近的多件环、块，是一种较普遍的现象，这与方家洲[107]、黑沙[108]、宝镜湾[109]等一些遗址中发现的部分玉块、环是利用琢制法，将玉石核琢打成坯的方法明显不同，目前在凌家滩还未发现用玉石核直接琢制成块、环粗坯的证据。

隧孔　斜向对钻的隧孔，是凌家滩较具特点的一种钻孔方法，在早一阶段的南京北阴阳营遗址半球形饰上已有发现，但凌家滩发展出利用多种钻具变换使用，在较薄器体上钻出隧孔的方法，则是首屈一指。

多件玉人的背面，都采用了这种钻孔方法。以87M1∶2左孔为例，便是经过了至少以下三道工序钻出隧孔：第一步是在左侧钻出一个几毫米直径的竖浅孔，可能是控制位置，兼有预留为后面斜钻时钻具需要操作空间的作用。第二步在其右旁用稍大直径的钻具垂直（或略向中间斜）钻一较深孔，并在上半部与第一孔共同形成近椭圆形的更大凹陷空间，便于后面斜钻工具的更大倾斜。第三步在已扩孔的底部，换直径更小的钻具，继续斜向钻。右孔也是同样先在左侧钻一竖浅孔，再从其右侧用较大钻具扩孔，最后在下部偏左一点换小直径钻具斜钻，最后与左孔共同形成隧孔（图一四三）。因为几次钻孔都很小，遗留下来的迹象还难以分辨是实心钻还是管钻痕迹。第二步钻孔时，在孔底形成了直径仅1毫米多的凸起，以往认为是用极细的管具钻孔所遗，但其表面是呈圜丘状而不平整，与目前所见管钻芯的表面一般都较平整颇不相同（当然目前所见钻芯在下钻前后，坯体都经过了打磨）。姑且不论是否有1毫米多的空管（还需要能容纳解玉砂的空间），实际上这种呈圜丘状表面的形态，若以软质实心工具（如木头）下钻时，细砂在实心钻具的中间部分旋转较少、而边缘砂粒旋转移动较多，也可以形成类似管钻的中间凸起形态。

多种钻具变换使用，在另一件石钺上也可见到。如07M23∶282，有1个大穿孔，其上近顶部一个小盲孔，在顶部还有1个盲孔。大穿孔制作较粗糙，采用了琢

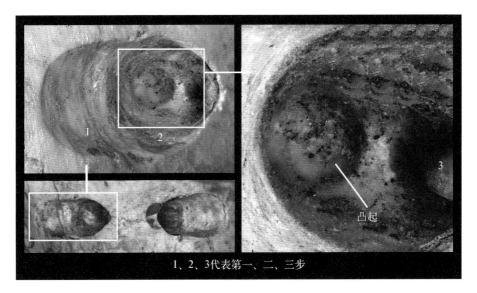

1、2、3代表第一、二、三步

图一四三　凌家滩玉人背后的隧孔钻法（87M1：2）

孔再略打磨，但打磨并不精细。其上的小盲孔用了大（约5毫米）、小（约3毫米）两种实心钻具，孔底也有凸起的痕迹。钺顶部的盲孔则换了3次钻具，第一次用一个略大钻具仅浅钻，然后换中（约3毫米）、小（约2毫米）两种钻具，逐层往下深钻，在底部同样留有类似钻芯的凸起（图一四四）。

上述第一、二次钻孔，有可能使用了管钻工具，但并不十分确定，因为软质钻具同样可以形成孔壁的旋痕，但最终底部的凸起更可能是实心软质钻具所形成，这些特点并不能作为管钻的确凿证据。多种钻具的变换使用，也说明凌家滩钻孔技术在对小孔的深度钻孔过程中，还无法用一种钻具达到深钻需要，从另一角度可以视为钻具的硬度还难以达到一次深钻的要求。

但有几件长玉管的钻深超过5厘米，如98M29：18长达5.5厘米，孔径仅0.2～0.5厘米，是通过两面钻，每面钻深达到近2.8厘米的深度，从现象分析似以实心钻的可能性为大，口部有明显较多崩口，至于是否在深钻过程中换过钻具，因难以观察而无法了解（图一四五）。

总而言之，无论如何这些钻孔都证明了凌家滩具有十分高超的钻孔技术，利用

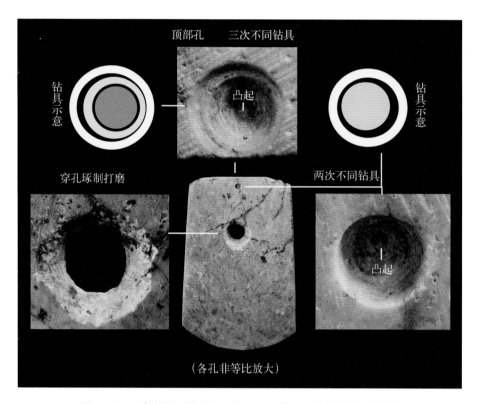

图一四四　凌家滩石钺钻孔的多钻具变换使用（07M23：282）

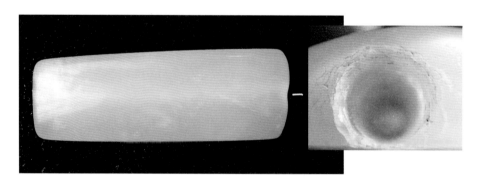

图一四五　凌家滩长玉管钻孔及口部崩口痕（98M29：18）

换钻具达到深钻、斜钻的目的，也是凌家滩独具特点的创新。

(三)减地(薄)

减地是将器体平面的一部分通过打磨等方式，降低与周边部分的相对位置，从而产生一定的立体效果，一般常与浮雕、圆雕或半圆雕配合使用。凌家滩的减地工艺应用并不多，主要在玉人制作上，个别石器上也可见，但在玉版、个别齿纹璜类的片状玉器边缘施用，是较特殊的现象。

凌家滩玉人的减地工艺在头冠、脸部和手臂附近表现最明显，从而形成立体感极强的鼻、嘴、手臂。在一件残缺的花斑石器上(98T0706③:01)，通过两次减地，形成了似桃形眼的形象，并在眼的中间再次琢打，具有了较好的立体效果(图一四六)。而在87M4中独特的片状玉版三个边缘，通过减地形成三条窄边，突出了中间的平面，并在平面上刻圆圈、八角星、圭形纹;减地位置还加钻多个小孔，组成一幅奇特的图案。另一种宽体和半璧形璜的外弧边缘，也有少量减地，但仅在87M11:7、98M15:10、98M19:1等少数几件上可见，都是配合齿纹的装饰而施用的(图一四七)。

减地工艺在良渚文化早期则获得了更广泛的应用。在玉琮、柱形器、牌形饰、锥形器等多种器物上都可见到，作为突出冠、眼、鼻等的重要方法，在镯形琮上还用作分割画面的手段(如瑶山M9:4)。但是良渚早期的冠状饰(梳背)下方也有减地，却是为了使于安装梳子，并不具有增强立体感的功能，而

图一四六　凌家滩石器减地效果(98T0706③:01)

图一四七　凌家滩半璧形璜外缘减地现象(87/M11:7)

是走向了实用，反映出这种技术的发展在功能上出现了变化（图一四八）。

另有一种减薄工艺与减地类似，也能够使器体厚薄不一，摆脱了完全平面的平淡，但不产生明显的高低台阶状，立体感不如减地。主要施用于玉环、玦类环形

玉琮　瑶山 M9：4　　　　　　　　　玉琮细部　瑶山 M9：4

玉冠形器（正、背面）　瑶山 M11：86

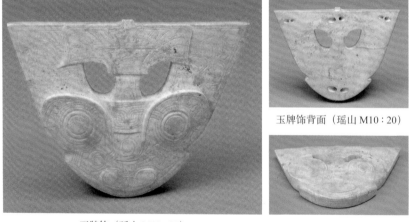

玉牌饰背面（瑶山 M10：20）

玉牌饰（瑶山 M10：20）

图一四八　良渚文化玉器早期减地现象

玉器上，是将它们的内、外缘均减薄，肉的中间部分则高出一点，使剖面呈扁椭圆形甚至梭形。这种工艺在马家浜文化中便已出现，延续时间也较长，但并未充分发展，在红山文化和凌家滩文化玉器中施用较多，也成为凌家滩较特殊的工艺之一。最典型的表现为宽体小璧形玦、宽体环，尤其在87M4：44中表现得最为突出[110]，自中间凸起处向内、外缘两个方向的弧面坡度均很小，且从中间凸起处至内缘一侧的宽度即超过2厘米，一般难以有如此之厚的管壁，当是在成孔之后经斜向打磨，使器体特别是边缘逐渐减薄。在红山文化中，有较多的圆角方形小玉璧、双连璧在运用减薄工艺方面更为充分（图一四九）。

玉玦　凌家滩87M4：64　　玉龙　凌家滩98M16：2　　玉璧　凌家滩87M4：44

玉璧　凌家滩87M4：44　　　　　　　玉璧　胡头沟M1：1

图一四九　凌家滩与红山文化减薄工艺比较

（四）圆雕

这是最具立体感的制作工艺，但难度也最大，包括半圆雕和圆雕。虽然是由多种具体工艺综合运用的结果，但从平面向立体的发展却是一次重要突破。

在凌家滩只有玉人运用了这种工艺，其中87M1和98M29的6件玉人，器体仍较扁平，背面平整，实际上是运用了阴刻、减地等多种方法完成了半圆雕形态。在 2016 年底对现代"万氏坟"迁坟范围进行的抢救性清理中，曾在残存的 07M22 和"万氏坟"填土中共发现 2 件残玉人[111]，其中一件仅存头上半部，背面平整但正面头冠、上额完全是立体的表现，可称为真正意义上的半圆雕；另一件跪姿人像仅存下半部，跪姿的腿部及腹部却是较完整的圆雕形态。凌家滩 87M4∶35、29 上下扣合的玉龟，并没有对龟形态的具体表达，但大略也可归为此类。

在红山文化多个遗址中，发现的玉龟、鳖、蚕（蝉），虽然表达还不是特别充分，但都具有了半圆雕的特点。牛河梁第二地点 Z1M17 的 1 件人首三孔器，其人形雕刻也可算是半圆雕；牛河梁第十六地点 Z1M4 发现的 1 件玉人，已完全是圆雕形态了；其他不少器物也或多或少地具有了圆雕半圆雕的风格。时代相近的良渚文化早期玉器中，如果不考虑玉琮及琮形管等神人兽面纹的立体表现手法，则只有反山 M17∶39 简略玉龟、瑶山 M2∶50 玉鸟以及以瑶山 M1∶30 等少量鸟、龙首纹镯形器，可勉强算作具有半圆雕的一点风格，其他并无典型的半圆雕器物，圆雕更是缺失。

由此可见，与凌家滩时代相近、最具立体感的圆雕、半圆雕技术，是以红山文化运用最多，在凌家滩和良渚文化中并不多见，这与燕辽及以北地区距今七八千年以来一直存在的石雕技术传统和泥塑习俗应有密切关系（图一五〇）。

（五）其他工艺

包括精磨、抛光、阴刻、齿纹、刻槽与拼接、掏膛等，除精磨、抛光、阴刻较多见外，其他数量极少。

精磨与抛光　精磨是在器体成型之后，进一步打磨的工艺，而抛光是更深度的美化。这两种工艺在玉、石器上都大量使用，但抛光在石器中主要是针对一些质地较硬的石钺，特别是花斑石钺，而石锛、石凿上使用很少。石钺的抛光一般只局限于器体的两面和侧面，顶部一般仅粗磨甚至仅略加打制，应该是考虑到套入木柄中

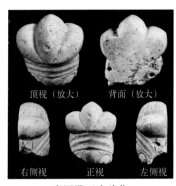

半圆雕玉人头像
凌家滩 07M22：14

玉鸟
瑶山 M2：50

圆雕跪姿人像　凌家滩万氏坟：2

玉镯形器　瑶山 M1：30

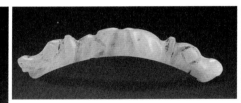

双龙首璜形玉饰东山嘴（TE6 ② g1：1）

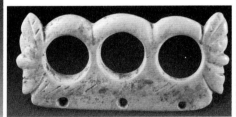

玉人　牛河梁
N16Z1M4：4

双人首三孔梳背饰
牛河梁 N2Z1M17：1

泥塑孕妇小像
东山嘴 TD9 ②：7

图一五〇　凌家滩与红山、良渚文化圆雕器比较

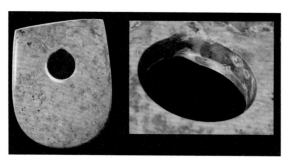

图一五一　凌家滩石钺精磨抛光（07M23：96）

而无需不必要劳动，但个别精致的石钺会通体精磨抛光，并对钻孔的孔壁也进行抛光，如07M23：96在双面管钻的孔壁上也全面抛光，殊为少见（图一五一）。

阴刻　是常用的方法，一般都是运用在玉器上，但因为凌家滩重在"形"的展现，"纹"的使用并不多，主要是在表现人或动物形象时有所使用，如87M1、98M29的6件玉人，以及人形冠状饰、龙、鹰、双虎首璜，个别特殊器物如玉版、三角形玉饰等也有较复杂的施用，但其他器物上都是寥寥几笔（图一五二）。

齿纹　凌家滩玉器中使用相对较多的一种装饰，在宽体和半璧形玉璜上尤为突出，都是在外缘打磨出多个齿状，另外在07M23的玉瑗外缘也饰有一周齿纹，而玉环镯中仅见1件有多达87个密集齿纹，应是用较粗的硬质工具从双面拉磨而成（图一五三）。

掏膛　对原料的中间部分进行掏空或掏出大部分，再利用已空腔的半成品制成器物。在凌家滩并不盛行，仅个别喇叭形耳珰上可见，如98T1213③：1用煤精制作的钮形器，膛的周壁为硬质工具多次无序刮掏而成，但内底中间略凹，有似螺

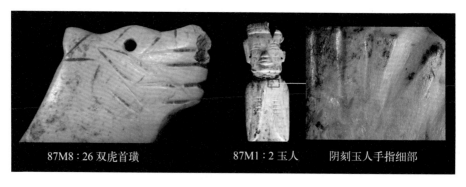

87M8：26 双虎首璜　　　　87M1：2 玉人　　　阴刻玉人手指细部

图一五二　凌家滩阴刻

旋状的痕迹，应是实心工具桯钻所致。从这一现象分析，应是在原料上先钻一深孔，然后向四周刮掏成空腔。这种工艺具有一定的难度，特别是只掏一部分而不是全部，难以用管钻或线切割的方式进行，因而使用很少。87M4的玉龟、07M23出土的1件简约玉龟和2件扁圆形斜口器，都是先从上、下钻一竖孔，再将线绳穿过利用线切方式切掉中间部分，与线锼工序相近，但不能归入掏膛工艺（图一五四）。

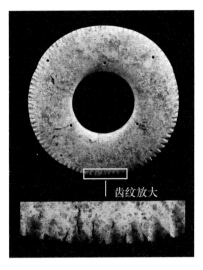

齿纹放大

刻槽与拼接　这种始于北阴阳营文化的工艺，也在凌家滩有所见，基本上是在窄体条形偶合式玉璜上。为将两段璜体相连，在两段结合处附近分别钻上下通透的小孔，并与璜体同向加刻深槽，这种槽

线绳及拉切方向

坯料　　　　成品

先钻孔

据吴棠海《中国古代玉器》改绘

07M23

掏膛
（98T1213③：1）

图一五四　凌家滩掏膛工艺与钻孔线切比较

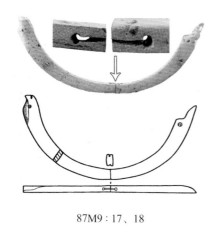

87M9：17、18

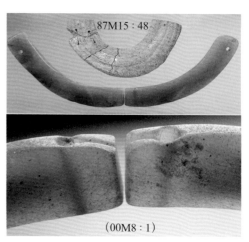

(00M8：1)

图一五五　凌家滩刻槽与拼接

被习惯称之为暗槽，用线绳通过钻孔将两段璜相连时，可以使线绳不外露。凌家滩有多对及单个偶合式璜的产品，另也有一件偶合式环（87M10：18）[112] 和一件宽体璜的断后拼接（87M15：48），是对断环、璜的再利用，而不是偶合式璜（图一五五）。

此外，98M29中出土的一件玉环，在环面上刻出多道凹槽，一部分呈斜向，已具有绞索之意。这种工艺制作较为复杂，也具有一定难度，所以十分少见。

上述以玉器制作为主的凌家滩玉石器制作工艺，基本覆盖了主要工艺内容，但因研究还不够充分，部分认识并不能十分肯定，不过总体上可以看出凌家滩玉石器制作的工艺水平和特点。

第三节　特点与意义

凌家滩玉、石器种类繁多，既有比较规制的批量产品，也有因材制作、随意性较强的非规制产品，更有精心制作、具有特殊功能的罕见产品。通过上述讨论，可以看出凌家滩玉、石器制作呈现出以下几个特点：

1. 玉器选料上已充分认可透闪石—阳起石在玉器制作中的重要性，但同时还存在较多其他原料，特别是前一时期长江下游流行的石英、玉髓等仍占一定比例。颜色以绿、白、透明为主，质感上以亮、润为目标。石器选料差异较大，但石钺主要关注两种原料：具有花斑特征的彩色石料和凝重的深灰色。

2. 玉器种类既有大量环镯、璜、管、玦等常态种类，又有各种特殊形态，尤以人和动物类象生礼器最为特殊，但这些种类多而量极少，多数器物只有一件，没有成为较稳定的文化基因传承，却是凌家滩极富特征的器物。石器种类较为单调，以斧钺、锛、凿为主，体现出对木作产业的重视。玉、石钺已成为重要器类，制作工艺已形成较为统一的规范，但在形态上有承前启后的不同种类，大孔圆角是承自北阴阳营文化，"风"字形开创了后一阶段薛家岗文化玉石钺的先风。

3. 玉、石器制作工具并不复杂，但已能够运用简单工具进行复杂器型的制作。各种砺石是最重要的工具，极少量的石钻、打磨石可作为辅助加工工具。

4. 制作工艺呈现出多样、全面的特点。除了砣具尚不确定外，已基本具备了后世玉器制作方面的各种技术。线切割仍是最主要的切割技术，片切割已有一定程度运用但还不普遍，钻孔技术已高度发达并运用广泛，多种钻具交替使用以加深钻孔深度是一大创新，以线锼为特点的镂雕技术同样开启了新风，其他如刻槽与拼接、掏膛等在同时代诸文化中也都具有先进性。这些工艺都达到了当时的最高水平，成为同时期各文化玉石器制作中的杰出代表。

5. 少数墓葬随葬了玉质原料，多个墓葬中随葬较多的玉芯和边角料等，说明这些都是凌家滩人群所掌控的重要资源，在随葬时作为少数权贵阶层或具有治玉手艺的工匠的专有葬品。它所体现的除了玉资源的稀缺外，还反映出玉器制造应该是就近开展，或有固定的加工场所，但可能还未形成相对独立、具有分工性质的专业作坊。

凌家滩的石器在用料、形制等方面已具有较好的统一性，而玉器制作种类繁杂，既有规范性也有特异性。若将视野扩大到全国范围，总观凌家滩和同时期其他文化的玉、石器制作，可以知道虽然两种材质的器物大多数都体现出时代风格，是整个长江中、下游甚至全国各地发展到这一时期的共同特点，尤其是玉器更与全国的玉器大发展期具有同步性，甚至与千里之外的红山文化也保持了同步。但是，凌家滩还是表现出几点特殊之处：

一是在多种器类上具有强烈的开创性。最显眼的是在玉环镯、玦、管等普通形状之外，出现了一批毫无日常生活实用价值的特殊器物。最具有形态规范、使用数量较多的玉璜是其重要特征，其中齿纹璜还可能发端于凌家滩。玉龟、龙、鹰、人等象生器物虽在各文化中时有所见，但凌家滩仍具有自身形态上的特殊性，反映出这些产品的特殊功能。其他在全国独一无二、形制特殊的玉版、刻树纹三角形玉片、人形冠状饰等，更是以没有重复产品而成为凌家滩独具的特点。

大体同时或年代略晚的文化中，良渚文化早期玉器便开始出现琮、璧及其他特殊却又有强烈的可复制性、规范性产品；红山文化中造型复杂而特别的玉龙、勾云形器、鸟甚至龟鳖等多数器物种类，也都有较多的重复产品。缺乏或者少见奇形怪状的产品，在很大程度上是因为理念、工艺发展到一定阶段的结果——也就是形成了一定的规范，反映出中国玉器大发展期的宏观演化轨迹，这与凌家滩形成了十分鲜明的对比。

二是玉、石钺的大量使用，随葬玉器数量巨大，在同时期各文化中独树一帜。在此之前或同时的各文化墓葬中，虽然也有随葬玉、石钺者，但如此频繁、数量众多却是前所未有。虽然与年代稍晚的良渚文化相比，其玉器数量并不突出，但与同时期的崧泽文化、红山文化相比，却已超过两者玉器的总和。

三是对过程产品的大量改制再利用，也与其他文化有显著差异。无论是北方的红山文化，还是东南的崧泽文化和良渚文化，在墓葬中随葬原料和玉石器加工过程中的芯、边角料等产品，都是少见的习俗，但在凌家滩却是较为多见的行为。而对这些产品随形加以改制再利用，形成没有固定形制的新产品，是凌家滩承袭了北阴阳营文化传统并进一步发展的特色，也是凌家滩与同时期其他文化的重要区别之一。

四是工艺的大发展与创新，也是凌家滩的重要特点。不仅有较之前或同时期其他文化更精湛的手艺，还创新发展了线镂、掏膛等诸多技术。齿纹、出廓、偶合以及罕见的似绞索纹这些特点，构成了凌家滩装饰类玉器特殊的重要特征，呈现出多彩风格，并影响了长江流域特别是下游的广大地区。

五是各类器物在随葬方面的配伍还不稳定。如玉斧、钺在相对普通的墓中也有随葬，非装饰性礼器并无相应的特殊器物与之形成固定的配伍，不过器物组合中的璜、钺和锛、钺共存率达到一半以上，也是朝规制方向发展了。

但是，凌家滩玉、石器制作也存在一定的不足，尤其是在用料方面。首先是体量上，除了玉钺之外，绝大多数玉器的长度都不超过 10 厘米，说明玉器制作技术在体量方面还未达到足够的有效掌控，或者说对大玉料的开采还未达到一定水平，这也是玉料来源稀缺性的另一证明。其次是在器物用料的匹配上，还没有达到较完善的地步，器物与材料之间的匹配，虽已达到一定的稳定状态，但仍然有较强的多样化选择。

这一系列不稳定情况说明，凌家滩还处在玉器大量使用的变革之初，沿用、吸纳、借鉴、创新并存，具有强烈的创新意识和活力，但遗憾的是没有沉淀出稳定的文化基因并在当地延续下去，也就难以形成稳定态的文化或政治共同体。对于玉质原材料的掌控、玉器制造过程中副产品的珍视，反映出对玉的利用仍处于较极端的"物以稀为贵"状态，而没有形成大规模的产业行为。但石器的制作虽然用料较杂，在形制、工艺上却有了较为稳定的规范。

因此，凌家滩对玉器的制作和利用，较之石器而言还处于摸索、创新和逐渐规范的过程中，是中国玉器发展史上一个重要的创新时期，在诸多器物种类、制作工艺上都具有开创之功，并为其后长江中下游玉石器制作的发展打下了扎实基础。也正因是开创阶段，玉器还是更多偏重立体形态的表现，是通过"形"的塑造展示其特点，而"纹"的应用还显得简约，器表的平面刻划纹饰更多是为了表现立体形态而施用，总体上表现为简单、少见两个特点。"纹"的应用，在凌家滩之后的良渚文化早期，最终达到了中国史前文化玉器纹饰的巅峰。

第六章

逝者世界

　　丧葬习俗是与生活习俗相对立但又密切相关的一对范畴，是指对人死后的各种处理方式。除了纯粹的科学视角外，无论古代人群还是现代人群对于死亡一直有不同的认识，很多信仰（特别是早期的原始信仰和原始宗教），都认为人的死亡只是肉体的转型而灵魂却长久存在，是走向了与"活着的世界"相并行的另一个平行世界——"冥界"，所以"事死如事生"是一种普遍观念，为死者创造更好的"生活环境"，成为一个人群中最重要的内容之一。这些认识和作法便是基于原始思维的"灵魂不灭"，其中大部分人群在崇拜日、月、山、水等神奇的自然因素外，还出现了因"灵魂不灭"而产生的"祖先崇拜"。虽然并不能把所有对灵魂、逝者的尊重都称为"祖先崇拜"，但都会影响活着的人努力为他们创造"生活环境"，多数时候这些环境都源自或直接仿自真实状态，不过毕竟是两个平行世界，不同人群都有各自不同的处理和改变方式。

　　在两个平行世界中，活着的人为了纪念逝者并与他们能够建立起有效沟通，便出现了丧葬行为；因为丧葬行为还具有神秘性、庄严性，这些行为还具备了教化活人的作用，因此具有强烈的群体文化特征，这些正是考古学研究中最重要的内容之一。

　　在中文表述中，丧与葬两字并不是始终在一起合用的，丧指失去、死去，葬为掩埋死者尸体及相关遗物的动作甚至仪式。大约到秦汉之后，才出现了"丧葬"两字合用的现象，指"人死后的尸体处理及其有关的礼仪习俗"，在形式上包括殡丧礼仪、埋葬礼仪、祭祀和服丧礼仪三部分[1]。殡丧礼仪与参加丧葬活动的活人相关，包括沐浴、器奠等。埋葬礼仪与死者相关，包括埋葬场所、葬具、葬品和相应的葬仪；葬品又可分为随葬品和助葬品，随葬品是直接给死者准备的，而助葬品则是丧葬过程中，参加葬礼者对死者的付出[2]。祭祀是在埋葬过程中或之后对死者的祭奠行为，而服丧则是较晚时期才形成的固定纪念模式。对于史前文化研究而言，能够有效开展的研究内容主要是埋葬礼仪和祭祀行为。

在凌家滩文化中，丧葬与葬仪所见不多，主要是在中心聚落——凌家滩发现的一处大型墓地中有较充分体现，但这处墓地并不是当时普通人群的死后葬地，而主要是为身份较高甚至最高身份的"王者"安排的葬地。这个特殊的墓地并不能代表整个凌家滩文化的丧葬习俗，却可以代表凌家滩较高身份人群的丧葬习俗，也就是反映出凌家滩文化高等级的丧葬习俗。因为普通人群多数在丧葬习俗上没有特殊表达，也尚未发现其他墓葬区，相关研究缺乏，所以对这处高等级墓地开展研究，有助于全面认识凌家滩文化的丧葬习俗。

第一节　祭坛与墓地

如第三章所述，凌家滩的大型墓地位于整个聚落的中心位置，也应是整个聚落规模最大、等级最高的墓地，地处一条略呈西北—东南向的长岗接近最高点，该处较平缓，略微向南倾斜，海拔约 20 米，与周边平地的海拔高差约 13 米。1987 年 6 月第一次发掘时因发掘面积仅 50 平方米，只确认这是一处重要的墓地。11 月第二次发掘时对墓地有了较多认识，但把被墓葬打破的大面积石块堆积当作"石子层"，并未认识到它与墓葬的关系，甚至还有认为部分墓葬被叠压在石子层之下的误判。直到 1998 年 10 月第三次发掘，因为红山文化石筑祭坛和良渚文化土筑祭坛的较多发现，才引起发掘者的注意，意识到这是一处与墓葬关系密切的祭坛，但对于这种遗迹是否属祭坛还有不同的意见[3]。

近四十年来，国内史前考古尤其是在红山文化、良渚文化中陆续发现了一些土筑或石筑并具有一定形状的大型遗迹，都与大型高等级墓葬紧密相关，基本处在山岗顶部或相对高处，有些遗迹中还发现了具有礼器或祭品性质的遗物，十分特殊，一般都倾向于将这类比较特殊的遗迹视为与祭祀有关。现在看来，将凌家滩这种石块铺成的遗迹称为祭坛，是较为合适的[4]，只是当年因发掘面积所限和认识不深入，并未找到其明确的四至边界，导致疑问较多，但近二十余年的考古工作和研究进展，已对其有了更多认识。

一、祭坛复原

根据1998年的发掘情况和2007年以来多年积累的零星材料，可以对祭坛的形成过程进行复原：

祭坛选址在遗址中的岗地最高处略偏南位置。该岗地是从太湖山向南偏东延伸的一条断续长岗，长轴方向大略呈165°。最高处地势相对平缓，总面积近万平方米，向东、南、西三面可俯视整个遗址的大部分——也是以生活区为核心的最主要部分。微观地貌是东、西两侧有较明显的斜坡，南侧有一道陡坎，北部较平坦但微向南斜，再往北则是略高的岗顶[5]。已发现的祭坛偏于南面一处总面积3 000多平方米平缓坡状高地上。至于祭坛本身的面积，需要对坛体进行分析、了解后，才有可能得到相对客观的认识（图一五六）。

根据1998年对祭坛的局部解剖，以及利用汉代以后各时期打破坛体的墓葬剖面观察，坛体自上而下大致可分为三层[6]。

最下层即祭坛③层，为纯净细腻的黄斑土，厚约10～35厘米，土质紧密，不含任何遗物。因整个坛体未全面揭露，其分布范围并不清晰，但从可见的各剖面来看，它应该位于南部，与叠压在上的祭坛②层可能有相当程度的重叠。

中间层即祭坛②层，一般厚25厘米左右，最厚处可达70厘米左右，是用细碎石子和夹杂较为黏性白色土的材料铺设而成。石子绝大多数长均在5～15毫米，

1　祭坛位置（镜向 345°）

2　祭坛位置（镜向 165°）

图一五六　凌家滩祭坛墓地位置鸟瞰

有硅质岩、石英岩、石英砂岩和极少量的变质岩、阳起石、玛瑙，其中石英约占
49%，硅质岩约占 30%。结构十分紧密，在石子之间不含任何陶片。由于发掘未深
入进行，这一层的面积也同样不能了解，仅据有限的可观察剖面估算，约有 300 平
方米左右，已知的分布见于南部。

　　祭坛表层即祭坛①层，完全覆盖在祭坛②层之上并向四周扩大，厚度不等，一
般一二十厘米，厚者可近 40 厘米，是用大小不一的卵石、碎石为原料，间以黏土
铺设而成。石块个体明显偏大，大多数在 5 厘米以上，有不少还超过了 10 厘米甚

至 30 厘米以上，大石块之间填充有大量长度 2 厘米左右的小石块，并夹杂一定数量的陶片。坛体表面略似圆形，从顶部到东部边缘最大高差超过 1 米，但与其他位置的高差都较小。在结构上，因为石块较大并有普通黏土填充，明显较祭坛②层松散。在这一层的中、北部表面，还发现一层用大量较大石块薄薄铺设而成的平面，石块长度大多数都达到了 10 厘米甚至更大，与其他位置的石块有区别，特别是东北部一片明显向北凸出而相对独立。从现有的堆积状况推测，祭坛①层的中心与祭坛②层相比向北有一定程度偏移（图一五七）。

关于祭坛①层的分布，是个较大的问题。因距地表较浅易遭各时期的破坏，特别是在汉代有一次十分明显的破坏，加之考古工作中对它的认识有一个过程，故迄今它的准确分布范围一直无法弄清，也难以知晓其确切形状。不过西部虽破坏较多，但总体上已近于边缘，在 1998 年发掘的 M15、M20 等墓葬周边位置，没有发现任何石块堆积迹象；2000 年在祭坛西北部的发掘，也仅在个别探方发现了小片的石块堆积，都足以证明祭坛的西、西北分布应不出此界。东界的划定，

图一五七　凌家滩 T1210 祭坛表面局部（平视，镜向东偏南）

原先仅依 T1510 及相邻探方的东侧石块堆积有明显小斜坡，而将其作为边界，但未向东扩大了解，边界并不准确。东北部 T1411、T1511 的中部所画北界，其实是当时田间小路与北面现代坟之间的凹地，因现代坟不能发掘而形成的，并非石块堆积的真正边界，因为 T1513 已完全发掘，其西北角的一小片石块堆积的边缘弧线显然与 T1313～T1315 等探方中相对独立的石块堆积有关，所以祭坛东北的边界至少要到 T1512 以东，但不会超过 T1512 北壁太多。南界因有后期破坏形成的陡坎，无法确知其原始边界，但从大墓分布情况看，即使往南延伸也不会有太大距离。2007 年在整个墓地发掘区的东南部 T1507 以东，补充发掘了一条长 19、宽 4 米的探沟（按 5×5 米布 4 个探方，留隔梁），发现在原定的东界之东，还有较大范围的石块堆积分布，只是与祭坛中心部分相比明显较薄，所用石块也是大小混杂。2012、2013 年对墓地的稀疏钻探则证实石块堆积的分布范围大致还是在原定的祭坛及周边，并没有完全无边界地扩展开，原定范围作为祭坛的主体部分大致可信，但边界需较多调整（图一五八）。

如果仔细分析，可以具体推测祭坛的铺筑以致密的生黄土铺底，其上用自然的细碎石子和较黏性白色土的混合材料堆筑了②层，其中黄土的分布范围略大于②层但大体吻合。对于祭坛的三层土、石来源问题，探索较为曲折。1987 年秋第二次发掘后，认为沙石是从北面的太湖山搬运而来[7]。1998 年秋第三次发掘后，朔知认为堆积具有明显的分选，可能是人工所为[8]。2007 年通过在山岗上各探方的发掘，可以知道新石器地层之下的生土均为棕红色，而对 T0319 的穿透式发掘（自生土仍向下挖到距地表约 2.8 米深度），证实了山岗顶部近 3 米深都没有黄色生土，也没有②层那种细碎石子和较黏性白色土，因此祭坛底层的生黄土并非取自山岗，当另有来源。2012 年在祭坛南面内壕沟以南，钻探发现了另一片石块堆积，其中也夹杂有与祭坛②层完全相同的石子与白色黏性土混合物，经衍射分析主要以石英为主，可以排除使用石灰石、石膏或其他无机黏合剂的可能性；又经红外分析知道绝大部分是石英和黏土矿物（如高岭石）的峰，但白色土样有异常，在 1 042 cm^{-1} 有明显的峰，初步推测和高岭石有关，白色土样中肯定不含石灰石、

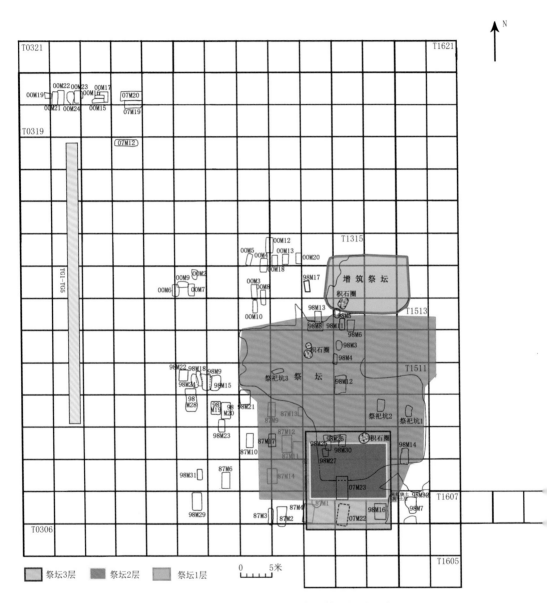

图一五八　凌家滩祭坛的边界范围推测示意图

石膏和有机黏合剂（如米浆），但应含有一些高岭石。高岭石属于黏土矿物，干燥时具吸水性，潮湿后具可塑性，可起到黏合的作用（图一五九）[9]，这个结果与现场观察到的白色土的性质相同。直到 2017 年秋，在祭坛东坡下修桥时才最终可以确认祭坛石块堆积取自山岗坡脚的自然地层堆积（图一六〇）[10]，但对石块还是进行了人工分选，自然地层中混杂在一起的大小石块、石子，被分别作为祭坛①层和②层的铺筑材料。

②③层均属质地较致密、黏性较强的材料，同样不含任何陶片，两者对材料的选择具有共性，应是建造祭坛时铺底之用，属同一建筑的两个组成部分。而①

夹石子的白色土样

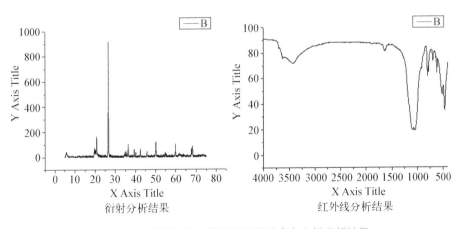

衍射分析结果　　　　　　　　　　　　红外线分析结果

图一五九　凌家滩祭坛附近夹石子的白色土样分析结果

石子和石块
白色黏性土

图一六〇　祭坛东坡岗脚自然堆积

层与②层相比，对石料大小的选择显得相对随意，并更愿意用较大石块铺筑；在石料之间杂有一定量的碎陶片和土，使坛体结构相对粗糙而松散；①层面积大大超过②层，但向北有一定程度的偏移，仅覆盖了②层的大部分，最南部的大墓一部分未见打破①层，两者的中心位置明显不在一处。这些信息表明祭坛①层既与②层相似，又在功能上有所不同，应是在②层基础上再次铺筑而成，或者说③②层是①层的基础，但①层与②层是前后紧接铺筑的，还是在②层使用一段时间之后再铺筑的，则已无法了解。①层表面东北部的大石块堆积，在石料大小的选择和铺筑方法上与①层也有不同，且能自成一圈，不能够与①层相融，有作为补筑或扩建的可能。

了解了祭坛的堆筑过程后，再对祭坛的分布、面积进行讨论，便有所据了。据现有状况分析，祭坛的基础②③层面积大致在300平方米左右；祭坛的主体①层最早应为一近似方形的平面，面积大约800平方米，如果加上后期的补筑或扩建，则可能达到上千平方米。在祭坛①层的形成或使用过程中，铺垫的平面可能并不十分规整，极有可能是将岗顶的这一部分进行了较大范围铺垫便于开展活动，但在其周围并没有一个十分清晰的平面界线，以石铺垫的行为在祭坛周边范围内断续存在，只是都没有祭坛①层那么厚而密集。因为距现在的地表极浅，大多数在耕土层下即出露，一部分还可能在汉代经过了平整处理，所以祭坛表面当时是否还铺垫了其他材料或黏土使其较为平坦，现已无法知晓。另外，还不排除在祭坛之外，可能存在多处面积较小的石块铺筑设施（如2007年在祭坛东侧发现的石头遗迹等），但它们与祭坛的关系如何？则需更多证据。

在祭坛①层表面，有3处祭祀坑和4处积石圈。祭祀坑（98YJ1、2、3）大体都呈长方形，坑口长1米多，YJ1内有陶豆2件、陶罐1件、器盖1件，并发现一小段类似禽骨的细骨。此坑形态不似墓葬，应属祭坛①层的附属遗迹，坑内遗物则具有祭品性质。YJ2有石钺1件。YJ3内无遗物，但与祭坛①层表面浑然一体，转角圆润，毫无打破祭坛表层的特征，应属同时建成有特殊用途的遗迹。至于87M1为椭圆形圜底，打破87M4东北角，出土了3件玉人、2件玉玦、1件偶合式玉璜、1件小石璧和几件玉饰，是否也属祭祀坑尚不能明确[11]。积石圈是在祭坛表面堆起的一堆石块，因石块长度大多数在10~30厘米之间，约占67%，10厘米以下的占26%，而30厘米以上的仅占7%，普遍大于周边坛体铺筑的石块，因而可以较清楚地区分，但并无明确边界，也应属人工之有意堆积。

在祭坛的东南角，有一片约一二十平方米的夹红烧土颗粒稍多的灰暗土层，与周围很不相同，内含部分陶片和红烧土颗粒、炭粒，似经火烧后所遗（详见本章注6）。但该层所在位置没有发现祭坛①层堆积，祭坛②层在其西北邻近。据T1407北壁剖面图，其第③层地层可能就是这层堆积，叠压在祭坛②层上，但两者可以作为同时使用的场所。

通过以上分析，大略可以明白祭坛有一个变化的过程，也就是祭坛③②层是首先铺筑和使用的，位于岗顶偏南位置，东南角的夹红烧土灰暗土层应当与这个祭坛大致同时使用。祭坛①层很有可能是晚一时段在前期小祭坛的基础上扩大而成，但坛体的中心应向北有所偏移，面积扩大，并有补筑、扩建等，与此同时，在坛体周边还形成同样用石块铺筑的平面，但它们不一定属于坛体的延展部分，或有其他功能如道路、扩大墓地附近的使用范围，也未可知。①层坛体、下凹的祭祀坑、堆起的积石圈，构成了凌家滩祭坛最主要的使用部分。

因为没有全面发掘，凌家滩的祭坛结构还不能充分了解。就"坛"而言，郑玄在注《公羊传·庄公十三年》"庄公升坛，曹子手剑而从之"时说："土基三尺、土阶三等曰坛"；段玉裁在《说文解字注》中有一个更详细的注解："师古曰：筑土为坛，除地为场。按墠即场也，为场而后坛之，坛之前又必除地为场……场有不坛者，坛则无不场也。"以这些晚期的文字阐释为基础推测，祭坛③层很可能便是除地为场、筑土为坛的开始，其上用石子、石块铺筑，只是远古时期对坛体需求的另一种形式，但其本义仍是"积土成台"，是用土、石等材料建成的一种用于祭祀或朝会、盟誓等重要活动的场所。

二、墓地使用

大型墓地的出现与发展，与祭坛的使用密切相关，反过来说，对祭坛的重视与使用，是凌家滩大型墓地出现的重要基础。有了这些认识，才可能从历时性角度对于祭坛的分布、功能作出较好的解释。

迄今在凌家滩墓地共发现了70座新石器时代墓葬，年代相近，都与祭坛相伴甚至打破了祭坛。在1998年祭坛确认之前，凌家滩大墓和大批玉石器的随葬曾让人不得其解，而祭坛发现之后，其中的缘由得以释然。

墓地的各墓坑面积平均达到2.7平方米，最大的07M23为6.3平方米，一般在2平方米左右，部分墓葬不足1平方米是因为存在打破关系难以准确核算。各墓随葬品数量按发掘出土的计算为1～340件不等（不考虑残墓被破坏情况），50件左右是一个分界[12]（图一六一）。各墓随葬玉器差距更大，有18座墓没有玉器，其他随葬玉器1～210多件不等（图一六二）。随葬石器总数为500余件，最多者为95件，但仍有22座墓没有随葬任何石器（图一六三）。

综合墓葬位置、随葬品数量和种类等各方面情况，以祭坛为核心可以将墓葬划

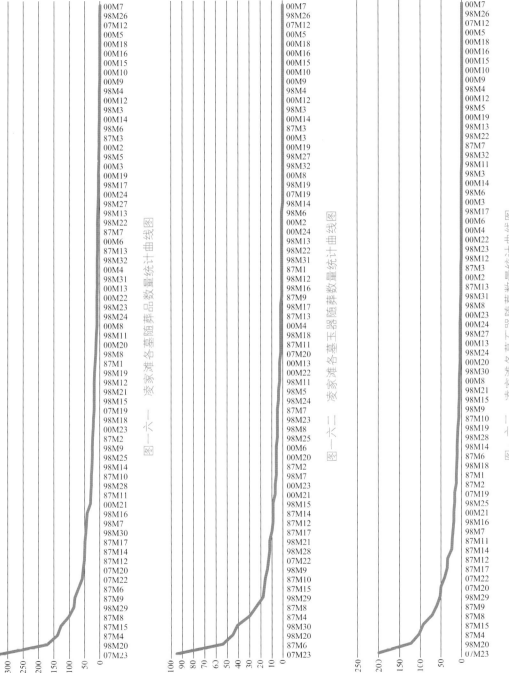

图一六一　凌家滩各墓随葬品数量统计曲线图

图一六二　凌家滩各墓随葬玉器数量统计曲线图

图一六三　凌家滩各墓随葬石器数量统计曲线图

分为以下几个墓区[13]（图一六四）：

一是南区。位于祭坛南端，有两排大墓。墓坑大多数都较大，以随葬较多玉石器为特点，特别是数量很少、形态特异的玉人、龙、鹰、龟、版等玉器，基本上都出自这两排大墓，包括最南排的98M29、87M2、87M4、87M1、07M22、98M16、98M7，

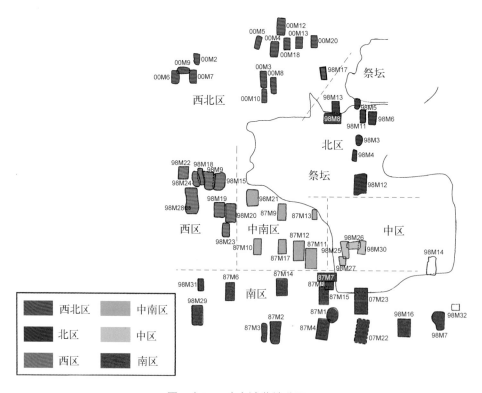

图一六四　凌家滩墓地分区

略偏北一排的 87M6、87M14、87M15、87M8、07M23。但最南一排的 87M3 紧邻
87M2，墓坑窄长仅随葬 2 件玉璜和 1 件陶罐，偏北一排的 98M31 墓较小，仅随葬玉
璜 2 件、石钺 1 件和陶豆盘 3 件及残鼎足 2 件、器盖 1 件，87M7 若分解后[14]也仅可
能是一个小墓，以上三座墓与其他墓葬的等级明显不合，是否存在其他因素尚未可知。

南端两排的墓葬分布各有明显间距，一般间隔 3～5 米，个别间距略大，其中
西南角的 3 座墓、东端的 98M7 在祭坛之外，其他应该均在祭坛之上打破了祭坛①
层。98M16 被多座近现代墓破坏严重，但仍可知打破了祭坛②层，属年代稍早的
墓葬。而 87M6、98M29、98M31 三墓因为偏于一角，也曾被学者们划为西南区，
它们与同排东侧的墓葬间距较大，从与祭坛关系来看都在祭坛之外，虽然不能完全
排除此处的祭坛被后期破坏的可能，但地层中不见残留石块，且其分布与西区的多
座墓葬一样，均较整齐地位于祭坛①层的西侧之外，也应不是偶然了。因位于南端
两排范围内，前两墓随葬品较为丰富，98M31 虽葬品较少，墓坑较小，但也出偶
合式璜的一半，并难以归到其他墓区，本文仍按它们的横向位置暂列于南区之中。

二是中南区。位于祭坛西南侧靠近祭坛中心的位置，各墓都在推定的祭坛范围
内，应打破了祭坛。多数墓葬出土玉石器数量也较多，是随葬宽体齿纹璜、出廓璜
较密集的区域，小玉饰较多，但缺乏形态特异的重器。也大略可分南北两排，包括
偏北的 98M21、87M9、87M13，偏南的 87M10、87M17、87M11 和 87M12，其中
98M21 虽靠近西区，但在祭坛①层范围内，归入本区较为合适。每排各墓的间距
同样为 3～5 米，只是因 87M12 插入而改变了整体布局。

三是西区。位于祭坛西侧外，没有打破祭坛，以随葬较多的玉芯、边角料、石
器半成品和制作工具为特点，也是随葬宽体齿纹璜等较多的区域。包括 98M22、
98M24、98M18、98M9、98M15 和 98M28、98M19、98M20，以及偏南的 98M23。
这组墓葬均在祭坛之外又距离较近，虽也可大略分为两排，但各墓间距很小甚至紧
密相贴，呈现出聚群分布的特点，与前述两区明显不同。

四是北区。位于祭坛北部，各墓都打破了祭坛①层。无论是随葬品总数还是玉
石器数量都很少，大多数玉器 3 件以下、石器 5 件以下，而陶器数量有多达 10 余

件者。墓葬分布也没有明显规律，只在祭坛北部分布较密集，包括98M8、98M13、98M5、98M11、98M6，而98M3、98M4、98M12则大体呈南北一线纵向零散分布。

五是中区。位于祭坛的中部最高点，随葬品多寡不一，但随葬玉器和石器数量却明显较北区墓葬为多，特别是98M30随葬了39件石锛、凿，超过了07M23的28件，大体呈左右对称密集摆放，与07M23棺底纵向所铺不同却十分神似。本区墓葬数量不多但呈密集分布，相互间还有打破关系[15]，并且都打破了祭坛①层。

六是西北区。位于祭坛西北角但无打破关系，可分小群，各自聚群分布。随葬品数量都较少，玉器更少。包括2000年发掘的聚成一小组的00M10、00M3、00M8，成排分布的00M5、00M4、00M18、00M13、00M20和北侧的00M12，还有相对独立的一组00M2、00M6、00M7、98M17也可归入此区。各墓间的间距较小，一般在0.5～1米，个别间距大于1米。总体上本区的墓葬等级较低，但比北区墓葬要高，其中00M13随葬少量砺石、玉芯，00M20随葬3件边角料和数件石块，应与工匠身份有关。

在南区东部，98M14和98M32较特别，前者较为独立；后者因发掘时仅将出露部分清理，未扩方，形制和随葬品数量都不清楚，本文暂未将它们归入已划分的墓区中。

以上是以祭坛为核心的墓区划分情况。在祭坛西北方向40米以外的区域，还发现了11座墓葬，但应是另一片独立的墓区，与祭坛恐无太多关联。

由于凌家滩墓地材料缺乏有效的地层关系，虽有多位学者尝试进行分期研究[16]，但一直没有合适的分期结果，所以上述分区并不能排除因时间早晚的原因而造成某些异常现象或者巧合，但从总体上看，墓地布局具有以下几个特点：

一是墓葬以祭坛为核心，祭坛为墓葬提供祭祀、崇拜等方面的支撑，两者共同构成一个将崇拜、丧葬、祭祀合为一体的综合场所，也就是构建出一个相对独立于生活区、可以与另一个平行世界进行沟通的特殊场所。内壕沟将主要生活区和此处最重要的墓葬区隔离开来，但又保留了一处通道可以沟通，正是当时凌家滩人群对两个世界认识的真实反映。

二是墓葬主要围绕祭坛，但基本上在祭坛南、西、北三面，甚至顶部都有墓葬，特别是向西的扩展是主要方向，东面却极少分布，说明祭坛和墓地在规划时便已具有不同的功能分区，或者说东面具有不可使用的特殊性。这种特殊性的一个重要原因是东面地形不平坦，呈明显的坡状，另外是否与人群可能的某种祭祀行为如燎祭在东南方位有关，也是值得关注的。

三是祭坛西、西南、西北侧部分墓葬没有与坛体接触，应是属于坛体之外的墓葬，但其他大多数墓葬都或多或少地打破了祭坛——无论是打破祭坛①层还是②层。以往有人认为打破祭坛的行为应是对神圣领地的破坏，所以常将埋墓视为祭坛废弃或遭某种变故之后的行为，这种解释自有其合理之处，但是否一定是在祭坛废弃之后才可以埋墓，是需要重新考虑的。如果将祭坛视为可以与神或上天沟通的渠道，靠近或打破祭坛是与这个神圣场所能够搭上关系的行为，则本身并非对神圣的不敬，而是某种特权了。在处于发展和繁荣阶段的社会中，这种行为恐非随意可为，需要社会的认同或一定的规则，如血缘或亲缘关系，以及墓主人在当时已有的社会分工中的地位、在宗教和信仰体系中的作用、在社会权力体系中的权重等。但如果社会处于转型或没落阶段，社会规则遭到破坏或不再被遵守，如春秋时期出现的"礼崩乐坏"，则另当别论了。从这个角度出发，应当可以更好地理解与祭坛相关的墓葬位置问题，而不是简单地认为一定是祭坛废弃后的行为，否则也难以理解最重要的大墓都打破祭坛的现象，中区、北区的一些低等级墓葬打破祭坛，也就可以理解了。

四是南区、中南区的大多数墓葬在整个墓地中较为重要。凌家滩玉器中的全部礼仪重器或特异形器基本上出自这两个区域，布局上也较遵守规则，每排中的墓葬除个别异常情况外一般都保持3～5米间距。但其他区域墓葬布局一般间距较小或呈密集状布局，散布者也无规律，明显不如南区和中南区，或也体现出规制的差异。

如果从随葬品中玉器的质量和数量看，87M4、87M8、87M9、87M15、98M16、07M22、07M23和偏西南角的98M29，无疑是整个墓地最重要的几座墓葬，98M16无论是从位置还是随葬玉器来看也较重要，但因被3座近现代坟破坏严重，所剩只是残缺部分。98M20 也十分重要，玉器数量达到 123 件，含 6 件玉钺和 4 件玉璜，但其中有 111 件是玉芯、边角料等，另有 16 件石钺和 24 件石锛（及半成品），从随葬品的特殊性看无法与前几座墓葬相比。这些重要墓葬中，随葬玉器数量最多也最显眼的，当属 07M22、07M23、87M4、87M15，它们正处在祭坛最南端的中间位置，在以祭坛为核心的整个墓地布局中，也处在中轴位置。若要理解凌家滩墓地，这四座墓是讨论的关键。

三、坛与墓

祭坛在中国东部的出现时间较早，距今 6000 多年前东北地区敖汉赵宝沟遗址中便有圆角方形、面积达 300 多平方米、残高 1.3 米的石砌平台[17]，是可以确认的具有"坛"性质的祭祀场所。长江中游澧县城头山遗址大溪文化一期也有 2 处祭台，祭台 1 为不规则椭圆形、面积超过 200 平方米、最厚约 0.8 米的土筑祭台，台上还有坑底铺有卵石的浅坑和多处祭祀坑、墓葬；祭台 3 未全部揭露，中心部分用十分纯净的灰黄色黏土堆筑，上部边缘有一圈红烧土围绕；另有一处略晚的大溪文化二期祭台 2，是用红烧土块垒成一圈宽约 30 厘米，直径 350 厘米，面积仅约 10 平方米的圆圈，报告中认为也属祭台类[18]。在上海崧泽遗址的马家浜文化晚期堆积中，也发现一处人工堆筑的长方形、最厚约 40 厘米的土台，周边有墓葬分布[19]（图一六五）。

在距今 5 000 多年前，墓葬与祭坛相伴在红山文化、良渚文化和凌家滩文化中都是较盛行的方式。

红山文化以与墓葬相关的"积石冢"为特点，都位于当地较高的山岗之上。在牛河梁遗址近 50 平方千米范围内就发现了 44 个地点有积石冢。这些积石冢结构较完整的"多由中心大墓、冢台、内界墙、中界墙和外界墙组成……冢台、内界墙、中界墙皆为与中心大墓密切相关的建筑"[20]。最早的发掘者曾对积石冢有明确定义："以石垒墙、以石筑墓、以石封顶"[21]，但在实际运用中并未将三个要素的同时具备作为积石冢的命名准则，而是将"积石"作为最重要的特征。

按照郭明的研究，牛河梁的积石冢可分三类：以筒形器为边界的圆形积石冢、

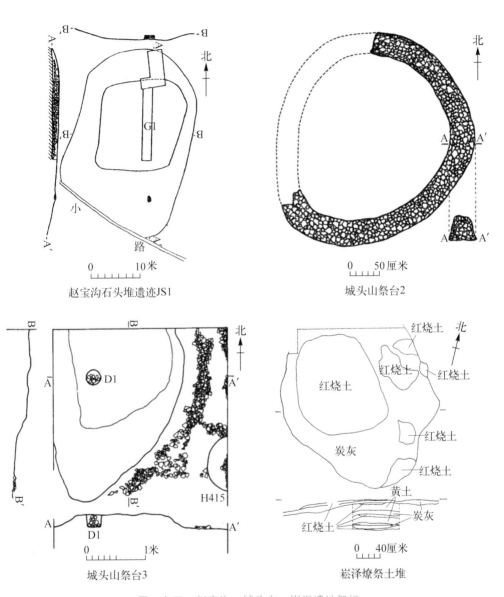

赵宝沟石头堆遗迹JS1

城头山祭台2

城头山祭台3

崧泽燎祭土堆

图一六五　赵宝沟、城头山、崧泽遗址祭坛

以砌石为边界的圆形积石冢和方形积石冢[22]，在牛河梁第四期（最晚期）时，既存在作为墓地使用的方形积石冢，也有不作为墓地使用的方形和圆形积石冢，后者可能作为与祭祀等礼仪行为有关的"祭坛"使用，其中方形祭坛规模较小，可能与特定地点的多组人员的集体行为有关；而圆形祭坛规模较大，建材特殊，可能与牛河梁多个地点人群的祭祀活动有关，也就是不同祭坛服务的人群规模不同。第四期作为墓地使用的积石冢，核心区域位于墓地或其他墓葬的北侧，积石冢内埋葬的规格低于中心大墓的墓葬，都位于冢台的南侧[23]（图一六六）。

上述结论对于认识凌家滩祭坛与墓葬具有重要意义。从红山文化的发现来看，积石冢主要是为墓葬埋葬而出现的，最晚期出现了相对独立的祭坛。需要注意的是，即便早期的积石冢不属于祭坛，但与大墓相伴是重要特征，也当具有祭祀或礼仪方面的功能，足以证明两者之间的重要关系。红山文化祭坛或积石冢都是以石块铺筑为特点，在牛河梁[24]、东山嘴[25]、半拉子山[26]等遗址的发掘，都证明了以石块铺筑并伴以大墓是常见现象，但在冢中间还常见有中心大墓则是其他文化所不见。

大致与红山文化晚期同时的崧泽文化晚期，个别遗址中出现了与红山文化不

图一六六　牛河梁遗址积石冢与祭坛（镜向北）

同的土筑祭坛。如年代与凌家滩墓地相近的嘉兴南河浜遗址晚期一段，出现了1座土筑覆斗形祭坛，近正方形，面积达160余平方米，高约1米，并向东、南两次扩筑，其上被墓葬和灰坑打破，东、北两面各有一条灰沟环绕[27]。发掘报告推测除了祭祀功能外，还可能是一些重要工作的场所（如治玉）。而略晚的无锡邱承墩崧泽文化末期至良渚文化初期的2处祭坛，底部都近方形，面积分别有125、144平方米，高1.1米和1.5米，方向都在190多度也即南偏西一点，但两处祭坛没有墓葬相伴，到良渚文化晚期这里成为高台墓地，但却没有发现相伴的祭坛类遗迹[28]。同样是最早形成于崧泽文化末期到良渚文化之初的昆山赵陵山遗址，也发现了土筑祭坛，但未出现坛墓同时相伴现象。发掘报告通过对赵陵山遗址堆积的细致分析，可以较好地理解祭坛与墓葬关系的变化：

赵陵山遗址形成的第一阶段，在底部垫土层上整体堆筑了厚达3米的五花土层，成为台状结构，并在东部堆筑了1座祭坛。第二阶段在祭坛外部用颜色差别显著的土质覆盖。第三阶段则对整个土台进行了大规模覆土、增高，并伴随着墓葬的埋入，这一覆土过程可能将祭坛全部覆盖直至废弃，但在祭坛南部挖掘圆形、方形坑的现象依然存在，可能是祭祀功能的延续。墓葬的埋入是从祭坛的南、西面开始，并向西快速扩充，但没有打破祭坛南面的红烧土堆积层，在第二次大规模覆土后，才在紧靠祭坛南坡附近出现了高等级大墓（M77），而墓葬的分布大部分位于祭坛的西面、南面，呈曲尺形。堆筑分析表明，早期的遗址土台、祭坛与墓葬间的关系并不是想象的那样紧密，在大规模覆土后，土台和祭坛才转向了另一重要功能——墓地的标识物，可以称为"趋坛而葬"，但与坛墓相伴是性质不同的两种形式[29]。

因此，崧泽文化晚期墓葬与祭坛相伴的现象少见，特别是崧泽末期不见，而且也未显现出墓葬之间强烈的差异，随葬玉器很少，以随葬玉器大墓闻名的张家港东山村遗址，尚未在大墓附近发现祭坛。

不过较为特殊的是，在良渚文化早期形成的核心区——良渚一带，却有明显不同的表现形式。作为良渚文化最早期遗址之一的瑶山遗址[30]，是以祭坛、大墓为特点，充分展现了良渚早期显贵墓葬的埋葬与祭祀方式。瑶山是一座海拔约35

米、相对独立的自然山丘，相对于周边平地高差 20 余米。发掘确认了山顶原本是东高西低的斜坡状，为将山顶修筑平整，在山的南坡、西坡、北坡分级修砌石坎用以挡土，而将山顶平整时的土都堆筑到西面和南面，从而形成从山顶到山脚每级相差 2 米左右的 3、4 级结构[31]。祭坛底的基岩为风化砂岩，表面十分平整，可能经过了人工修整，在砂岩之上的祭坛核心部分呈长方形，有里外三层，最里层为红色土，南北长约 7.6～7.7 米，东西宽约 5.9～6.2 米；中间一圈为灰色土，围绕中间红色土呈"回"字形；外框南北长约 11、东西宽约 10 米，剖面宽度 1.7～2.1、深 0.65～0.85 米，填土纯净无任何遗物；最外层南、西、北三面为黄褐色土筑成的土台，台面上散见较多大小不一的砾石，推测土台原来可能有砾石台面，但东面边界不清。在祭坛的西北角有高约 0.9 米的石块护坡。整个祭坛主体部分的外围边长约 24 米，宽约 18 米，总面积约 430 多平方米[32]。在祭坛的偏南位置，有 13 座墓葬均随葬大量玉石器，主要分布在祭坛南、西两面，可分南、北两排，如果将东南角的 M8 归入到南排，则东面仅有 1 座（M6）。这些墓葬都属于良渚文化早期，与祭坛的年代相近，以南、西为墓葬分布区、东面少墓的布局形式，及大墓打破坛体的特点，都与凌家滩祭坛墓地十分相似。

汇观山也是一座独立的小山丘，海拔 22 米，相对周边平地高差约 17 米。祭坛也是在山顶利用自然山体修筑而成。整个祭坛的平面为长方形，立面呈覆斗式，底部范围东西长约 45、南北宽约 33 米；顶部东西长约 35、南北宽约 27.5 米，最大面积近 1 500 平方米。东、西两侧各有 2 条南北向小沟，西侧还有 2 道台阶。在祭坛顶部偏西，以挖沟后再填灰色土的方式，形成了一个南北长约 13.5、东西宽约 12 米的"回"字形灰土框，沟口宽 2.2～2.5 米，深 0.1～0.6 米。灰土框内为祭坛的中心，呈长方形，南北长 9.5～9.8 米、东西宽 7～7.7 米。北部距灰土框 8 米处有一段长约 10 米的东西向石坎，两者之间以石块和沙土填成平坦的面；而南部距灰土框约 8 米处则是一道陡坡，从而明确了祭坛的边界[33]。同样在祭坛南、西部，分布有 4 座墓葬，随葬玉器虽不如瑶山各墓，但也各有数十件，其中 M4 还随葬 48 件石钺，较为特殊。汇观山的祭坛年代应属良渚文化早中期或中期前段，而墓葬年代应在中期偏晚[34]，两者之间有明显的年代差距，与赵陵山祭坛与墓葬反映的"趋坛而葬"情况较为类似（图一六七）。

对于上述 2 座祭坛，也有学者认为与天文观测有关[35]。在良渚文化分布区内，还有海宁达泽庙[36]和荷叶地[37]、大坟墩[38]、余杭安溪卢村[39]等多处遗址也曾

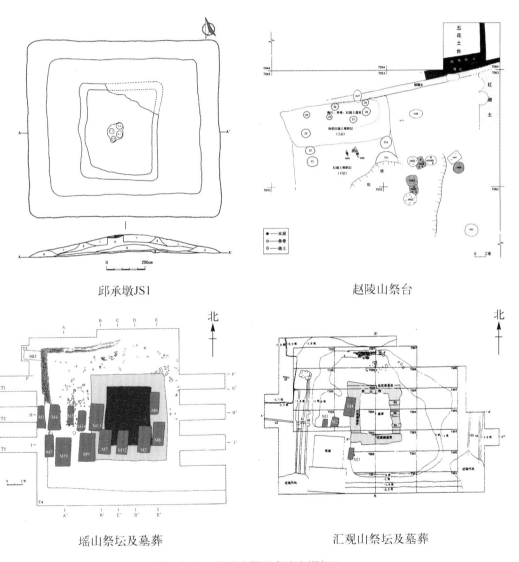

邱承墩JS1

赵陵山祭台

瑶山祭坛及墓葬

汇观山祭坛及墓葬

图一六七　崧泽末期到良渚中期祭坛

发现过土筑高台，发掘者推测也可能是土筑祭坛。卢村没有发现墓葬。达泽庙祭坛呈圜丘状，直径约 16、高 1.2 米，底面积达到 200 平方米，略晚于祭坛的最早一批墓葬 M9、M10，据发表的剖面图推测都是在祭坛顶部打破了祭坛而不是在祭坛边缘；二期的 M11 则在祭坛之外，这些都与上述瑶山、汇观山情形不符，或许是社会等级不同造成的差异。也有学者在分析了嘉兴地区这类遗存后提出这些遗迹并非祭坛，而是"可以比较有把握地认为这类土台实为房屋建筑的台基"[40]。

从上述材料与前文所述的凌家滩祭坛与墓葬材料可以看出，各地的祭坛大多数都是依托大小不同的山顶而建，在平原区也是通过堆筑略高的土台作为祭坛，反映出祭坛作为神圣之地对于高度的需求。

年代稍早的祭坛，以圆或近圆形为主，到较晚时期则以方形为主。对于坛体材料的选择，南、北有所差别，东北以石筑为特点，而长江中下游以土筑为特点，就这一点而言，对于探讨红山、凌家滩与良渚之间的关系，尤为重要，如果认可红山晚期、凌家滩、崧泽晚期年代相近的话，可以看出石块铺筑的祭坛具有较明显的承袭关系，即凌家滩仍较好地沿袭了东北以红山文化为代表的石筑祭坛传统，而崧泽晚期和末期则以南方的土筑祭坛为特点，如此，便出现一个悖论——虽然瑶山祭坛核心部分的红、灰、黄三重结构显示出以土为材料的倾向，但外层台面上散见较多大小不一的砾石似还保留了石筑的一些特点。汇观山祭坛北部以石块和沙土填成平坦的面同样如此，两处祭坛不太符合马家浜晚期以来在太湖平原区所见的纯土筑形式的本地传统，或也反映出良渚——瓶窑一带的良渚早期文化接受了并非本地的文化因素。

坛墓相伴，也是红山、凌家滩两支文化共同的特征，在较早阶段的城头山遗址大溪文化一期祭坛、崧泽遗址马家浜晚期祭坛也有所见。只是红山文化积石冢的中心大墓与凌家滩祭坛主要在南、西面埋葬墓葬的情形大不相同，凌家滩在坛顶埋墓或是文化吸收的影子而已，但都显现出墓葬接近祭坛的重要性。凌家滩总体偏向于祭坛南、西位置埋墓的习俗，却成为太湖和钱塘江流域良渚早期祭坛与墓葬的典型布局方式，但这种方式在崧泽晚期并不是太湖流域的固有方式。前文已知崧泽晚期到良渚初期的祭坛，实际上是坛、墓分离的，只在稍后时期才出现坛、墓在位置上的接近现象。因此良渚文化的坛、墓相伴以及偏向于南、西侧埋葬现象，应是受到凌家滩的影响。

从坛、墓相伴到坛、墓分离，在红山晚期便已出现，在崧泽末期到良渚文化早期也是如此，因此良渚文化核心区的早期瑶山祭坛保留的坛墓相伴形式，十分特殊，并不是晚一阶段墓葬在不知祭坛位置的情况下无意打破，而应与凌家滩一样是作为希望接近祭坛的一种行为方式，值得充分重视。从坛、墓位置的发展趋势分析，至少在长江下游崧泽末期开始的祭坛基本不再具有聚集墓葬的功能，但保留了与祭祀、宗教相关的功能，成为相对独立的祭祀和开展宗教活动的场所，瑶山祭坛应是作为凌家滩祭坛的沿续特例，可能是与崧泽文化末期本土祭坛的结合体。坛、墓相伴并未长久，汇观山良渚早中期祭坛便是这一发展趋势的体现。以土堆筑而成的独立"坟山"，开始成为显贵墓葬的主要埋葬场所，当然在原有祭坛附近埋墓，也成为一种常态，但并不是坛墓相伴的结果，而只是如赵陵山那样的另一种"趋坛而葬"，这是祭坛与墓葬关系的一个重要变化。

第二节　葬　　仪

葬仪是一个很宽泛的概念，与丧葬习俗的含意相近，但更加有序、规范，成为一个社会相对普遍遵守的习俗，包括从人的死亡之后开始，一直到被埋葬结束，围绕死者而采取的一系列尸体处理、葬品选择、墓葬形制与方向、葬具和棺椁制度、埋葬方式、墓地规划、墓葬标识与建筑、礼仪规则等形式，甚至包括殉葬、随葬猪和狗等特殊习俗。由于考古学研究对象的特殊性，史前社会的葬仪只能在墓地、墓葬及附近场所能有所观察，而这还在很大程度上有赖于田野考古工作的细致与发掘者的学术功底，非实物性的礼仪规则是难以从田野考古中获知的。相对于一般生活遗迹而言，"墓葬还是会保留下来相对来说在考古遗存中最为常见的原初'情景'，从器物的功能、器物组合的意义、器物在仪式上的含义以及墓葬与墓葬、墓葬与墓地、墓地与墓地之间的关系等多个层次上给考古学带来研究的契机"[41]，因此通过墓葬探讨当时的葬仪，具有一定的可行性。不过当考古研究进入葬仪分析阶段时，已跳出了器物研究的框架，需要发现并构建出不同葬品、葬具、葬式等相关迹象之间的关系，才能有效地开展相关研究，研究结论也因此增大了存在错误的风险。

凌家滩葬仪目前有材料可以探讨的有葬具、葬品分布特点、葬品摆放方式几方面，特别是玉器的佩带方式可大体反映墓主活着的时候的佩带方式。

一、葬品摆放

由于墓地土壤的酸性原因及年代久远，凌家滩的墓葬都没有发现实物葬具，也没有发现较好的人骨，仅在个别墓中有十分零碎的牙和其他骨骼。有关葬仪诸多信息的识别缘于07M23。2007年该墓是在发现墓坑后再发掘，不仅葬品数量约340件，而且坑底距地表有50多厘米，保留的坑深有30多厘米，得以较好地发现并识别出较多的凌家滩葬仪方面的信息，为探讨凌家滩墓葬的葬具、葬品分布特点提供了较好的材料。以07M23为基础，回看此前发掘的墓葬材料，也可获得新的认识。

07M23墓坑长达3.45～3.6、宽1.9～2.1米，方向为正南略偏西。在墓坑内底，有较明显的下凹面和边线，当属棺的痕迹，其长2.65、宽约0.8米。在此线以内的棺底，呈南北向纵向铺有28件石锛、凿，刃部均朝向北部，各器排列较整齐，间距较少，部分的间距甚至十分紧密，说明器物本身在下葬完成后没有明显的挪动。以下便以07M23为重点，讨论凌家滩的葬仪问题[42]。

（一）玉器

在07M23的棺内，发现了约210件玉器，大多数是墓主身上所配戴的饰品，但也有一部分为棺内壁的饰品，特别是墓主脚端的棺北端内壁位置，发现了一组以1件较大的玉瑗为中心，两侧大致对称、共用40余件大小环镯和个别玉玦相套组成的成套玉器，出土时还基本呈直立或斜立状态，可以确认为棺内壁的悬挂饰品，其北侧更贴近棺壁位置还有1件较大孔石钺几乎呈90°直立（图一六八）。这组棺内悬挂饰品，同样也见于07M23南端，虽然南端玉器出土时已向北倾倒并平铺于

顶视

正视（从棺内向外）

背视（钺紧靠棺壁竖立）

发掘现场（俯视，镜向东）

图一六八　凌家滩 07M23 棺北端成组悬挂玉器

棺内，但其以玉瑗为中心、两侧分布环形玉器的结构，与北端完全一样，原本也应是悬挂的一组玉饰，在头端棺板向内倾时整组玉饰发生了较大位移。而如前多次所述的 87M7 西侧玉器应属 87M8 一部分的判断无误的话（图一六九），也是在棺的南、北两端各有一组环形玉器；另在 87M11 南端、87M12 南北两端也都有类似现象（图一七〇），从而证明在凌家滩大墓中，棺内壁墓主头脚的一端或两端悬挂成组玉饰是一种重要的葬仪。

凌家滩墓葬中的玉器，基本上都在棺内，也是葬仪中比较突出的特点。除了上述棺饰玉器外，其他与墓主人直接相关的身体上的配饰，主要集中在胸部及以上，另一部分则是玉质的斧钺、龟或其他特殊礼器。极少数的玉玦等是在棺之外，这些小玉器应不属于墓主的随葬品，更可能是参加葬礼人员随身携带并扔到墓圹中的助葬品。玉斧钺在凌家滩发现的数量并不多，历年残或完整器相加总共只有 40 余件，主要出在墓地的中南区和西区，而南面两排重要墓葬中仅 87M4 便随葬 8 件、98M23 随葬 12 件。玉钺一般都置于棺内，压在墓主身上或垫于两侧，在 07M23 墓主人的脸部置放一件绿色玉钺，也是凌家滩较独特的，可以认为这是中国最早的"玉覆面"。

07M23 在大腿位置发现的一组 3 件龟和龟形器，应当是用绳子挂在腰部悬垂下

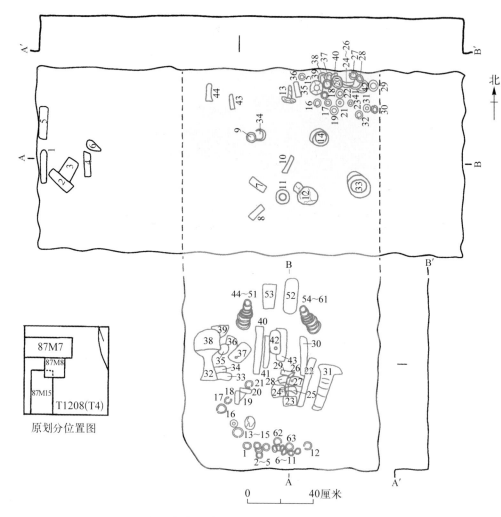

图一六九　凌家滩 87M8 调整后器物分布

来的，代表了墓主极不寻常的身份，但仅此一例，只能是一种特殊葬仪。

（二）石器

石器在墓内的分布有两片区域：一是在棺内铺底或置于两侧，或压在墓主身上，排列都较有序；二是在棺外。铺于棺底的锛、凿在第三次发掘的打破祭坛的

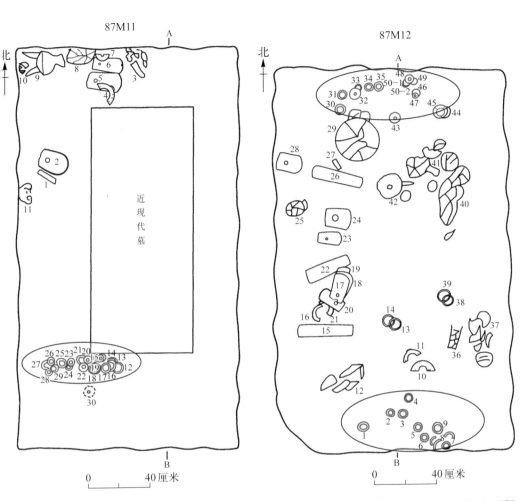

图- 七〇　凌家滩 87M11、87M12 器物分布图

1. 石锛　2. 石钺　3、9. 陶鬶
4、7. 玉璜　5、6. 玉钺　8、11. 陶器
10、12、13、16～19、22、23、27、29. 玉镯
14、15、20、21、24～26、28. 玉环　30. 陶纺轮

1、2、5～9、30、31、33～35、45、47、50-1. 玉环
3、4、32、43、44、46、48、49、50-2. 玉璧
10、11、16、21. 玉璜　12、40. 杯形陶器
13、14、38、39. 玉镯　15、22、26、27. 石锛
17、19、23、24、28. 石钺　18、20. 玉钺　25. 陶罐
29. 单耳陶杯　36. 陶鼎　37. 钵形陶器
41. 陶壶　42. 陶鬶

233

98M30 中就已发现，但直到 07M23 发掘后才引起重视。两者均密集铺于棺底，但前者锛、凿的刃部相向朝内，而 07M23 则与棺的长轴一样，是统一刃部朝北（脚端方向）。在墓地西区以工匠为主体的墓区中，98M20 除随葬大量玉芯、边角料外，还在棺内西侧横向铺了 4 块体量较大、未磨制成形的石锛半成品。这三墓的规模、墓主身份都有明显不同，因此棺底铺锛（凿）不只是个别墓葬的特殊葬俗，也应是凌家滩的主要葬仪之一。

在棺内、外还经常出现大量的石钺，但棺内与棺外的摆放方式大有不同。在 07M23 中表现尤为明显，根据形制大小、质地、出土情景等大致可以划分为：棺内形制较大的铺底石钺、棺内形制较小的压身石钺、棺外随葬石钺三类。棺内的较大石钺在中间有一排自背部到脚部成纵向排列，较为规律，背部还在中间一排两侧各平铺 2 件，刃口方向与中间一排相同，根据与墓主所佩玉璜的叠压关系，应是处于墓主的身体之下平铺在墓底，整体平整，未发生较大位移。另有数件在棺内两侧，绝大部分刃口向东、西两侧也就是刃口朝棺外，依据与墓主手臂所戴玉环镯的叠压关系，可以确定是放置在墓主身体之上。而棺外的石钺一般较棺内部石钺小，成组叠压堆放，有别于棺内的平铺形式，可能是参加葬礼人员的助葬用品（图一七一）。

其他各墓随葬石钺较多的，也具有相近的排列形式，总体上看多数置于墓主两侧，应属贴近棺壁平放或斜立。在棺顶板上或墓主的身上（也可能身下）摆放一件较大的石钺，也是一种较为固定的习俗，如 87M4 在墓口部发现一件平铺的长 34 厘米、重达 4250 克的大石钺；87M15 一件长达 36.4 厘米的大石钺刃朝脚端但竖立于墓内，不排除是原先置于棺顶板后期塌落到棺内的可能。但因原始材料的不足，这些现象难以判定是置于身上、身下还是棺顶板上了。

从凌家滩墓葬中石器分布的情况分析，对称分布、成组摆放应具有较明显的葬仪特点，对器物的位置、形制大小都有所讲究，如 87M15、07M23 墓主的腰胯部位同时出土两件形制相近、左右对称摆放的石钺，87M6、98M20、07M23 等多个墓葬中都有在墓主两侧成排分布及成组分布的玉石器（图一七二）。

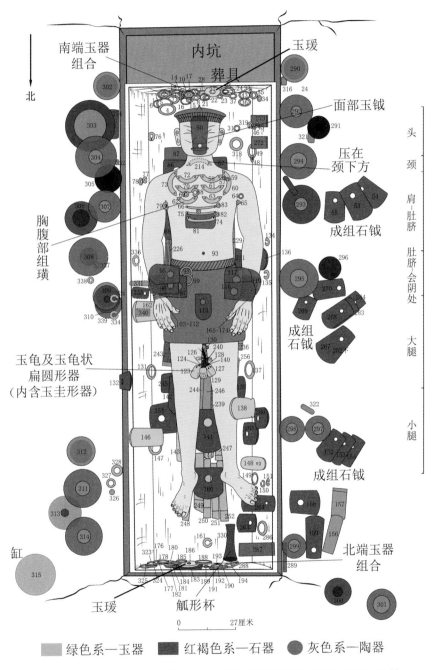

北

南端玉器
组合

内坑
葬具

玉瑗

面部玉钺

压在
颈下方

成组石钺

头
颈
肩—肚脐
肚脐—会阴处
大腿
小腿

胸腹
部组
璜

玉龟及玉龟状
扁圆形器
(内含玉圭形器)

成组
石钺

成组石钺

缸

玉瑗

舥形杯

北端玉器
组合

0   27厘米

绿色系—玉器   红褐色系—石器   灰色系—陶器

图一七一　凌家滩 07M23 葬品分布与葬仪复原示意图（据甘创业文改绘）

235

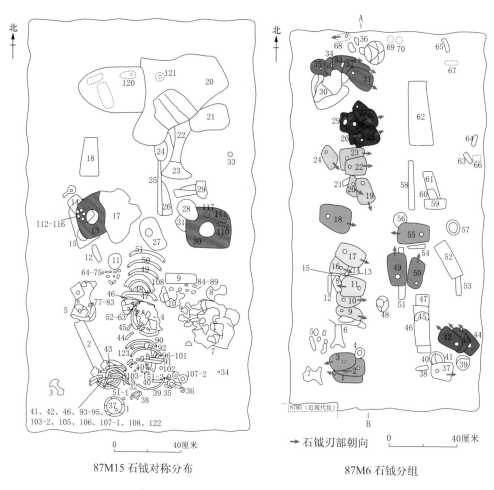

北

北

A

87M15 石钺对称分布

87M6 石钺分组

→ 石钺刃部朝向

0   40厘米

0   40厘米

图一七二　凌家滩石钺对称分布与成组摆放

（引自甘创业文）

（三）陶器

从几座埋葬情景较清晰的墓葬来看，陶器的位置应该都是或者绝大多数是放置在棺外，包括棺的两侧、脚端、棺顶板上，以放在北端（应属脚端）较为多见，但也可能有置于棺内的情况[43]。

在具体陶器组合上，凌家滩墓葬也十分注意搭配。豆、壶、罐是最常见的种类，而鼎和鼎足也常见。以壶、鬶、杯为主的饮器组合，虽不多见但却是凌家滩墓葬中较特别的现象——尤其是每类成对出现的饮器。有少量墓葬随葬陶缸，如87M9、87M15、07M12 和 07M23[44]，其中 07M12 是一座小墓，墓坑狭长，陶缸出土于墓坑中部但仅剩底部，是否属于随葬品还是偶然填于墓内已未可知；00M6内也有数片泥质红胎红皮陶缸残片，但与其他各墓的夹石英和砂质不同，惜不能复原，也无法确定是以缸为随葬品还是仅以残片葬入；其余均为大墓，陶缸都置于墓坑北端。从出土位置来看，大墓所出陶缸与太湖流域崧泽晚期的墓葬中盛行在墓葬一角附葬陶缸的情况相同，研究者众多，孙翰龙认为这是崧泽到良渚时期一种普遍的丧葬行为[45]，说明两地的丧葬礼仪有很大关联。

上述各种具体的现象，反映出凌家滩的丧葬礼仪中，已将玉、石、陶器的质地作为重要的划分内容。大多数玉器都紧贴在墓主身上或身边。因本身发生的位移很少或没有位移，可以肯定大多数以斧钺、锛凿为主的石器置于墓主的身上或铺垫于身下，但在墓主两侧较高稍远的位置，时有三五成组的石钺成摞地放置，并且呈现倾斜状，有倾斜滑动迹象，当是原置于棺板之上或棺外侧，棺板朽后向内侧倾斜所致。陶器基本上位于墓主外围，与墓主位置很少重叠，有重叠者大多数陶片较碎且分布较广，似从棺上部塌落所致。这些都反映出凌家滩葬仪中一个基本的葬具——棺的存在，墓主头、脚两端贴近棺内壁位置发现的成组环状玉饰，尤其是 07M23近乎垂直的出土情景，更加证实了棺的存在，甚至 07M23 中还很有可能在外围有椁，陶器主要是放置在棺、椁之间的空间内。"棺"也将墓主的随葬品分隔出了主次和重要性的不同，并将参加葬礼人员的助葬品也与墓主隔离开。

二、葬品使用

除了上述与墓内位置有关的葬品摆放外，整个丧葬仪式在微观上也可以通过几座典型墓葬得到了解，特别是与墓主直接相关的玉质饰品，比如环镯的配戴、玦的使用、璜与其他玉器的组合形式等，对于了解葬品使用方式十分重要。

环镯是凌家滩出土玉器最多的种类之一，但因为有大小的不同，它的使用方式也各有差异。除前文已述可配于棺两端的悬挂之物外，还有一些是作为墓主身上的玉器组配，但其最重要的功能是较为明确的——即较大的环镯直接成串戴在墓主手臂上，在07M23墓主人左、右上臂位置各戴有10件环镯；87M8也发现2组对称分布的环镯，每组8件，也应是墓主人手臂所戴。87M1的3件玉人手臂上各有6、5、5道凹槽，98M29的3件玉人手臂上各有8、7、6道凹槽，更是反映出手臂戴多件玉环镯是当时的重要习俗之一。这种习俗当非日常之习，在6件玉人上表现出的庄严面容和双臂弯曲、五指张开置于胸前的姿势，应是在通神、祈祷时的场景，意味着这些环镯应是宗教或礼仪活动中的重要道具，这种配戴习俗也成为墓主死后的葬仪。

玦的使用较为简单，从出土位置来看，大多数都位于墓主人头部附近的两旁，且统计数据显示，虽然各墓玉玦数量不等，多者如07M23有30余件，87M4有14件，而87M14只有3件，87M15只有1件，但绝大多数都是成双数出现，以2、4、6件为主，说明它们主要作为双耳同戴的耳饰。07M23那些随葬数量较大、在墓主胸部分布范围较广的玉玦，应有一部分不是作为耳饰，它们与棺两端的悬挂组配一样，可能是作为人体装饰礼器的组配之用；而在东、西两侧棺外发现的少量玉玦，更应是参加葬礼人群的助葬之物了。

凌家滩最重要的玉器之一——璜的使用较为复杂，但总体上多数是以组配的形式，以上、下成串为特点，作为胸前的组合饰品。杨晶曾对凌家滩玉璜的佩戴方式有较细致分析，认为与墓主人身体装饰有关的璜应有四种使用样式：一是以单璜作为项饰或胸饰；二是以双璜作为项胸饰；三是以三四件璜作为项胸饰，但98M30有2件顺向放置和1件逆向放置的；四是以五件以上的多璜作为胸腹饰，数座墓都各有1件逆向放置的璜，"逆向放置的玉璜本应是佩戴于死者颈后的，顺向放置的玉璜原本是佩戴于死都胸前的……如果这一认识无误的话，逆向与顺向相结合的玉璜应是凌家滩墓地最具特色的组佩方式"[46]（图一七三）。

凌家滩还有一种用玉龟的习俗，应是承自淮河流域更早期的传统。在淮河上游八九千年前的贾湖遗址，便已有了随葬真龟的习俗，不少龟甲内还见有小石子共存[47]。在两千多年以后的淮河中下游大汶口文化各期，都再次出现了随葬真龟

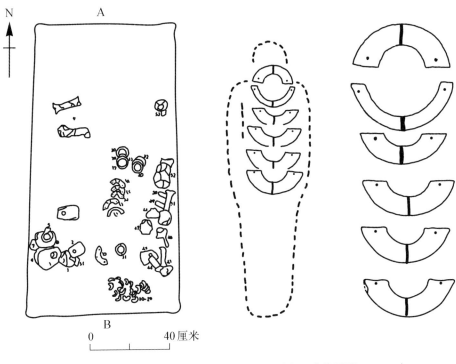

图一七三　凌家滩 87M17 顺向、逆向玉璜使用图

（引自杨晶文）

的习俗，与凌家滩年代相近、距今 5 000 多年的山东兖州王因、邹县野店、江苏邳县刘林、大墩子等遗址时有所见，而且出土位置也是在腰部附近。在大墩子 M44 墓主的左、右两侧，各置有 1 副真龟甲，龟甲内各有 6 根骨针和骨锥。除此之外的其他地区如河南淅川下王岗、江苏武进寺墩等多个遗址也偶有发现[48]。

凌家滩遗址所出为玉龟，包括具象和抽象两种。其中 87M4 为具象，基本上保留了龟的各种特征，较为形象；而 07M23 出土的一件仅因腹部四角有缺口，还可看出是龟，但同出的另 2 件已完全看不出龟的形象，只能称为龟形器，不过因为它们的斜口特征与红山文化斜口筒形器十分相似，郭大顺、黄翠梅据此认为红山文化筒形器的原形应是龟壳[49]。在 07M23 的 3 件玉龟（及龟形器）中，还发现了似圭形一端带小孔的长条形玉器，从现场状况分析，应是每件内都有

2件，是用线绳与龟或龟形器串在一起成套使用的；在87M4中也曾出土1件（87M4：36），位于玉龟东北方向十余厘米处，之前考古报告中因无法了解其用途而按形态命名为"簪"，在07M23发现之后可以确认应与墓中玉龟为一个组合。有学者称这类器物为玉签，也有认为是铃舌[50]，从各器均一端有小孔的特点分析，应是拴在玉龟内使用的，所以称"签"恐不合适，而称"铃舌"也不一定有多大响声，但较之"签"应更合适一点，真正的功能还需以后其他证据证明，但将玉龟、长条形器的组合看作玉龟套件则无问题。除了质地差异外，凌家滩的这套器物与大汶口文化的真龟甲和骨针骨锥的配置具有相同的性质，两者应有同源性（图一七四）。

凌家滩 87M4：35、29

贾湖 M363：13

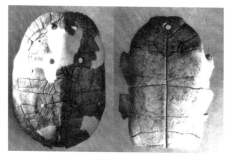

野店 M88：1

图一七四 凌家滩玉龟套件与贾湖、大汶口真龟套件比较

个别小玉饰如月牙形饰、手柄形饰（87M4：58）等，应与法器之类的配合使用，但发现的数量较少，缺乏规律，暂不清楚是否具有葬仪的性质。

除了玉器随葬外，墓地中还有十余座墓葬随葬了玉芯、边角料、玉石原料，主要是在南面两排和中南区、西区的墓葬中，个别墓葬还随葬了砺石和石钻等制作工具，应是反映了这一时期玉资源的稀缺性，对玉资源的掌控和使用是当时的重要内容，甚至与社会权力有关，因此这些虽然不能视为葬仪的固定形式，但也是一种特殊形式。

石器与陶器的使用与玉器不同，基本上都是单个使用，即使是配套使用者也大都是作为一项功能的不同环节，比如觚形杯、壶、鬶的配套等。

除前述与葬仪有关的内容外，其他还有较多与葬仪有关的现象，因材料、认知有限，暂不一一详述。但通过以上分析已可了解到，凌家滩的丧葬与葬仪已具有一定的规范性，只是还未达到此后太湖流域良渚文化那样严格、规范的程度，这也正体现了凌家滩所处的时代背景和创新、发展阶段的特色。

第七章

凌家滩文化

前面几章讨论了以凌家滩遗址为中心的裕溪河流域距今 5 800 ～ 5 300 年左右的聚落变迁过程，以及考古学文化意义上的生业发展状况，特别是玉石器的制作与丧葬礼仪等问题。这些材料显示出以凌家滩为中心的裕溪河流域，或者更宽泛地说巢湖以东、以南的一定区域内，具有一个文化面貌接近、变化发展步伐相对一致的文化共同体。它不仅与同时期的崧泽文化有较大相似性，更与同时期整个长江下游的多个文化具有很大的共性。早在 1977 年 10 月，苏秉琦先生便认为"以南京为中心，包括宁镇地区，连接皖南与皖北的江淮之间（如皖南屯溪、皖北的肥西）以及赣东北部一角。这一地区的原始文化有自己的特点"[1]，该区域即包括了以皖江（长江安徽段的简称）为轴的两岸。这个观点提出的核心是因为北阴阳营文化的存在，当时太湖—钱塘江地区的史前文化还未厘清，崧泽文化尚未正式提出。

随后因潜山薛家岗、含山凌家滩遗址的发掘，让更多研究者认识到皖江两岸与北阴阳营同时期的文化既有相似又有所不同，还曾出现过"北阴阳营—薛家岗文化"[2]或"北阴阳营—凌家滩文化"之类的复合称呼。就国内其他区域对考古学文化命名时出现的复合称呼而言，都是因为文化内涵的复杂性，即如何看待共性与个性问题，而研究者更多的是考虑到容易辨识的共性，如"磁山·裴李岗文化""查海·兴隆洼文化"等，但在材料增多、研究深入并在个性被充分识别和认可之后，一般都不再有复合称呼；也有少数个性不突出的情况，则逐渐会归入到某支文化中，原有的命名被淡忘。所以总体上来看，考古学文化概念上的复合式称呼，大多数都是一种过渡式名称，复合式称呼中两个名称的最终结果，或是分离为二，或是合而为一。

第一节　文　化　基　因

20 世纪 90 年代以来，随着大量考古新材料的发表，长江下游诸文化越来越显现出以崧泽文化为代表的、具有相当程度的共性特点，但也各有自身特点，因而有学者将其称为"崧泽文化圈"[3]。纵观这一时期的全国各地，也是文化大扩张、大融合的时代。晋陕豫地区的庙底沟文化、长江下游的崧泽文化，是在距今五千多年前对中华文明形成起到极重要作用的两支文化，它们对周边区域都有大范围的影响并形成了诸多文化因素的趋同现象，甚至被称为"庙底沟化""崧泽化"[4]过程。"化"是具有极强人文色彩的概念，表达的是渐进、融合的过程，与渗透、同化意义相近，而与文化人类学中的"涵化"在程度上有所不同，"涵化"是指"在两个先前独立存在的文化传统进入持续的接触，并且其接触程度已强烈到足以引起一个或两个文化产生广泛变迁的时候发生的。这种变迁与单个文化特质或从体的传播在性质上是不同的，涵化可能在相对较短的时间内，使一个或两个民族完全重新整合"[5]。

在考古学文化的研究中，因为"化"与"被化"导致的文化因素相似性，引起很多的文化归属问题争论，实质上仍然是共性与个性的认知问题。其本质是对某一文化的核心要素的辨识及其在该文化中的作用大小。考古学文化的划分，借鉴分子生物学的概念其实就是辨识不同的"文化基因"，这较之以往借用哲学上的主要、次要概念来判定考古学文化的属性，或许更便于掌握。从文化比较的角度而言，基因更具有特殊性，而不是普遍性，这是与以往强调以文化的普遍性作为考古学文化划分准则的不同之处；从文化传承的角度而言，基因具有显著的沿袭性；从文化变化的角度而言，基因也存在变异。

"文化基因"的出现有三种：一是基因承袭，即源于早先的文化之中；二是基因突变，即早期文化因素发生了较大变化，但还是有前期的基础，仍可以遗传下去并成为重要特征，否则不能成为基因；三是基因创新，包括基因重组，它没有或较少有早先的基因基础，这与技术发明一样，具有主动或被动干预的特点。没有自身独特"文化基因"的文化，只能归属于其他文化；而具有独特"文化基因"并且该"基因"仍然发挥了较重要作用的文化，即使被"化"（也就是共性）的程度较大，也可以区别于其他文化。但如果"基因"已被其他因素取代，而只具有"盲肠"的特点时，这种"基因"也就失去其辨识价值了。"文化基因"及其在某文化中的作用这两个关键因素，应是在讨论考古学文化时需要特别注意的问题。高蒙河在讨论"漩涡地带"的考古学文化属性判定时，认为"取决于文化自身的主次结构因素。如果内涵结构在主要方面与当地或周邻原有文化的面貌大相径庭，便可以给予新的命名。相反，则应当加以归类"[6]，实际上也就是要找到"文化基因"。但"基因"与"主要方面"还是有所区别。

目前国内考古学界的研究趋向已有所变化，聚落、生业、精神方面的探讨日益增多，对"考古学文化"命名及其内涵的研究已不再十分热衷，但就现有状况而言，在原本认为各区域的文化面貌、性质已大体完善的情况下，由于新材料的出现、新认识的深化，尤其是近 20 年来的中国考古学研究，伴随着大量科技的运用和新理论的引入而突飞猛进，发现原有的包括考古学文化在内的基础研究还存在大量问题，难以为新范式的研究提供扎实基础，导致对以往的考古学文化归类提出了新的思考，而不得不重新开展讨论，诸多考古学文化仍有讨论的必要，也是迈不过去的一步，将钱山漾文化、广富林文化从良渚文化晚期剥离出来便是典型案例。因此，现阶段的中国考古学研究是两条腿走路阶段，在一个不会太短的时期内，考古学文化等基础研究与聚落、生业、精神方面的研究可以并行不悖，而不是简单的前后替代。对于凌家滩这类遗存的认识，便属于这类情况。

第二节　文 化 辨 析

"考古学文化"是文化历史的考古学研究中最重要的概念之一，但自 1960 年代西方新考古学兴起后，国外的研究逐渐减少，而在国内仍是考古学研究的主流内容，对于"考古学文化"概念的探讨也一直未曾停止[7]。

1959 年夏鼐将考古学文化定义为"某一个社会（尤其是原始社会）的文化在物质方面遗留下来可供我们观察到的一群东西的总称"，并且要具备一定的特征、最好是发现不止一处、对于这一文化的内容有相当充分的知识等条件[8]。1986 年《中国大百科全书·考古学》将"考古学文化"进一步定义为："考古发现中可供人们观察到的属于同一时代、分布于共同地区、并且具有共同的特征的一群遗存"。夏鼐、王仲殊在该书篇首的《考古学》一文中，除强调同一时代、一定地域、一定地方性特征外，还特别强调"在运用'考古学文化'这一概念对民族的形成进行研究时，必须作周密的思考，特别要注意避免简单化和绝对化"。这些论述基本上成为国内确立考古学文化命名的准则。虽然此后因为材料和研究内容的增多，对于考古学文化是否包涵制度、精神文化等也有讨论，但总体上来说，以可见的实物为研究基础是得到公认的，也就是"可观察到的"与"一群遗存"两个条件，成为判断考古学文化的基础。

但是在实际研究中，出现了越来越简单化的倾向，不但忽视了遗物之外的遗迹，也忽视了陶器之外的其他质地器物——包括柴尔德提出的具有较强地域性特征的装饰品、葬俗，使得考古学文化的研究、甄别在很大程度上逐渐成为仅仅对陶器的研究、甄别，这其中一个重要的原因是，陶器的易破碎、较普遍、变化快等特点，具有时空变化的敏感性，成为考古研究中的最优分析对象，特别是在分期研究中具有难以替代的优势。但如果将最优对象视为唯一对象，将分期最优对象作为文化的唯一对象，则是进入了一个逻辑误区。虽然也有不少研究者在以陶器为分析对象的同时，并未忘记对其他遗存的分析，但近几十年研究的简单化倾向还是十分明显。

以凌家滩遗址为代表的一类文化遗存，自一开始便被共性与个性问题所裹，其中与北阴阳营文化、崧泽文化的关系是最重要问题。

一、凌家滩与北阴阳营

凌家滩一类遗存在很长一段时间内未能跳出以北阴阳营二期为主体的北阴阳营文化的影子，主要原因在于：一是北阴阳营文化的发现时间早，材料被研究者所熟悉；二是北阴阳营文化极具特征的圆角弧刃石钺与凌家滩所出有十分密切的关系；三是北阴阳营文化的玉器中，大量的条形璜与凌家滩所出相同，特别是数量较多的偶合式璜，半球形缝缀饰等多种小饰品也十分相似，在制作工艺、特征上更是与凌家滩有较多的一致性；四是北阴阳营文化的部分陶鼎、豆、壶等与凌家滩者具有一定的相似性。这些文化因素的相似甚至相同，加之地理位置较为接近，成为凌家滩一类遗存被归属到北阴阳营文化的直接原因。

但实际上对于两者的关系问题，虽言者众多，却一直缺乏深入讨论，更遑言足够的讨论，迄今尚未见到全面、详细讨论北阴阳营与凌家滩两者文化关系的论文，仅有的个别文章也是更多局限于玉器的相似性比较。在这些文章中，都意识到北阴阳营二期文化的年代在马家浜晚期偏晚到崧泽文化早期，要明显早于凌家滩墓地，但在文化归属讨论时只偏向于文化因素的共性，而明显忽略了两者之间的差异，特别是凌家滩墓地数量众多的玉质环镯、宽体璜、出廓璜、较多独具特点的像生礼器等，都不见于北阴阳营文化；陶器中的窄鱼鳍足鼎、鬶、盆、双折腹壶、长颈壶等也有较大差异。这些差异出现的一个重要原因，是两者之间有年代的先后。

由于在2013年之前关于凌家滩一类遗存的材料仅限于凌家滩墓地，所以这种比较虽有不足，但也无不可。随着2013年凌家滩外围的韦岗遗址发掘，对于凌家滩一类遗存的早期发展状况有了一定程度的了解，加上之前的区域系统调查结果，可以确认以凌家滩墓地为代表的遗存，是属于整个凌家滩一类遗存的中晚期阶段，其早期存在一个发展的过程。在该区域内，从马家浜晚期阶段就已有少量人群活动，成为目前区域内最早的文化。在相当于崧泽早期或北阴阳营文化二期阶段，整个裕溪河流域及周边开始逐渐繁荣，聚落增多，文化面貌既有北阴阳营文化的较多因素，也有皖西南和鄂东的黄鳝嘴文化因素以及崧泽文化因素，但从文化基因的角度来看，毫无疑问与北阴阳营文化的关系十分密切，很可能就是具有基因承袭的关系。但两者在此后的发展过程中，北阴阳营出现了衰落，而凌家滩则在之前的基础上快速发展起来，文化面貌差异更为明显。如果仍借鉴生物学概念作为比较，类似于生物学上的父子或兄弟关系，但不能将父子或兄弟当作同一个人。

二、凌家滩与崧泽

凌家滩与崧泽文化的关系其实较为明确，各研究者基本上未将凌家滩纳入崧泽文化的范畴，而"崧泽文化圈"的提出也是指"长江下游各地区之间考古学文化面貌越来越趋同，陶器群面貌上更多的是呈现崧泽文化的风格，玉石器也在这样的文化交流中走向统一""长江下游地区的诸考古学文化有着向内的统一性、凝聚性和共通性"[9]。

对于崧泽文化的形成，一般都认为是从太湖流域马家浜文化发展而来，但也有学者认为并非是单纯的马家浜文化传承，更多地还有来自皖江流域甚至以西更远的地域文化如黄鳝嘴文化、薛家岗文化的影响[10]。何驽更提出"'崧泽文化圈'的经济基础，就是本文化区内部首先形成的玉石商品贸易圈"[11]。这些不同的认识，其实反映出长江下游崧泽时代诸文化发展是一个极其复杂的过程，而不仅仅是单向传播那么简单。凌家滩的陶器与其说与北阴阳营文化相近，不如说与崧泽文化更为相似，只是整个长江下游都有这样共同的风格，但在共同风格之外，各文化也还具有自身的特点。与凌家滩相比，崧泽文化玉器一直不太发达，石器制作也较逊，这是两者的重要区别之一。近年因张家港东山村遗址的发掘，反倒引起凌家滩是否影响崧泽文化发展的讨论。

无视凌家滩中晚期大量新出现的可以称为文化基因的，与北阴阳营和崧泽文化不同的玉器，包括具体的环镯、宽体璜、齿纹璜、出廓璜、小璧以及具有承上启下之风的风字形玉石钺，及其中具有创新性的多种制作工艺，还有虽未成为文化基因但却十分独特的玉人、龙、鹰、龟等多个玉器种类，而仅以整个长江下游普遍相似的部分陶器为依据，将它们归入崧泽文化之中，并不合适。

除了基于陶器、玉石器的比较外，凌家滩在葬俗方面与北阴阳营、崧泽文化也有明显不同。北阴阳营墓地的多层密集埋葬方式，是自江淮东部到宁镇地区的习俗，还见于高邮龙虬庄、高淳薛城、金坛三星村等遗址，但在巢湖流域一直未见。这种差异除了时代因素外，也可能包括了墓葬等级的差异，无论哪种情况，都至少是明显的葬俗不同。凌家滩与崧泽文化的葬俗差异则要小得多，在墓葬一角埋缸的习俗也共见于两文化之中，但凌家滩随葬大量玉石器的习俗，即使是可以比较的崧泽文化大、中型墓葬也是无法比拟的，而玉器种类的巨大差异，也是两者无法回避的。当然，这种差异目前还主要见于几处规模较大、等级较高的墓地之中，并不能代表各文化的全部。

除北阴阳营、崧泽文化之外，凌家滩与大汶口文化也有较为密切的联系，也包括了部分龙虬庄文化的因素，只是以往被研究者忽视而已，栾丰实曾详论过凌家滩与大汶口文化之间各因素的异同[12]。

因此，无论是文化面貌的比较，还是"文化基因"的分析，都可以看出凌家滩虽然处在"崧泽文化圈"这一大的历史趋势中，但与周边文化还是具有一定的差异性，这种差异体现为由"混合"引出的差异。可以明显地看出，凌家滩在玉石器制作方面确实承袭了北阴阳营文化，而在陶器方面较多地接受了崧泽文化和黄鳝嘴文化的影响，一些独特器形如背壶、高柄壶、觚形杯、高三足盘（如98M29∶55，以往称为鼎）应与龙虬庄文化及其以北的大汶口文化有较密切关系，特别是具有精神文化内涵的龟的使用，与淮河流域用龟习俗有直接关系，"应该直接导源于大汶口文化的实物龟甲器"[13]，也反映出凌家滩与大汶口文化有较特殊的关系。

对于这样具有多文化因素的遗存，在剔除掉它与其他文化的共性后，仍然存在一系列的自身特色——特别是从玉石器、葬俗等角度分析，则可以明显知道它与其他各文化还是有相当的区别，在"崧泽文化圈"中作为一个相对独立的文化丛体，并无大的问题，也就是说，以凌家滩遗址为代表的遗存，可以称为"凌家滩文化"。只是对于凌家滩文化的研究虽然起步较早，但对玉器之外的其他遗迹遗物的研究还比较缺乏，目前只能提出初步的成果，研究也不全面，更深入的研究还需日后开展。

第三节　何为凌家滩文化

一、分布范围

通过多年的考古工作，目前可以知道凌家滩文化是分布于巢湖以东、以南的一支区域性文化，分布范围以裕溪河流域为核心，大体顺着从巢湖到南京浦口的西南—东北向大别山余脉的东南方向分布，已调查发现了较多遗址（详见第三章）。目前材料显示其大致范围西到巢湖东岸，东北可能沿大别山余脉的东南方向，能够延伸到南京浦口一带，东抵长江并可能跨江到马鞍山市，南以无为中部为界，北侧还不清晰。总的分布面积只有四五千平方千米，其中核心区域也只有以凌家滩为中心、半径20多千米的一千多平方千米范围（图一七五）。

在隔江相望的马鞍山市烟墩山遗址，发现了一批新石器时代墓葬[14]，年代、

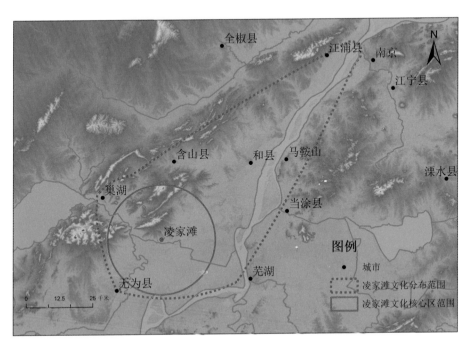

图一七五　凌家滩文化分布范围

部分器物与凌家滩有一定的相似性，但也有差别，由于地处裕溪河与宁镇、宜溧山地之间，是归入到宁镇或宜溧山地的同时期文化还是归入到凌家滩文化，或更近于崧泽文化，处在两可之间，详情需待材料整理发表后才能讨论（图一七六）。

在东北方向，南京的长江北岸浦口营盘山遗址[15]不仅出土了虎首璜这类凌家滩文化独具特点的玉器，还有半璧形齿纹璜及其外缘的减地风格与凌家滩完全一样（图一七七，4、5），并有淮河下游龙虬庄文化的高柄豆等，可以纳入凌家滩文化分布范围的东界边缘。但该遗址其他材料与凌家滩已有所区别，因材料并未充分发表，尚不能准确判定是否确属凌家滩文化。

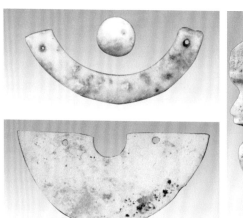

图一七六　马鞍山烟墩山遗址出土遗物

南面和西南方向的无为县一带没有太多的考古工作，经调查可知至少在裕溪河南岸和西南的山麓地带，仍属凌家滩文化范围，在十里墩乡虹桥社区的杭西墩遗址曾采集到玉玦、条形玉璜、石斧、体稍厚的石钺、石锛[16]，也应属凌家滩文化的南部边缘范围，因未发掘而难以确认（图一七七，1～3）。

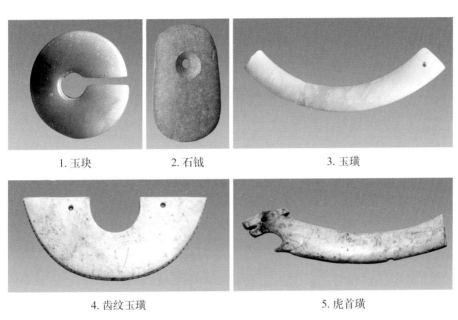

1. 玉玦　　　　2. 石钺　　　　3. 玉璜

4. 齿纹玉璜　　　　　5. 虎首璜

图一七七　无为杭西墩、南京营盘山遗址出土玉、石器

（1～3.无为杭西墩遗址　4、5.南京营盘山遗址）

二、文化面貌

根据韦岗遗址和凌家滩遗址近年的发掘材料，可以将凌家滩文化分早、中、晚三期。早期以韦岗遗址早期为代表，中期以韦岗遗址晚期、凌家滩遗址早期为代表，晚期以凌家滩遗址晚期为代表。其中的中、晚期衔接较为紧密，与早期有明显的差异[17]。

这支文化的发展与其他传统文化圈内的文化发展有所不同，早期的特征不明显，更多的是结合了不同的文化因素，并逐步形成较稳定的文化基因，到中期开始较为迅速地发展起以玉、石器加工为特征的产业，出现了独树一帜的文化景象。

（一）聚落与墓葬

凌家滩文化的聚落选址具有较强的倾向性。一般都以低矮山岗边缘的较平坦区域、长条形山岗尽头靠河一端及其两侧平地为主，这种选址方式与整个皖江两岸的同时期选址方式相近[18]。选址原则除了日常生存所需的条件外，还可能与玉、石料的选择及交通有关，在第三章中对此有较详细的分析。

就韦岗和凌家滩的发掘情况看，聚落周边应有壕沟或环壕作为防卫设施，同时也自然被当作垃圾倾倒场所，凌家滩的环壕还具有隔离生活区与墓地的功能。凌家滩墓地以祭坛为核心而布局，具有明显的规划，墓葬多数为长方形浅穴墓，方向基本上为南北向，头向据随葬玉玦、璜的位置分析大都应在南端。墓葬多数应该有棺，并不排除有椁的可能。随葬器物的种类和数量因墓主身份不同差异极大，形成了明显的等级分化。已有较固定的葬俗，随葬品摆放总体上较有规律，有棺的墓葬玉器和精致石钺多数在棺内，而陶器在棺外，玉器主要在墓主的上半身，玉璜一般在胸部和颈部，成串的玉环镯套在手臂上。在棺底铺石锛、凿是凌家滩文化一种较特殊的葬俗，也反映出人群对锛、凿的重视。在棺外（上部），还会有石钺、少量玉玦等助葬品。

（二）遗物

凌家滩文化的遗物目前只有凌家滩和韦岗两地比较丰富，早期的遗物基本上是韦岗遗址出土，但绝大多数是陶、石质器物，中、晚期遗物则以凌家滩遗址为主，除凌家滩墓地外，其他遗址玉器发现数量极少。以凌家滩遗址为主、韦岗遗址为辅，可以大体总结出凌家滩文化的遗物情况。

凌家滩文化所出的遗物有陶、石、玉器三大类，未发现骨角蚌器，每个种类都具有自身的特点，尤以玉为最。

1. 陶器

早期陶器均为手制，一些缸片上可见泥条盘筑痕。陶质可分夹石英、夹砂、夹植物、泥质，陶色有红陶、灰陶、黑陶以及少量夹粗砂白陶。器表处理上多见刷浆，但脱落较严重，不少刷浆层的外层还施有红衣，并在少量红衣上施彩条带状彩，以红衣黑彩为多；黑衣在少数器物上可见。器类以罐形鼎、柄较直的粗柄豆、细高柄豆、高领罐、敛口弧腹盆、凹底缸、纺轮为主，鼎足多见泥质夹植物的横装宽扁凹面足、侧装窄鱼鳍足、近圆锥足，另外还有少量的麻花状足。器耳以牛鼻耳、鸡冠耳为多。在早期偏晚阶段，出现了上半部鼓凸的算珠状和下半部圈足部分折壁起台阶状的豆柄、凿形鼎足、弯锥状鼎足，半环耳、鸟喙形耳也有出现（图一七八）。

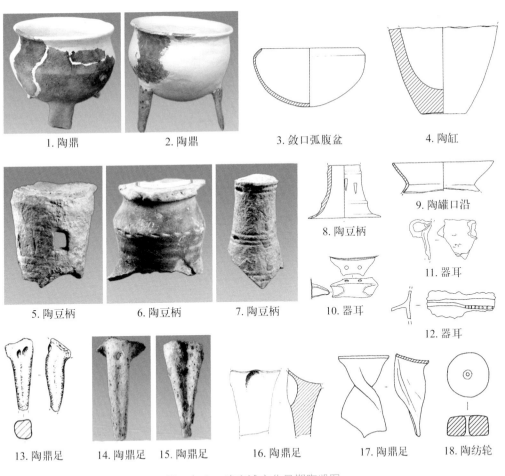

1. 陶鼎　　2. 陶鼎　　3. 敛口弧腹盆　　4. 陶缸

5. 陶豆柄　　6. 陶豆柄　　7. 陶豆柄

8. 陶豆柄　　9. 陶罐口沿　　10. 器耳　　11. 器耳　　12. 器耳

13. 陶鼎足　　14. 陶鼎足　　15. 陶鼎足　　16. 陶鼎足　　17. 陶鼎足　　18. 陶纺轮

图一七八　凌家滩文化早期陶器图

1～10、13～18. 韦岗遗址　11、12. 凌家滩遗址

中、晚期的陶器，生活区与墓地所出有明显不同。生活区出土的大多数为夹石英或夹砂红陶、夹植物红陶，另有较多泥质灰胎黑衣或黑皮陶。夹植物陶一般在胎体外先刷一层泥浆，后在表面刷一层红衣。器表纹饰不多，除凸棱、凹弦、镂孔外，还有少量简单的条带纹彩和个别花瓣纹彩。器类以鼎、豆、壶、盆、缸等为主，鼎足形态变化多样，晚期出现较多刻槽盆和觚形杯、鬶、杯等酒水器。

这一时期的墓葬随葬陶器以夹细砂或泥质灰陶为主，泥质黄褐陶次之，还有夹细砂黄褐陶、泥质黑陶等。随葬品的火候较低，胎质较差。器表多为素面，纹饰有凸棱、凹弦、镂孔、指甲纹等。器类主要有鼎、豆、壶、杯、凹底或平底罐、鬶、盘、盆、纺轮，另有少量缸、鸡形壶等，其中折腹釜形鼎、浅盘扁平高足盘、高圈足杯或壶、三足盘、罐都具有明显的自身特点，粗柄豆、细柄喇叭足豆、筒形杯、高柄杯、折腹碗也是较有特点的器物（图一七九）。

2. 石器

是凌家滩遗址极富特点的器物，数量多，制作精。在韦岗、凌家滩生活区所出完整器少，但韦岗遗址凌家滩文化早期的砺石、石器半成品均较多，表明石器制造在本地进行。完整、精致的石器则以中、晚期的凌家滩墓地所出为主，磨制大多数较为精致，部分器表还进行了抛光处理，钻孔以两面对钻的管钻法为主，少数实心钻，并有琢打成孔的现象，反映出技术的不平衡性。

各期的主要器类有斧、钺、锛、凿，基本上与木作手工业有关，此外还有较多制作玉石器的工具，如砺石和少量石钻。斧、钺以圆角弧刃、梯形折角弧刃为多，晚期也有少量刃角较锐外撇、平面呈"风"字形的钺。部分石钺将两侧缘也磨成近乎刃状而不是圆弧状，整个器形类似三面刃，是凌家滩很有特点的一种风格（图一八〇）。

3. 玉器

数量最多、种类最丰富、雕琢精湛，是凌家滩文化的重要文化因素。早

陶鼎　98M12：9　　　　　陶鼎　98M29：54（55）　　　　陶豆　98M12：4

陶豆　　　　　　　陶豆　　　　　鸡形陶壶　　　　高圈足壶
87M9：46　　　　98M11：3　　　87M9：56　　　　98M12：8

陶罐　　　　　　陶鬶　　　　　　陶杯　　　　　　陶杯
87M15：17　　　98M25：18　　　87M9：3　　　　98M12：3

陶三足盘　87M15：4　　　　陶盆　87M9：41　　　　陶纺轮　87M9：66

图 -七九　凌家滩文化中、晚期陶器图（均凌家滩墓地出土）

255

石钺　　　　石钺　　　　石钺　　　　石钺
87M2：18　　87M12：19　　87M15：8　　87M15：30

石斧　　　　石斧　　　　石锛　　　　石锛　　　　石凿
87M7：5　　87M4：28-1　　87M4：13　　87M4：29　　98M7：13

石凿　　　　　　石钻　　　　　　砺石
87M4：52　　　　98M23：6　　　　8M23：9

图一八〇　凌家滩文化石器图（均凌家滩墓地出土）

期基本不见，中、晚期才发展起来，目前主要出于凌家滩墓地，生活区也极少发现。

材质以透闪石、阳起石类为主，也有石英、叶蛇纹石、利蛇纹石以及很少量的玛瑙、玉髓、水晶、绢云母、绿松石等，对于闪石类玉材已有了明显的偏好。

器类主要有斧、钺、镯、璜、环、玦、耳珰、小璧、管、珠，以及形制较为特别的扣形饰、月牙形饰、冠形饰、双连璧、勺等，还有动物或人物形象的龟、龙、鹰、人像，特殊的刻图玉版、三角形刻纹玉片等。丰富多彩的器类和其他文化不见的特殊器，构成了独具特色的凌家滩玉器群，尤以多样的动物和人形象、宽体璜、出廓璜、齿纹璜及其组合使用方式最具特色，这是凌家滩文化区别于其他文化的重要特点之一。

玉器的制作工艺已较为复杂，采用了阴刻、浮雕、半圆雕、透雕、减地、钻孔、抛光等多样化技术，不少器表留有切割或琢制时的痕迹。玉器制作偏重片状立体形态的表现，圆雕或半圆雕极少，较少见平面刻划纹也是制作特点之一。其中很多工艺不仅具有时代的创新性，还达到了同时期东亚大陆玉器制作的高峰（图一八一）。

三、相对与绝对年代

（一）相对年代

以往不少研究者都对以凌家滩墓地为代表的中、晚期文化作了很好的比较分析，一般认为相当于北阴阳营文化偏晚和龙虬庄文化的偏晚阶段，与崧泽文化中晚期比较接近。随着近年来早于凌家滩墓地的一系列考古发掘工作，材料已相对较为丰富，通过文化因素的比较，可以更深入地了解到凌家滩文化与周边其他文化的相对年代关系。

在地域上偏北的当属于以肥西古埂早期[19]和含山大城墩一期[20]为代表的古埂类型文化。凌家滩87M15：4三足盘与古埂T4③：12十分接近，两者年代应相差不大；87M4：95釜形鼎与大城墩H9：1相比而言足都较高，但口径稍大，腹部稍浅，似属略晚一点的形态。古埂类型与凌家滩文化应有明显的关系，甚至可能有直接的关系，它们之间年代的差距不会很大。

若与稍远一点的宁镇和皖西南地区比较，凌家滩与北阴阳营二期文化[21]有诸多相似之处，特别是玉器中的条形璜、玦、三角形坠饰、半球形饰，偶合式璜更是

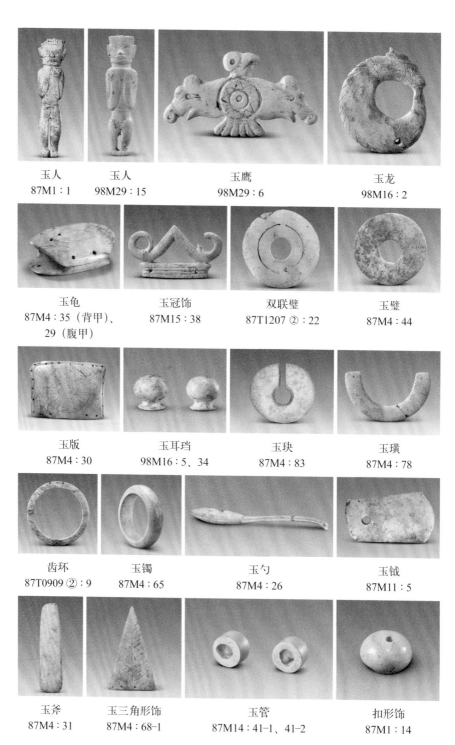

玉人 87M1：1	玉人 98M29：15	玉鹰 98M29：6	玉龙 98M16：2
玉龟 87M4：35（背甲）、 29（腹甲）	玉冠饰 87M15：38	双联璧 87T1207 ②：22	玉璧 87M4：44
玉版 87M4：30	玉耳珰 98M16：5、34	玉玦 87M4：83	玉璜 87M4：78
齿环 87T0909 ②：9	玉镯 87M4：65	玉勺 87M4：26	玉钺 87M11：5
玉斧 87M4：31	玉三角形饰 87M4：68-1	玉管 87M14：41-1、41-2	扣形饰 87M1：14

图一八一　凌家滩文化玉器图（均凌家滩墓地出土）

完全相同；圆角弧刃石钺两地多见，其中凌家滩 87M4 : 24 大孔钺更是北阴阳营最具特点的，但凌家滩风字形钺和较多的长梯形钺则是北阴阳营二期不见，三期才有少量，从类型学角度而言，长梯形与风字形钺是具有前后演化关系的，北阴阳营三期出现的少量长梯形钺正是与凌家滩同时，也说明凌家滩的这些器物应晚于北阴阳营二期。

陶器中凌家滩 87M15 : 5 杯形豆与北阴阳营二期偏晚的 M153 : 2 柄部不同，但上部则比较接近；凌家滩 98M19 : 10 陶豆则类似于皖西南的薛家岗遗址二期 H41 : 14，而 98M8 : 6 双折腹壶与薛家岗遗址一期 M5 : 5 基本相同，凌家滩 98M25 : 18 鬶与薛家岗一期 M113 : 3 完全相同，其把手尾部较平，颈部稍短是薛家岗一期稍晚的典型形态[22]。由于凌家滩 87M4、87M15 是较早的单位，而 98M8、98M19、98M25 是较晚的单位，因此，凌家滩墓地的早期年代大体上在北阴阳营二期偏晚到三期偏早，而墓地的晚期年代与薛家岗文化早期相近，其中 98M25 的风字形钺，已经更晚一些了（图一八二）。

若从更大范围内比较，可以发现凌家滩 98M8 : 6 双折腹壶的渊源应是崧泽文化；背壶是大汶口文化中期才开始出现的标志性器物[23]，凌家滩 87M9 : 45 背壶形态相当于大汶口文化的中期偏晚阶段，同墓出土的高柄杯 87M9 : 42 也是大汶口文化中晚期的形态（图一八三）。

因此，凌家滩文化的早期年代与古埂类型相衔接或略有交错，也相当于崧泽文化早期、大汶口文化早期偏晚；中、晚期年代与崧泽文化中晚期、大汶口文化中期偏早、薛家岗文化早期（一、二、三期）文化相当，个别单位的年代应该跨入薛家岗晚期偏早。

（二）绝对年代

到目前为止，凌家滩与韦岗各时期历年的检测数据已有七八十个，其中 2013 年以来的六七十个数据大都依系列测年样品采集，因此具有更高的可靠性。大量测年数据证明，属于早期的主要是韦岗遗址，中晚期的主要是凌家滩遗址。

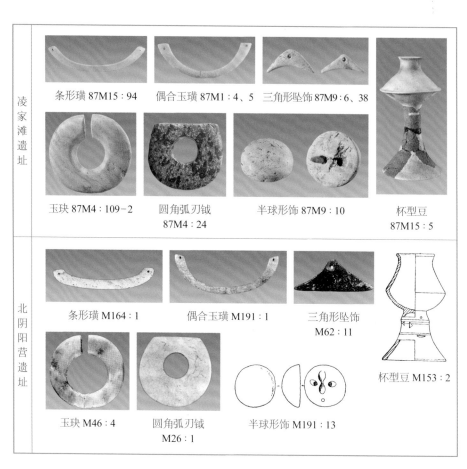

条形璜 87M15：94　　偶合玉璜 87M1：4、5　　三角形坠饰 87M9：6、38

玉玦 87M4：109-2　　圆角弧刃钺　　半球形饰 87M9：10　　杯型豆
　　　　　　　　　　87M4：24　　　　　　　　　　　　　87M15：5

条形璜 M164：1　　偶合玉璜 M191：1　　三角形坠饰
　　　　　　　　　　　　　　　　　　　　　M62：11

玉玦 M46：4　　圆角弧刃钺　　半球形饰 M191：13　　杯型豆 M153：2
　　　　　　　　M26：1

图一八二　凌家滩与北阴阳营文化器物比较

　　韦岗遗址共测定了20个年代数据，其中2个数据明显偏晚，可能与田野操作失误或虫洞干扰有关，另1个采自最早期堆积的红烧土堆2的数据为3 940BC～3 870BC；除此之外的测年数据十分接近，大致在3 700BC～3 450BC之间，最早不超过3 800BC。这个数据范围基本反映了凌家滩文化早、中期的范围，但因韦岗遗址各期数据之间衔接十分紧密，难以轻易地区分各期的分界，所以需要借韦岗的分期结果并结合凌家滩遗址的测年数据进行细致分析（图一八四）。

　　凌家滩遗址虽然出现的年代稍早，但以内壕沟、墓地为代表的兴盛年代

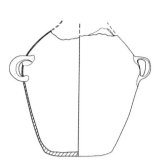

1. 双折腹壶　凌98M8：6　　　　3. 背壶　凌87M9：45　　　　5. 高柄杯　凌87M9：42

2. 陶壶　东09M95：6　　　　4. 背壶　山东博物馆藏　　　　6.高柄杯　山东博物馆藏

图一八三　凌家滩与崧泽、大汶口文化器物比较

凌：凌家滩、东：东山村；4、6 分别采自《东夷华彩》第 59、64 页

是中晚期，特别是 TG1 的早期材料与韦岗晚期材料能够很好地对应，即韦岗晚期与凌家滩 TG1 的早期同时。凌家滩多个地点采集的数十个炭样，经过测年显示主要在 3 500BC ～ 3 300BC 年，其最晚年代或略延后至 3 200BC 左右。这一测年结果的可靠性，通过图一八五中的 TG2 五个数据也得到了较好的验证，其中南段⑬层发掘现场判断为唐宋，中段⑦层和南段④层属明清，只是需要注意的是，TG2 中段和南段属新石器时代的地层测年数据最晚到 3 000BC 左右，可能反映内壕沟的北段较东、西段的使用或填充垃圾的年代稍晚，或有其他问题，具体的内涵还需更加细致、综合分析才能确定（图一八五）。

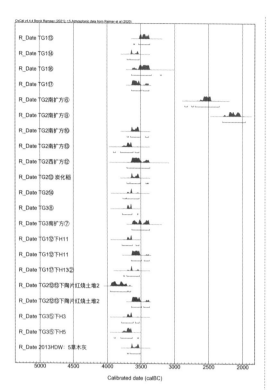

图一八四　韦岗遗址测年数据图

据 OxCal v4.4.4 Bronk Ramsey (2021)；r:5 Atmospheric
data from Reimer et al (2020)

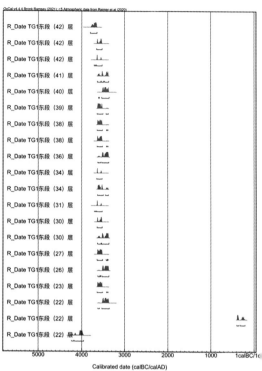

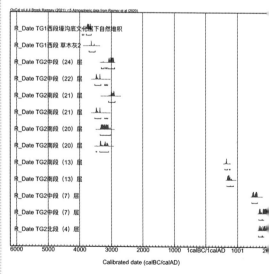

图一八五　凌家滩遗址部分测年数据图

据 OxCal v4.4.4 Bronk Ramsey (2021)；r:5 Atmospheric data
from Reimer et al (2020)

值得关注的是 07M23 的测年数据：2007 年第五次发掘共采集了 8 个数据，并采用加速器质谱仪检测，其中 3 个样品值分别为：距今 5 750（68.2%）5 650、5 660（68.2%）5 585、5 530（38.2%）5 480 年，也就是理论上距今 5 750～5 480 年间，若按堆积与包含物的年代判定原则，应取晚的数据，约在距今 5 500 年。但被其打破的祭坛内炭样测年为距今 5 420（53.1%）5 320 或 5 450（40.8%）5 380 年，反而比墓内炭样测年晚了二三百年，由此可以推测墓中三个样品应为棺木的老炭年代，07M23 本身年代应在距今约 5 400～5 300 年间为妥[24]。

综合测年数据及分期结果，可以得到凌家滩遗址新石器时代绝对年代最大可能值为：

早期：距今 5 800～5 500 年；

中晚期：距今 5 500～5 000 年。

而作为凌家滩文化的主体较为可靠的绝对年代大致为：

早期：距今 5 700～5 500 年；

中晚期：距今 5 500～5 300 年。

在凌家滩文化之后，整个遗址虽然衰落，但还有人群活动了一段时间，只是这一阶段的材料十分稀少，不足以深入讨论。

（三）文化特点与性质

根据凌家滩文化的面貌，可以概括出以下几个特点[25]：

第一，制作了大量精美的玉、石器。这是能够确立凌家滩文化的一个重要因素。根据墓地出土的大量玉芯和边角料，可以肯定除了墓葬中的部分助葬品有可能是外来人口携带而来外，大多数玉、石器都是当地制造的。在玉器制造工业方面已经具备了从玉料开采到加工成形的全部技艺，使玉器制造达到了极高的水准，接替了北阴阳营文化成为当时长江中下游的玉、石器制作中心。它们不仅反映出高度发达的琢玉技术，也反映了当时"尊玉"观念的增强。玉器中的龟、版、人、鹰、龙等形态的出现，表明了当时浓厚的宗教信仰观念，以及复杂的祭祀和崇拜之类的礼仪。

第二，出现了大型祭坛和显贵墓地。这是该文化一个十分重要的特点。整个祭坛的形制和特征表明，至少上层人群举行宗教、祭祀的场所已经固定化。而从围绕祭坛埋葬的墓葬本身来看，它们之间已存在着较为明显的差异了。祭坛和显贵墓地的出现，说明当时社会组织结构发生了新的变化。

第三，出现了从多聚落群到中心聚落的变化趋势。在开展了区域系统调查的约五百平方千米范围内，可以确认有20多处凌家滩文化遗址，包含早期聚落20余处，中晚期聚落近10处，以及难以细分期的10余处聚落，但规模均很小，一般只有数千至几万平方米。早期阶段有3个小中心，而中晚期阶段仅剩凌家滩一个上百万平方米的超大型聚落，这也从聚落角度反映了社会级差的出现。在凌家滩聚落鼎盛之时，周边聚落明显出现了衰落，体现出聚落的集中化在凌家滩文化发展过程中十分明显。

这样至少可以概括出凌家滩文化在中晚期时已有三个重要的形成：中心聚落的形成、祭祀中心的形成、显贵集团的形成。这三个形成也可以说是中华文明诞生的最基本条件。因此，凌家滩文化已经展现出了长江下游文明化进程的曙光，对长江下游文明的诞生起到了重要的作用。

目前的材料显示，凌家滩文化的分布范围不会很大，源流不会很长。虽然它在地理位置上处在长江下游的中间地段，文化面貌上陶器不突出，却有自身玉石器方面的独特性。凌家滩玉器是一颗最亮的明珠，以特殊造型的玉器和玉璜等为代表的礼仪制度，是凌家滩文化自身发展的一大特色，并因此而形成了等级划分。作为以玉石立足的重要聚落，掌控玉石资源有可能成为凌家滩人群身份划分的重要依据之一。

这些情况只能表明，凌家滩文化在文化外部交流和文化内部传承上具有较大的局限性，或许这正是凌家滩文化在文明化进程中发生中断的原因[26]。对于凌家滩文化的认识，需要从其他特殊的角度加以观察，其中一个重要的线索便是对玉、石资源的追寻、掌控和相关产业的发展。

第八章

互动与传承

第一节　渊源与互动

　　凌家滩文化地处长江下游的中段位置，按照中国考古学研究的区系类型划分，与凌家滩同时期或前后的周边地区，东边太湖流域有马家浜—崧泽—良渚文化，西边有洞庭湖和江汉平原区（或汉东）的大溪（或油子岭）—屈家岭—石家河文化，北边海岱地区有北辛—大汶口—龙山文化，这些都是各地区具有久远传统、传承清晰、势力强大的区域文化发展体系。凌家滩文化虽偏向太湖流域，但本地并无源远流长的文化根脉，它与邻近的宁镇地区一样，属于以往所认知的亚文化区（图一八六）。

　　亚文化区在不同条件下有不同的特点：一是常态下，容易成为周边各主要文化在传播、交流或碰撞过程中的过渡地带，本地文化具有较强的依附性，从长时段而言处于不稳定的发展状态。二是在合适条件下，也容易成为"漩涡地带"[1]，因多元文化的汇聚而产生漩涡效应和较强的能量，在扬弃式发展过程中形成文化的创新，以及新的"文化基因"，并可能反向影响此前的文化因素来源地。

　　凌家滩文化作为长江下游十分突出、特征鲜明的一支考古学文化，也具有较典型的亚文化特征，因此对于该文化的渊源，需要从多个来源进行探讨。

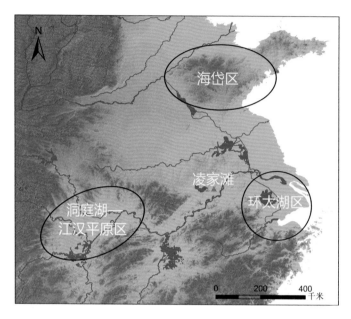

图一八六　凌家滩及周边文化区位置图

一、渊源与兴起

在第七章讨论了关于凌家滩文化的问题后，表明该文化的不同文化因素在不同阶段各有不同来源，有一个不断吸收、改造、创新的过程，而不是单一来源那样的简单关系。

如果将凌家滩文化的早期作为探讨文化渊源的时间起点，以距今 5 800 年左右作为时间节点，以裕溪河流域的区域系统调查材料作为支撑，并将韦岗遗址发掘的早期遗物作为具体的对象，由近而远地进行比较，可以更好地了解凌家滩文化的渊源。

从较大地理范围看，早于这个时间节点的马家浜文化，是以太湖以西的宜溧山地为中心发展起来的，后逐渐扩展到整个太湖流域和钱塘江流域，但该文化的来源至今并不清晰，可能与淮河中下游文化的频繁互动和人群迁徙有关。在宜溧山地西北的石臼湖一带，也出现少量遗址如当涂张家甸和朱岗渡[2]、高淳薛城[3]等，构成了马家浜文化分布的西北部边缘地带，甚至更远的长江西岸裕溪河流域和巢湖东南一带，仍可见少量马家浜时期的遗址。由于张家埭遗址的年代可以早到马家浜文化早期[4]，所以这一区域是在马家浜文化形成之后扩展至此，还是在马家浜文化最早形成过程中便已出现的，尚无法知晓，但可以明确的是，到马家浜晚期阶段，巢湖东、南都受到其影响，裕溪河上中游已出现 4 处遗址[5]。

　　马家浜文化的陶器制作，早期以夹蚌、夹植物陶为重要特点，施黑衣也较为常见。但随着时间推移，晚期偏早以夹砂或夹蚌红褐陶为主，晚期偏晚时夹砂陶、红衣陶比例稳步上升，夹砂红陶明显占主导，施红衣特点较为突出，外红内黑陶是显著特点。该文化陶器以釜最为重要，但晚期的炊器中釜、鼎并立，已显现出以鼎代釜的开端。石器以斧、锛、凿类的木作工具为主，但在马家浜、罗家角、草鞋山、崧泽等多个遗址发现的穿孔石钺，已达到较为成熟的形态，大孔径管钻技术已较为成熟。玉器种类有璜、环镯、玦、管、坠饰等，在多个遗址中均有发现，除了石英、玉髓等材质，还出现了透闪石—阳起石类产品（图一八七）。这些都为此后崧泽时代诸文化石器、玉器的大发展，打下了坚实基础。至于北阴阳营文化偏早时期是否对本地产生了影响，目前因材料不足以及研究不够深入，对该文化的认识也一

玉管 M88：4　　　玉玦 M12：1

穿孔石钺 M219：3　　　　　玉璜 M20：1

图一八七　马家浜文化穿孔石钺、玉器（均为溧阳神墩）

直不太清晰，还难以得出具体结论。

在巢湖以北，也有相当于马家浜文化时期的遗址，如肥东药刘[6]、岗赵[7]、南苑遗址等，但数量很少，而更北的淮河中下游干流北岸一带，则是淮系文化的传统区域，虽然目前所知的遗址并不太多，但下游以龙虬庄一期为代表的文化和中游的淮南小孙岗[8]、凤台硖山口等遗址都显现出与长江下游明显不同的文化风格；离干流较远的鲁西南、鲁南和苏北，则是北辛文化分布区。

若溯长江而上，到大别山南麓的两侧，除繁昌缪墩遗址[9]外，几乎不见同时期的遗址。更远至长江上中游洞庭湖周边及以西的大溪文化，其范围主要在两湖和峡江地区，对于皖江两岸的影响几乎缺失。

总体而言，在距今五千八百年之前，凌家滩文化周边的马家浜文化末期、北阴阳营文化和淮河中下游及以北的淮系文化、长江上中游的大溪文化，并未对裕溪河流域带来十分强烈的影响，这一时期在皖江两岸，人群活动并不频繁。但是进入到崧泽时代后，整个江淮、宁镇、皖南沿江地带，都出现了较繁荣景象。只是繁荣是逐步的过程，在崧泽时代早期，最先是在皖江的两端——宁镇地区和大别山南麓两侧，北阴阳营文化和黄鳝嘴文化已经形成了各自的文化特征。一个有趣的现象是，两者之间的密切接触，如夹植物陶釜形鼎、柄上部有一道折棱似台阶状的豆，特别是装饰戳印的八角或多角星纹的盆更是十分相近，甚至难以判断究竟谁影响了谁[10]。宜溧山地包括太湖南岸的崧泽文化早期遗址也渐趋增多。裕溪河流域以及更大的巢湖流域聚落的数量增加较快，但文化发展还处于起步阶段。到崧泽时代中晚期，在宁镇和大别山南麓之间的广大区域内聚落获得了一定发展，数量增多，大别山南麓在相当于良渚早期时达到了高峰。从上述现象可以看出，崧泽时代早期的人群对皖江两岸的开发利用，与前一时期相比而言是具有爆发性的，而到中期以后更是快速发展，只是不同的微观区域兴衰有明显差异。在这样的大背景下，讨论凌家滩文化的渊源和兴起问题，便显得相对客观了。

自崧泽时代早期开始，在裕溪河流域前期已有少量聚落的基础上，新增了一批聚落，合计总数为24处，各遗址的调查标本显示与韦岗遗址发掘的材料基本相同。在韦岗遗址早期材料中，鼎足根部饰有两个凹窝当是延续了马家浜文化双目圆锥形鼎足风格，牛鼻耳的鸡冠形錾也与马家浜文化一致，但牛鼻耳在凌家滩文化中一直延续到中晚期，只是中空趋扁。这部分因素应是承自本地先前的马家浜文化。

　　大致同时的北阴阳营二期文化，是北阴阳营文化的主体，其陶器的最大特点是鼎、豆、罐形制复杂多变，实际上呈现了多元文化交汇区的一大特点，如果要寻找文化基因，曲折、扭曲、夸张的鼎足和圈足带条状彩的碗应是重要组成；石器中的圆角弧刃钺、有横脊的锛、外弧刃多孔石刀，是该文化的特色；最具特点的还是条形璜、偶合式璜和半球形饰等装饰玉器，其中偶合式璜及附属的穿孔加暗槽工艺是北阴阳营独具特色的文化基因（图一八八），《北阴阳营》报告中所言的其他一些特征性的文化因素如折腹罐形鼎、双弧腹钵（盆）、鬶、盉等[11]，如今看来大都不是北阴阳营独具或首创的文化因素了。因此，凌家滩文化早期与北阴阳营文化的关系，只有曲折、扭曲、夸张的鼎足等，而釜形鼎、宽扁形鼎足、高柄豆、长颈壶等，应该是长江下游崧泽时代诸文化共同的风格，难以区分出明确的归属；但凌家滩玉器的源头在本地区确实是"无迹可寻"[12]，一般都认为与

陶鼎 M127：1

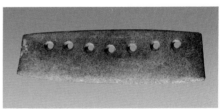
陶碗 M2：2　　　　　　　多孔石刀 M131：9

条形璜 M280：3 上　偶合式璜 M191：1 下

半球形饰
M191：11

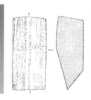
有脊石锛
M180：8

圆角弧刃钺
M227：1

图一八八　北阴阳营二期文化因素（均北阴阳营遗址）

北阴阳营文化关系紧密[13]。

　　凌家滩文化与崧泽文化的关系看似十分相近，其实并不十分密切，相似性更多的是因为"崧泽文化圈"形成过程中产生的共性。早期阶段的侧装、两侧面饰凹槽、足尖外撇的窄鱼鳍形鼎足，倒是嘉兴南河浜遗址崧泽早期的常见之物，而就鱼鳍形态来说，凌家滩早期当是受崧泽文化影响的可能性较大。只是到了凌家滩文化的中晚期，崧泽文化对凌家滩文化的影响才日益且广泛地显露出来（图一八九）。

　　如果溯江而上，在大别山南麓两侧的黄鳝嘴文化年代与凌家滩文化早期相同，但它们之间的关系也并不密切，不过韦岗遗址早期略晚出土呈 S 形的近锥状弯曲足以及足根部饰横凸棱的特点，与孙家城遗址早期的黄鳝嘴文化鼎足极为相似。韦岗遗址晚期所见的扁椭圆形鼎足的根部施多个戳印圆点风格，是属于黄鳝嘴文化的特征，但其年代已是凌家滩文化中期阶段。

　　长江下游可能对凌家滩文化的形成有作用的文化因素大略如上。如果将视角折向北面，则同样可以找到若干比较典型的文化因素。

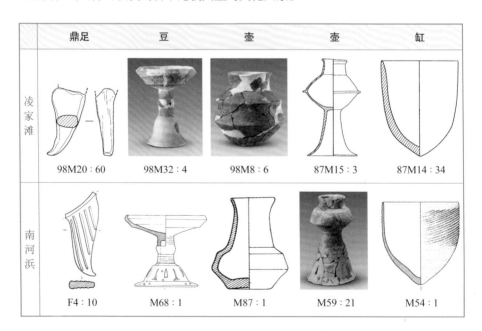

图一八九　凌家滩与南河浜遗物比较图

肥西古埂遗址[14]早期陶器以夹砂红陶为主，其次为灰陶和黑陶，与凌家滩早期文化并不相同。鼎身以折腹釜形最具特点，与含山大城墩遗址早期[15]的风格相同，特别是鼎足形式多样，以圆锥形、扁平凹面或刻竖槽、扁平足面上饰一排竖向按窝或足根部饰一排横向按窝的形态最具特点，此外还有部分鸟喙形器耳、高柄壶，这些特征都与凌家滩早期文化基本相同，显示环巢湖一带的文化面貌还是比较接近的。但古埂自身的文化特征也不单纯，并缺乏本地渊源。

就目前材料而言，凌家滩多样的鼎足当属长江下游诸文化的共性特点，其他不少因素则与淮河中下游干流以至苏北鲁南的龙虬庄文化、大汶口早期文化和侯家寨二期文化有关；鸟喙形耳是淮河流域的典型器，可以追溯到裴李岗文化、双墩文化及更早时期，并一直延续到大汶口文化；束颈釜形鼎身也是自北辛文化传续到大汶口文化早期的典型器，以上显然都是受淮河流域考古学文化的影响。横装宽扁形鼎足在龙虬庄文化中十分盛行，延续较长，它与高柄壶同样很可能是凌家滩文化同类器的源头[16]（图一九〇）。

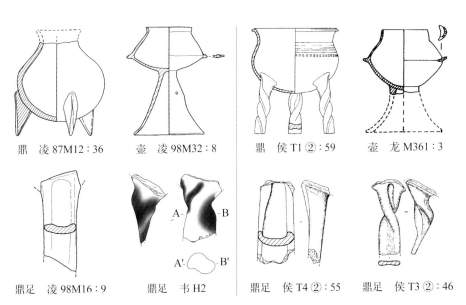

鼎　凌 87M12∶36　　壶　凌 98M32∶8　　鼎　侯 T1②∶59　　壶　龙 M361∶3

鼎足　凌 98M16∶9　　鼎足　韦 H2　　鼎足　侯 T4②∶55　　鼎足　侯 T3②∶46

图一九〇　凌家滩与淮河流域诸文化因素比较图

凌：凌家滩，韦：韦岗，侯：侯家寨，龙：龙虬庄综合分析，从凌家滩文化早期的文化渊源来看，它大致以本地并不发达的马家浜晚期文化为基础，在长江下游"崧泽文化圈"形成过程中，逐步吸收其他文化中的部分因素，并得以稳固、传承，形成了以鼎、豆、壶、罐、盆、缸等为组合的一支新文化。其中东部的崧泽文化影响比较有限，北阴阳营文化和西部的黄鳝嘴文化应该是在凌家滩文化早期偏晚或中期时才进入到凌家滩文化的发展进程中。淮河中下游的淮系文化对凌家滩文化具有一定的影响力，但覆盖范围较大，也同时影响了宁镇地区，不过在诸多外来因素中，淮系文化的作用并不可小视，一直到凌家滩文化中晚期玉石器兴盛之时，都还可以看到来自淮系的文化因素。从另一角度说，在"崧泽文化圈"的形成过程中，一直有淮系文化不断南下相伴随。但与此同时，淮河中下游也出现了北阴阳营文化的特征器，如侯家寨二期的麻花形鼎足、饰条状彩的陶碗等[17]，龙虬庄文化中也有一定的北阴阳营文化因素。

可以说，凌家滩文化的形成和发展，并不是某一支文化的直接转型或者多文化汇聚后的骤然形成，而是有一个相对长时间的多源吸收、融汇，直到中期才稳定发展起来并较快地创造了辉煌的成就。如果以一元论或简单化的发展逻辑来思考凌家滩文化，则是难以理解其轨迹的。

二、互动

互动关系与渊源关系有所不同，渊源侧重纵向角度探讨文化因素的来源，而互动重在探讨同时期诸文化之间的相互渗透、交流或碰撞等各种形式，也即横向的双向和多向关系，但两者不是非此即彼，在考古学文化研究中也难以完全割裂，互动过程中的一部分因素，甚至也会成为重要内涵并传承为基因。在凌家滩文化早期，虽然也可能存在与其他文化的互动，但因材料的不足，文化本身也处在形成过程之中，我们更偏向易于观察的各种文化因素来源。

凌家滩文化与其他文化的互动，主要集中在中晚期阶段。这一时期的陶器材料以凌家滩 TG1 和墓地历年发掘材料最为丰富，但前者属于生活区，后者属于墓葬区，有明显不同，不过作为凌家滩文化的重要组成部分，在与其他文化比较时还是可以作为重要支撑的，而特别需要关注的是——玉石器制作。

凌家滩文化中晚期出现高超的玉石器制作技术，大概率承自宁镇或宜溧山地的北阴阳营二期文化，甚至可以考虑是否可能有一支人群，沿着长江北岸的大别山余脉向西南走向了裕溪河流域？这种聚落与人群向西迁徙的趋势，也是与当时大的时代背景相关的。但在凌家滩玉石器制作发展起来之后，也就是凌家滩文化中晚期，文化互动的方向可能有所逆转。张敏等曾提出过"古芜湖文化区"[18]，其实也反映出这一区域文化发展变化的潜在原因。

如果以齿纹璜、出廓璜、虎首璜这些凌家滩中晚期十分重要而且最具特征的玉器为指征，兼以颇具特点的剖面呈弧三角形的环镯和宽体璜，可以很好地观察到凌家滩与其他文化互动的过程。

从凌家滩往东，在南京浦口营盘山遗址清理的31座墓葬中，随葬了大量玉石器[19]，年代晚于北阴阳营二期文化，属于崧泽时代的中晚期。其中的半璧形齿纹璜、虎首璜和剖面弧三角形的环镯[20]，都是凌家滩墓地中较多见之物，尤其是虎首璜的特征极其明显（参见图一七七），应是受凌家滩文化影响，甚至可以归为凌家滩文化的边缘区。当然这种反向向东的趋势，并不仅仅是在南京可见，与凌家滩仅一江之隔的马鞍山市烟墩山遗址崧泽晚期到良渚早期墓地中发现的半璧形璜，也是凌家滩晚期典型器，其中M9的人形玉饰是一件侧视图像（参见图一七六），成为连接凌家滩玉人与良渚文化所见玉人的重要中间环节[21]。由此再往东，有年代相近略晚的高淳朝墩头遗址，其中M12为最大的一座墓葬，随葬20余件玉环镯、珠、坠等，还有一件正面图像的玉人[22]。在继续往东南的崧泽晚期安吉安乐遗址，也发现了半璧形齿纹璜、虎首璜和剖面呈弧三角形的环镯[23]。近年在良渚核心区的官井头遗址相当于崧泽—良渚过渡期的墓葬中，除了半璧形璜外还发现了一件雕刻简略的虎首璜[24]，也极具凌家滩风格。（图一九一）

石器制作也有类似情况，最典型的是花斑石钺，在形态上都是以圆角弧刃为特点。这种以火成岩为主的材质，在北阴阳营文化中便已成为石斧和钺的重要选材对象，如北阴阳营石斧使用花岗岩、辉长岩超过60%，穿孔石钺（斧）使用花岗岩、

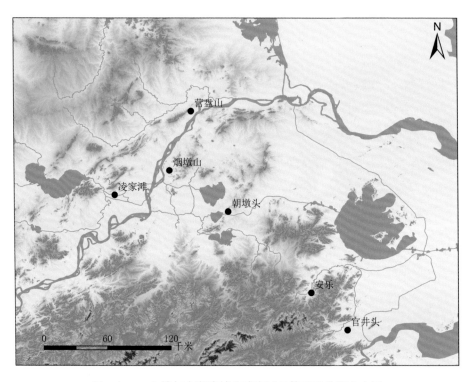

图一九一　宁镇与太湖流域的凌家滩风格玉器地理分布图

辉长岩和凝灰岩也达到约 60%，而使用板岩和页岩的比例最多只有不足 15%[25]，一方面表达出斧钺类需要材质坚硬，另一方面也表达出对花斑的喜好。凌家滩中晚期的大量石钺继承了这一风格，直到良渚文化早期同样如此，并一直延续到晚期，瑶山、反山、汇观山、横山等墓地中都出土了大量体厚、圆角弧刃的花斑钺，不应该是单纯的巧合，因为在这些具有礼仪性质的钺已丧失了实用功能的前提下，同时板岩、页岩等片状石材也已较多运用于石钺的制造，形态已基本变为扁薄、梯形之时，还顽固地保留了这种材质和形态，显示了前后相续的密切亲缘关系，具有"追模祖艺"的特点，其意识行为当极其特殊[26]。花斑石钺既可能作为文化基因而被传承下来，也不排除这种特殊材质和形态的石钺，在玉、石器制作日益发达的社会情景下，具有商品或者财富的属性[27]。

　　凌家滩玉、石器制作对东南地区的影响，除此之外的其他因素并不十分显著，

北阴阳营 M156：6　　　　凌家滩 98M29：74　　　　瑶山 M9：13

图一九二　凌家滩、北阴阳营、良渚文化的花斑石钺

更多的是具有时代共性的因素。但无论如何，越来越多的证据表明凌家滩玉、石器制作在影响东南地区的过程中，对良渚文化早期玉、石器特别是玉器的大发展起到了很大的作用[28]（图一九二）。

　　在凌家滩与东南地区互动的现象中，张家港东山村遗址是不能不提及的。因为其较多的鼎、豆、壶、罐等多种陶器的特点，可以毫无疑问地归为崧泽文化，但鬶、长颈折肩壶、双折腹壶却表现出较强烈的薛家岗文化早期特征，而一些玉、石器无论从材质、工艺或者形态上看，都与凌家滩中晚期玉、石器十分相似甚至完全相同。东山村的年代，从随葬宽体或半璧形璜等玉器和柄上部有折棱的浅盘豆、典型薛家岗文化陶鬶以及类似良渚文化早期庙前遗址的陶圈足盘（豆）来看，这些大墓的多数年代归为崧泽中晚期是没有什么问题的，其中不少已到崧泽晚期或末期，或者说相当于薛家岗文化早期。这样，它与凌家滩的玉石器之间就有了互动与比较的可能，而不会是前后传承性质了。

　　东山村遗址发现的玉器因为数量并不太多，不含地层堆积中出土的仅147件，包括马家浜文化晚期灰坑中出土的2件、墓葬中的30件，共32件；Ⅰ区的崧泽文化墓葬中随葬的112件，以及F1的3件；此外在崧泽文化地层堆积中也发现了少量玉器。与凌家滩完全或基本相同的除了环镯、玦这类通用物品外，半璧形璜、个别隧孔珠、耳珰、三角形小坠饰等也是基本相同的，但玉管的外壁均直或略鼓，不见凌家滩的亚腰形，具有向良渚文化鼓形管过渡的趋势。东山村也还有偶合式璜，但数量已很少，作为偶合式璜最有特点的钻孔加暗槽工艺，多数不再作为对称剖开后的连接工艺，而是被较多地应用到了璜、环镯类断裂器物的修补上。另外，锛、凿的侧面加工出长条线形痕迹，是凌家滩石锛颇具特点的一种风格，在东山村也有发现。东山村石器中虽然同样保留了较多的花斑钺，却多数已不再是圆角弧刃而是近梯形刃两端有拐角了。

从整体上看，可以说东山村玉石器是凌家滩沿江向东南影响的一个重要地点，但表现并不充分。它与更西边的薛家岗文化早期倒是有不少共同因素，特别是陶质的酒水器更是难以区分，这种长江下游东、西两端远距离跨区域的陶器互动，与地理位置更接近的凌家滩与东山村之间的玉石器互动，是很值得关注的有趣现象，或许除了跨区域的可能外，时代差异也是一个重要因素（图一九三）。

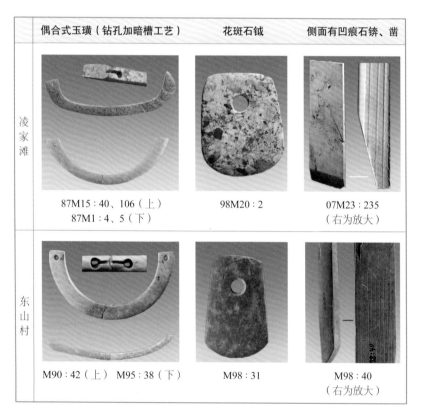

图一九三　凌家滩与东山村遗址玉石器比较图

如果在地理上进行换向观察，从凌家滩向西溯江而上到长江中下游之交和中游，也可以看到玉、石器制作的互动现象，其中最明显的当属齿纹璜。凌家滩的齿纹璜称呼不一，也有称为"花边璜""齿边璜"的，"堪称该墓地最具特色玉器之一"，是苏皖平原区居民的杰作[29]。早在1987年，杨建芳便已注意到峡江地区大溪文化的齿纹璜和其渊源问题[30]，而黄建秋等系统梳理了齿纹璜的分布，认为是凌家滩人开创了在部分玉璜边缘研磨出凹槽和花瓣的炫富方法，其造型很快向外扩散并被部分遗址采纳，在大别山南麓两侧的薛家岗文化分布区如潜山薛家岗[31]、太湖金坪村[32]、黄梅塞墩[33]、武穴鼓山[34]遗址被接受，并基本保持了原样，向西还一直到达三峡地区的巴东李家湾[35]、巫山大溪[36]等遗址。但各地只是昙花一现，向西的多个遗址中，齿纹璜的数量都是极少，离发源地（指凌家滩）距离越远，造型和花瓣变化越大，显示出在传播过程中有关属性遗失或者被异文化改造[37]。这些材料并不完全与凌家滩中晚期同时，部分已进入薛家岗晚期和屈家岭文化时期，因此称之为互动只是针对其中部分材料，其他的则应是影响或时间轴上的递次传播了。

　　当然如前所述，齿纹璜不仅是从凌家滩溯江向西，它往东和东南也有线索可寻，除南京营盘山外，昆山姜里[38]也有发现，而太湖南岸的安吉安乐遗址的齿纹璜有一件齿纹已退化，可能是通过太湖南道互动的结果。

　　齿纹璜的东、西两向传播反映出以下重要内涵：一是充分体现出长江作为纽带的重要作用。二是除凌家滩以外，其他每个遗址的齿纹璜数量均极其稀少，并没有反映出数量随着距离中心越远而越少的常态递减关系，又说明这种器物并非像环镯、玦、管之类的一般意义上的文化因素，而是具有十分特别的含义。三是见于凌家滩98M19、98M20的器体稍窄的宽体齿纹璜，只在薛家岗文化的薛家岗、鼓山遗址发现，其他遗址都是半璧形齿纹璜，也说明了凌家滩与薛家岗文化之间有着更为密切或特殊的关系。

　　往西的互动除了齿纹璜，在薛家岗文化中较为盛行并成为薛家岗玉器特色之一的曲线线镂工艺（如先钻孔后线切、L形切割等），应该与凌家滩开始的线镂工艺有关。其他玉器虽也有相似之处但缺乏凌家滩特有风格。不过石器方面还是有互动的，包括花斑石钺的选择，薛家岗文化的石器不仅受到凌家滩的影响，还创造出自身的特点，尤其在制作工艺上达到了更高的水准，并在多孔石刀等石器制作中形成了制作的规范化[39]。薛家岗文化反向的互动，在凌家滩的陶器方面有所体现，如陶鬶等（图一九四）。

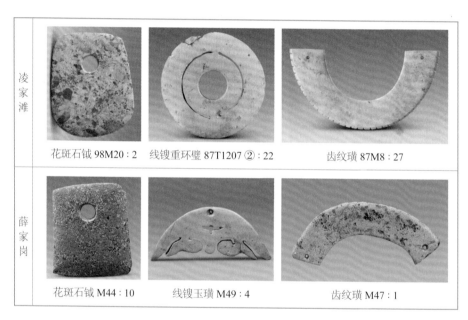

图一九四　凌家滩与薛家岗玉石器工艺与产品比较图

从凌家滩玉、石器所蕴含的内容来看，吸收的宁镇地区北阴阳营文化因素主要表现为玉石器种类、工艺，而淮河中下游的大汶口文化则在精神内涵上具有一定的影响（如用龟等），并可能担负着与东北红山文化的"驿站"作用[40]。

凌家滩与红山文化玉器之间的关系，是十分神秘又难解的一个问题。因为两个文化具有不少玉器的相似性，一般都认为两者之间有关，只是因为直线距离便间隔有一千多千米，并且在两地之间的必经之路——海岱地区缺乏材料支撑，暂时还无法得到准确的认识。两个文化的年代问题也关系"谁影响谁"的判断。在2007年之前，多数学者认为是红山文化影响了凌家滩[41]，但由于07M23玉龟、龟形器的发现，部分学者开始认为有可能凌家滩也对红山文化具有影响[42]，另有学者从"相互作用圈"的角度认为两者玉器的相似性是社会上层远距离交流网的作用[43]，是凌家滩人到红山学习之后回凌家滩的结果[44]。

随着对红山文化研究的深入，越来越多的学者认识到红山文化玉器的发达（而不是出现）是在晚期较晚阶段，而不是笼统地说是距今五六千年。红山文化晚期年代大致在距今 5 500～5 000 年间，晚期早、晚段分界约在距今 5 300 年左右；张弛则将红山文化晚期估算在 3 500BC～2 900BC 之间，更将凌家滩—崧泽文化归在与红山晚期同一时段[45]。而据兴隆沟第二地点 F4 ① 木炭测年，校正数据为 3 520BC～3 410BC（57.0%）或 3 390BC～3 360BC（11.2%）[46]，半拉山 M4 人骨测年经树轮校正为 5 305～5 045（BP）[47]，表明距今 5 500～5 300 年左右是重要的时间节点。目前凌家滩文化中晚期已有大批测年数据支撑，但红山文化晚期测年数据却仍然严重不足，可以确认的是牛河梁遗址以积石冢为主要特征的遗存即《牛河梁》报告中的中层和上层遗存的年代大体相当于红山文化较晚时期，也就是距今 5 700～5 000 年间，按照郭明对牛河梁遗址的四期划分，只在第二期晚段才开始了以玉质斜口筒形器为唯一玉器的葬玉习俗；到第四期遗存数量最多，墓葬中出土遗物已是仅见玉器，种类和数量明显增加[48]，但按分期和年代测试结果推断，此时已在距今约 5 300～5 000 年间，实际上已略晚于凌家滩文化了。

虽然不同学者对年代的判断略有差异，但对于红山文化与凌家滩文化的玉器年代相近的认识，越来越得到共识，因此两者之间的关系应该从共时的互动角度而不是从早晚的传播角度观察，如此两者之间便存在更多可能性，似乎两者之间或有真正的"互动"而不仅是"传播"。但也有学者从文化因素传承角度分析，源于赵宝沟文化的陶质斜口筒形器在红山文化中得到了沿用，凌家滩简化龟壳应是将红山文化斜口筒形玉器加以改制的结果，并赋予了新的内涵；玉鹰也应源于红山文化八角尖头器图案、双猪首三孔器和鸮的造型[49]。

上述内容是凌家滩与其他文化在玉、石器方面的互动，实际上多数主要是凌家滩对外以单向为主的文化传播，严格来说缺乏有来有往的"互动"信息。但陶器所见的互动，则比较复杂而多样，在凌家滩和其他文化之间，都可以找到或多或少的相同文化因素，这一方面是由于前文所言的大区域多点互动造成的广泛共性，另一方面在考古学文化因素分析中，静态、有序、路径单一的思维模式会给研究结果带来不少困扰。如果更客观地分析，这些多点互动类似于张光直的"相互作用圈"，常常是无序、交错、路径反复的，比如甲文化的文化基因在丙文化中出现，如果没有明晰的可能路径，完全不能排除有递次传播的可能性，即通过乙文化的再传播，甚至会出现无序传播后再到丙文化。在这种情况下，只能说一个文化因素的渊源是甲文化，而不能简单地说甲文化影响丙文化。这一问题是以往将考古学文化视为独立和相对静态时较少考虑的，但在大范围内存在多元互动的区域，需要新的视角和分析方法加以讨论。

凌家滩文化中晚期，玉石器产品和工艺以对外输出为主，但在陶器方面却更多的是以吸收为主，所以虽然从单一的玉石器方面看不到太多的"互动"，但从多方面来看还是实现了"互动"的。凌家滩中晚期陶器接受的几个方向的影响，较大可能是在互动中形成的。简略分析后大致可以有如下认识：

1. 源于西边薛家岗文化的陶鬶、双折腹壶、长颈折肩壶。薛家岗文化分布于大别山南麓、鄱阳湖两侧以皖河流域为中心的广大范围，在地理位置上扼长江中、下游之要。该文化源于本地的黄鳝嘴文化，并经历了崧泽时代晚期的长江下游大规模互动，可分大别山东南侧的薛家岗类型和西南侧的鼓山类型，而鄱阳湖西岸以靖安郑家坳为代表的遗存有一定的自身特点，总体更接近鼓山类型。薛家岗文化的早期与凌家滩文化晚期大致同时，玉、石器制作并不发达，而陶器的特点较为突出。

陶鬶的对外影响是薛家岗文化的重要内容。虽然陶鬶的起源、发展有较长过程，自马家浜文化以来，长江下游一直存在用鬶、盉的传统[50]，但早期以扁圆腹或近似扁圆为特点，而以斜直腹或直腹为特点的鬶则是薛家岗文化早期开始的新风格，并有完整清晰的演化过程，是较易辨识的考古学文化特点之一。凌家滩87M13：6那种短颈、扁圆腹的鬶，是长江下游此类鬶的略早形态，如江西靖安郑家坳（M7∶1），甚至更早一点的淮河下游高邮龙虬庄一期晚段（如 T1729 ⑧∶11、T1727 ⑦∶14）和大汶口文化中期的大墩子（M338∶8）就已出现。但凌家滩（87M11∶9、98M25∶18）的陶鬶腹较直、三角形把手上部较平而尾部未下卷，则与薛家岗二三期的鬶完全一样，自是受后者的影响。另一种见于凌家滩的长颈折肩壶（如87M10∶4）以及双折腹壶（如凌98M8∶8），其较早形态也较多见于薛家岗文化早期的薛家岗、天宁寨等遗址，也是薛家岗文化中较有特点的器物，后在崧泽文化中成为较典型的器物之一。

此类陶鬶、长颈折肩壶，还向东影响东山村墓地。在东山村多个大墓中，随葬的多件陶鬶、豆、壶及其他陶器均与薛家岗所出相同，显示出薛家岗文化早期沿江向东还是有一定影响力的，并且在晚期仍然与良渚文化有所互动[51]（图一九五）。

2. 与淮河下游龙虬庄文化和大汶口文化中期的互动与借鉴。凌家滩 98M29

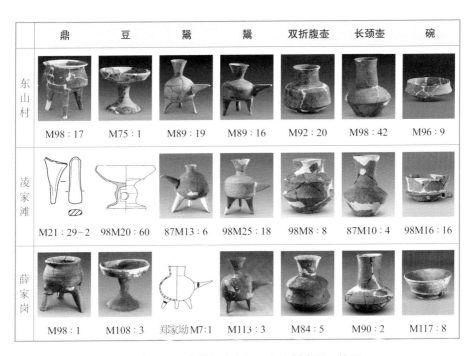

图一九五　薛家岗与凌家滩、东山村陶器比较图

随葬的高三足盆（98M29：54、55、56），为横装扁平长条形高足，上部的器身较浅，已不具备鼎的功能，是十分特殊的器形，在凌家滩遗址中也极罕见，略可比较的还有凌家滩87M4：95，为一件较高足的鼎[52]，显示出凌家滩具有在较浅的器身上加装特殊的高三足风格。高三足在其他文化中也很少见到，而上面支撑较浅器身更为少见，不过在龙虬庄二期后段有不少类似器物，确实具有鼎的功能，一般是夹砂灰陶，浅腹盆形，三足较宽扁而高；此外还有一种三足盘，都是泥质红或灰陶，盘较浅，与盘身相比三足很高，足较宽且外撇比较夸张，两类器物的共同特征是三足明显偏高。在大汶口中期的邹县野店发现的一件（M15：13），与凌家滩所出更为相近。此外，凌家滩墓地和壕沟中发现的觚形杯，是大汶口文化中期典型器，两者基本一致，当是受大汶口文化影响。从以上并不足够的材料看，至少凌家滩与淮河下游和大汶口文化腹地有互动，很大可能是吸收了它们的部分因素（图一九六）。

三足盆　　　高柄杯　　　　三足盘　　　　三足盘　　　高柄杯
凌98M29：55　凌87M9：42　龙 M27：3　　野 M15：15　大 标本47：47

图一九六　凌家滩与龙虬庄和大汶口中期文化陶器比较图
凌：凌家滩，龙：龙虬庄，野：野店，大：大汶口

3. 可能来自北阴阳营和淮河流域龙虬庄二期后段的高柄壶。这也是比较特殊的器形，在壶形器体下方加上高柄（或称为高圈足）是少见的风格。凌家滩87M15：3、5、23三件器形相同，98M32也随葬2件，形态相近。北阴阳营M153：2属西墓葬区的第一层，也就是第二期文化的最晚，龙虬庄T1726④：8和M361：3较北阴阳营同类器晚，与凌家滩具体形态也有差异。如果认可这种影响，

凌 98M32：8　　　　凌 87M15：23　　　　北 M153：2　　　　龙 M361：3

图一九七　凌家滩与北阴阳营、龙虬庄遗址高柄壶比较图

凌：凌家滩，北：北阴阳营，龙：龙虬庄

更多地应是壶下接高柄的独特风格，这与高三足的出现形成了呼应（图一九七）。

4. 其他各种形式的釜形鼎、柄上部呈算珠形的高柄豆、平底长颈壶等器物，以及三角形夹圆形镂孔等风格，都是在崧泽文化圈的形成过程中，逐步在大范围传播的，互动成为各区域不同文化之间常态的行为，多数难以确认渊源，但三角形夹圆形镂孔则可能与始于庙底沟文化的彩陶纹饰有较大关联，只是这种独特的文化因素在外扩过程中，应是经过了大汶口文化的转化再南传。

如此的南—北互动，其实是长江下游、淮河中下游各时期文化发展的一个缩影。在崧泽时代它与长江中下游的东—西互动一道，最终奠定了中国东部地区文明形成的基本框架。

在这些互动与传承过程中，凌家滩文化中晚期形成了一批具有地方特色的陶器、石器、玉器，墓葬内大量玉器随葬也是一种特殊的文化现象。纵观整个凌家滩文化的形成、发展过程，其重要渊源，一是稍早的马家浜时期本地文化的延续，二是应与北阴阳营二期文化向西南的迁移发展有关。但西面的黄鳝嘴文化、东面的崧泽文化也都有所参与，而来自北面的古埝类型以及淮河流域的大汶口中期文化和龙虬庄文化也不可忽视。在凌家滩文化完整形成之后，特别是在中晚期玉石器发达之后，它与周边文化的互动则主要体现为玉石器制作的对外影响、陶器则多有吸收。

第二节　玉　石　分　野

凌家滩文化中晚期在完成了聚落的集中化，形成了有环壕、生活区、大型墓葬区等明确功能划分的超大型聚落的同时，玉、石器制造业也获得了空前的发展，在晚期阶段向外有了明确的影响，也就是说，在崧泽时代晚期的凌家滩玉器制作工艺（或产品），具有明显向外辐射的现象。前述诸多有关凌家滩玉石器制作风格的线索，可以作为凌家滩与周边文化互动、影响和探讨玉石分野的示踪性因素。

一、现象

凌家滩文化的玉、石器制作，在晚期发生了以长江为轴向东、西两个方向的对外大规模辐射，薛家岗文化晚期、良渚文化早期分别承袭了其中不同的理念、工艺，而凌家滩文化本身却很快在裕溪河流域出现了衰落、消亡。

首先得地理之便的是大别山南麓两侧的薛家岗文化。从凌家滩溯江而上200多千米，便到达薛家岗文化分布核心区的皖河流域。薛家岗文化晚期玉、石器的制造，呈现出突飞猛进的态势，与早期的不发达形成了鲜明对比。在薛家岗文化中，凌家滩玉石器中盛行的长梯形和少量风字形钺，无论是在制作工艺还是形态上都得到了推广；钻隧孔半球形饰、三角形饰和凌家滩如出一辙；源于凌家滩的先钻孔、后线切割成形的线镂工艺，在薛家岗文化晚期也得到了一定程度的发展。石器种类和材质的使用，除了普通的钺、锛之外，源于北阴阳营、盛于凌家滩的花斑钺虽时有所见，但数量并不多，显示这一传统并没有在薛家岗文化中得到很好的继承；晚期的多孔石刀虽与凌家滩无关，但应有来自宁镇地区的渊源，只是五孔以上的石刀在形态上由弧凸刃变成了直或略凹刃。

薛家岗文化晚期在石器制造方面显现出了较高的水准，甚至在技术上达到了较好的规范性[53]，成为长江中下游地区当时最重要的石器生产地之一，可能还有商品或贸易的存在[54]。玉器制造与石器相比则逊色较多，与凌家滩文化相比则更难同日而语，不仅缺乏高端的特异产品，数量和种类也远远不及。由于薛家岗文化早期并无盛行玉、石器的传统，周边其他区域也找不到确切渊源，其风格特点又与凌家滩有密切关系，这些相似性主要应是源自凌家滩。

其次是太湖流域的良渚文化。从凌家滩往东南也约 200 多千米，是良渚早期文化的形成地和良渚文化最重要的中心——良渚。虽然从马家浜文化晚期开始，太湖流域的玉、石器制造有所发展，但并不发达，到目前为止，整个崧泽文化发现的玉器总数只有三四百件，早期数量更少，只有数十件，体量较大的器形只在仙坛庙发现过 2 件玉钺[55]；晚期玉器虽然数量增多，但钺类体量较大的器形仍然少见，如南河浜 2 件（M61：8、M68：2）[56]。石器种类、数量与北阴阳营文化或凌家滩文化相比也差距较大。崧泽文化素以陶器制造工艺发达而著称于世，但从崧泽末期到良渚文化早期开始，在杭州湾西端的良渚区骤然发展起了极其发达的玉、石器制造业，以玉琮及其他大量玉饰和花斑石钺为代表的器物群，在器物形态、刻纹诸方面形成了一整套制作规范。

虽然以琮、璧等为一套规范的礼仪用器并非直接源于凌家滩，但良渚早期诸多因素与凌家滩都有渊源关系。以瑶山为代表的良渚文化早期墓葬中出土的玉石器，不少都具有凌家滩的风格，“风”字形钺、亚腰形管都与凌家滩有难以割舍的联系；凌家滩仅见一例的玉匙（87M4：26）与瑶山征集的 2836 号属同类稀有产品[57]；凌家滩多件扁方圆形饰（87M4：121 等）的形态、钻孔都与瑶山相似（M11：82 等）[58]，应是缝缀的饰件。此外还有其他诸多器物，也都具有明显的相似甚至相同点。

相比于凌家滩而言，良渚早期玉器受到的尊崇更胜一筹，包含的礼仪内涵更加丰富，玉器种类、工艺、使用方式都达到了中国史前玉器的巅峰。虽然良渚早期的石器制作也较发达，但在玉器耀眼光环下则显得相对失色。而在良渚小区玉、石器高度发达的同时，浙北、苏南的原崧泽文化核心分布区内，却依旧保持着较多的崧泽文化传统，玉、石器制作明显发展缓慢。但这个趋势随着良渚文化的快速兴起和扩展，很快在整个原崧泽文化范围内得到了扭转，使良渚文化成为中国史前用玉制度最成熟、最发达的典范。

良渚小区原本的崧泽文化并不发达，虽然近年因石马兜等遗址发掘证实该区存在崧泽文化，但仅是较为普通而已，因此不少学者都认为良渚早期玉器的突然兴起，可能与宁镇或凌家滩玉石器工业的转移有关[59]。

若以长江下游的整个崧泽时代为视角，以崧泽文化向良渚文化转变的年代作为早、晚期划分界限，将北阴阳营、凌家滩、东山村、薛家岗、瑶山及稍后的反山等多处重要墓地的材料结合其他遗址的分析，可以得到以下几点认识[60]：

一是玉、石质半成品和料、芯随葬现象只出现在早期，而晚期基本不见，应该是玉、石器制作更加专业化的一种体现，更有可能是对于玉、石质礼器的严肃性、完整性、美观性要求进一步提高的反映。

二是在石钺（兵礼器，或与财富有关）的相对数量、玉饰品的过度使用和玉质象生礼器几个方面，良渚早中期较之薛家岗文化都表现出了与凌家滩更多的一致性，当不会是偶然原因。

三是以瑶山为代表的良渚文化早期各种玉器制作工艺基本上都见于凌家滩，特别是阴线刻、减地、线镂三种较为复杂的工艺都在凌家滩起步或发展而发达于良渚，如果说器形的相似还可以相对独立创造的话，复杂工艺却可能有一个长时间的创造、传承、发展过程。薛家岗文化晚期玉、石器制作也同样如此，只是将重点转移到石器制作上，而未发展起复杂的玉器制作工艺，在工艺方面显得简单、实用。

四是从历史长程观察，早期的北阴阳营二期文化表现为石器种类多、使用广，玉器较少而单调，而稍后的凌家滩则有较大改进，玉器显得丰富多彩，但石器同样具有重要地位。最重要的是，从晚期开始，玉、石器制作在较大地域上有了明显分化，薛家岗文化的石器彰显了自身的特点，形成了以风字形钺、多孔石刀为主体和特点的种类；石器的增加应该与其对石器的重视有关，玉器相对来说则不如石器。良渚文化早期开始则以玉器彰显，形成了以琮和大量独特器形为主体的种类，石器已处于次要的地位。两地几乎同时出现这种巨大转变，当有其历史背景。

可以看出，凌家滩开创了多样化技术和多样化器形之风，对应的正是工艺的创新性和非规范性。虽然玉器已十分多彩而重要，但以石钺、锛、凿为核心的石器仍然占有重要地位，总体上还是表现出玉石并重的状态；薛家岗晚期则是以相对简单而规范的技术和器形，对应了工艺的广泛应用性和规范性，并且表现出偏重石器的状态；良渚早期以多样化的成熟技术为支撑，重点运用雕刻、减地技术，制造了器形虽多但相对缺乏变化的玉质重要礼器，对应的是针对特殊器物的工艺高度规范性和专业化，并且表现出明显偏重玉器的特点。

因此，从玉石器种类、数量、工艺等分析中可以看出，长江下游的玉、石器在崧泽末期—良渚早期之时发生了明显的分化，特别是在不同的区域之间：

以"玉石并重"的凌家滩为中心的裕溪河流域衰落，而在其东南、西南两翼距离大致相近的大别山南麓两侧和天目山余脉，分别兴起了薛家岗晚期文化和良渚早期文化。这两地原本玉、石器制作都并不发达，但随后的发展十分迅速，相比而言，良渚早期文化更突出的是"以玉为尊，以石为辅"，薛家岗晚期文化则是"以石为主，以玉为辅"。

可以说，三个文化的发展变化在时间节点上表现得十分清晰，即在距今 5 300 年左右凌家滩区域中心衰落之后，左、右两翼分别承继了其玉、石器制作工艺和理念，导致长江下游出现了具有很大社会意义的"玉石分野"现象[61]。

二、路径

也就是与文化因素互动、传播相关的具体通道。以考古材料分析史前时期文化互动的通道，可以更深刻、准确地理解史前文化的发展、变化过程，探索各自文化发展的方向和动因。但是通道本身就具有地理学的含意，考古学意义上的通道研究并不容易，仅仅依据聚落、遗迹、遗物，是难以达到目的的，必须以地理环境为基础，充分结合地形、地貌特点，还要将历史记载中的信息纳入视野，做一综合的分析，才有可能得到较清晰的结果。从地理学角度而言，在人类历史发展过程中不易发生显著变化的较特殊地形、地貌，诸如山地、丘陵、山间河谷、稳定的河流、隘口等要素，都是重要且可靠的关注对象，而容易泛滥、改道的河流和变迁的流沙之地等，则明显不如前述要素。在此基础上开展的考古学通道研究，才具有较大的意义。

国内以考古学材料和视角探讨古代通道的研究，多数集中在有文献记载的时期和区域，大都与历史地理相关，而对史前文化通道的研究成果并不多见，近十余年来有马保春等对鄂豫陕的文化交流通道研究[62]，高江涛和庞小霞基于 GIS 方法、文献梳理及考古材料相结合的对洛阳盆地与晋南地区的三条重要通道研究[63]以及二里头文化时期洛阳盆地与江汉平原的通道研究[64]等，都在尝试如何从考古学角度开展通道研究。但有一点需要说明的是，考古学意义上的通道研究，一般并非很具体的通道，更不是指聚落当中的道路遗迹，而更多是作为文化和人群互动中曾经活动过的、呈线状的区域。

在中国古代历史记载中，从长江中游到下游有较为著名的四大泽：云梦泽、彭蠡泽、丹阳泽、震泽，虽然历史地理的研究对于它们的具体所指还有不同意见，是否都是共存于同一年代也不一定，更不能确定它们是否与各地文化的兴衰有关，但它们总是反映出长江中下游在相同或不同时期、不同区域曾经存在过大面积的水域。《尚书·禹贡》"导漾"："嶓冢导漾，东流为汉，又东为沧浪之水，过三澨，至于大别，南入于江；东汇泽为彭蠡，东为北江，入于海"，《史记·吴起传》："昔三苗氏，左洞庭，右彭蠡"等诸多文献，大体上表明四大泽与当今的洞庭湖、鄱阳湖、石臼湖、太湖及各自的周边有关联应该是可以的[65]。除云梦泽与本文讨论无关，其他均与分野的路径相关。

（一）走向太湖流域的通道

凌家滩与崧泽文化晚期和良渚文化之间的通道，假设以凌家滩为起点，以太湖为目标，结合地理环境，大致可以分为三条[66]：

一是沿着大别山余脉向东北到南京浦口过长江，或直接过江到马鞍山，再沿着长江南岸向东、经由宜溧山地北麓、太湖以北到达苏沪一带的崧泽文化核心区，为太湖北道，或也可称沿江通道，与当代的宁（南京）—沪（上海）铁路线所经区域大致接近。虽然关于太湖、长江和长江三角洲的形成时间学者们还未达成一致的意见，但在崧泽时代已基本具备了目前所见的长江与太湖的大致轮廓，地理学研究和已有的崧泽遗址分布情况足以证明这一点[67]。但这一通道沿线与凌家滩具有互动关系的遗址并不多见，张家港东山村遗址可以作为代表，而句容城头山遗址、丹徒磨盘墩遗址及其周边的玉石器制作场所也可视为相关的地点。

二是由凌家滩顺裕溪河后河而下，跨长江向东，经由现姑溪河和石臼湖一带，向东越过宜溧山地，从宜兴附近到达太湖，为太湖中道，与当代从太湖西岸经过的宁（南京）—湖（湖州）—杭（杭州）高铁所经部分区域接近。这条道路从目前的地形、地貌看并不确定，因为需要越过中间虽不高但起伏较大的山地，之所以需要将这条通道也作为可能性之一，是因为诸多历史记载中都有关于长江的"中江"问题，不少地理学研究者认为它与春秋时期伍子胥开凿的运河有关，但开凿运河前一般应有更早的条件许可[68]。"中江"是《尚书·禹贡》所记"三江"之一，关于其位置，历代学界争议较大甚至否定，也有学者认为是在上海市所辖的范围内。《禹贡》"扬州"："彭蠡既豬，阳鸟攸居，三江既入，震泽底定"；《禹贡》"导水"："过九江，至于东陵，东迤北会于汇，东为中江，入于海"；《汉书·地理志》也记载："中江出西南，东至阳羡入海"。这些记载并不能指示较清晰的位置，目前所知在石臼湖一带崧泽早期的遗址较多，但晚期很少，高淳朝墩头遗址发现的崧泽末期—良渚早期玉器是提示这一通道可能存在的较重要线索，但这一区域的遗址调查、发掘还不充分，也无法知晓具体情况，此线可作为线索看待（图一九八）。

三是自凌家滩向东过江后，从石臼湖或南漪湖一带经郎溪河，过广德，接浙江的西苕溪支流，到湖州抵太湖或折向南穿过安吉和天目山余脉到达良渚，为太湖南道，与当今新修的商（商丘）—合（合肥）—杭（杭州）高铁经过的区域相近。经考古调查，这条线路沿线的安徽宣州、郎溪、广德以及浙江湖州在崧泽时代出现了较多遗址，特别是崧泽晚期和末期的遗址分布较为密集，近年发掘的郎溪磨盘山遗址发现了崧泽晚期墓地，也佐证了这条通道存在的可能性。

从已知的遗址分布情况分析三条通道，大致知道崧泽早期的北道、中道是畅通

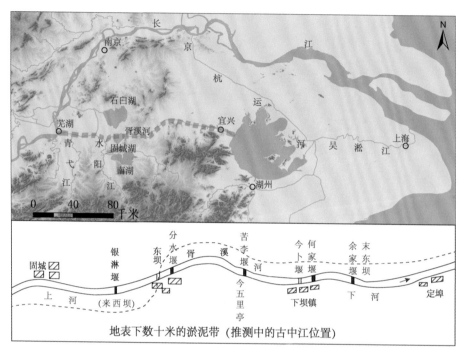

图一九八 胥溪河及中江位置推测示意图

（据朱诚等《对江苏胥溪河成因及其开发利用的新探讨》图1改绘）

的，但崧泽晚期、末期时南道沿线的互动明显增加，北道虽有沿用但与南道相比显得较弱，在某种程度上也可解释为什么良渚文化的发端，没有在崧泽文化的核心地带，而是在偏于一隅的良渚。

（二）走向皖河流域的通道

凌家滩与薛家岗文化之间的通道，相对而言较为简单，宏观上以长江为纽带，但微观上却较复杂。从凌家滩所在的裕溪河流域到薛家岗所在的皖河流域，两地之间的沿江北岸有地域广阔的低洼之地，直到如今陆上交通仍不是很方便。目前大量调查、发掘材料显示，两地交通可能有四：

一是从凌家滩向东跨过长江后，沿着长江南岸向西到铜陵，但因江岸狭促，需再跨江到北岸后折向西，目前在池州一带还未发现相当于凌家滩晚期和薛家岗早期偏晚的遗址，说明此道在铜陵越江折向西的可能性是存在的，但并不太大。

二是从凌家滩沿后河向西北逆行到东关一带，再顺扁担山等大别山余脉折向西南，也可以到巢湖南岸后沿着湖岸往西，也就是顺银屏山南北两侧往西到达大别山东南麓断裂带的桐（城）—太（湖）走廊，进而可以到达薛家岗文化分布区。在区域系统调查中曾在无为北面的扁担山南麓发现不少凌家滩文化时期的遗址，但大都属于早期，而凌家滩文化晚期和相当于良渚早期的遗址缺乏。因为再往西通往庐江的沿线以及巢湖南岸往西都未开展系统调查，该线的具体情况还难以明晰。两地之间的山麓以南，虽是大面积的低洼冲积平原，但时至今日交通并不顺畅，不如绕道从第一条或第三条通道更为方便。

三是从巢湖跨湖或沿北岸，经合肥、肥西再折向西南，顺着桐（城）—太（湖）走廊南下。这条通道在巢湖以西是十分畅通的，但巢湖以东需要穿过大别山余脉的几道大山岗，只是这并非难事，到了巢湖东北角以后，便是广袤的江淮地区，可自由选择道路到各个方向，其中自合肥折向西南或者自肥东向北到淮河流域，都比较畅通。

四是如果不利用这三条通道，那只能利用长江水道直接开展互动。利用水道开展互动是可行的，甚至可以实现文化因素的快速传播，但水道无法形成聚落，也无法遗留下遗迹、遗物供观察。

从目前的考古材料来看，第二、三条通道的可能性更大（图一九九）。

上述几条通道，仅是从地理和考古材料双重角度的推定，也不是当今意义上的单纯快速的线性通道，而是指人群流动过程中随着聚落的缓慢扩展，从而形成了相对稳定的人群流动方向和线路。从长时段来看，长江下游在距今 6 000 年以后作为一个大的玉、石器制造中心，实际上在微观地理区位上是动态而不是静态的，也即在微观地理位置上会随着时间推移有所摆动，这种摆动首先受玉、石器资源的制约，追寻新的、更多更好的资源是基本动力。发展的背后还与整个长江中下游对玉、石器需求日益扩大有密切关系，这种需求既有来自生业方面的压力，也有更多

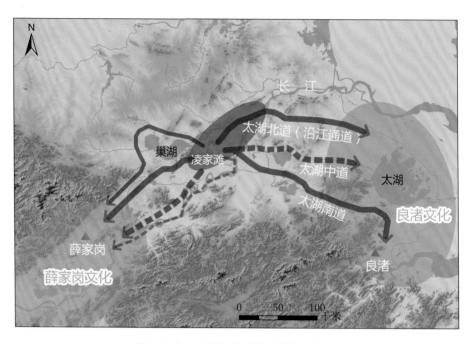

图一九九　分野与互动推测路径示意图

来自社会新秩序和规则的逐步确立而产生的要求，礼仪、等级的日益重要是其中重要因素。

　　不同的社会群体，在不同的发展道路上会选择不同的倾向。凌家滩文化应在承袭了宁镇一带的玉、石器制作传统后，孕育了多样化的器物种类和工艺技术，但它是一种基于新资源的发现而导致的产业转移模式，还是产业竞争模式，或者是互惠模式？凌家滩中心聚落的衰落和玉石器制作的分野现象，集中在崧泽末期到良渚早期这个较狭窄的时段内，句容城头山出土少量玉器的墓地[69]、丹徒磨盘墩遗址及其周围比较明确的玉石器制造场所[70]，年代也在这个区间范围内，是十分值得思考的。目前的材料还不足以开展详细讨论，但这有助于不仅仅从政治、文化角度，还可以扩大到经济角度来思考凌家滩玉石器制作出现的动因、兴盛、衰落等一系列问题。虽然到目前为止还不知道凌家滩为什么衰落，是环境原因还是资源原因，抑或人为原因？但这些技术和理念向东西两翼扩展，应该是两翼不同的发展道路之需或者说社会发展的取向不同。

西翼的薛家岗文化晚期主要承袭了源于北阴阳营和凌家滩的部分理念和一些基本技术，同时还承袭了较复杂的钻孔线锼技术，整体发展方向倾向于北阴阳营传统，重点偏向于石器，表现为随葬品中的石器总体多于玉器、更精于石器及普通器形的制造。

东翼的崧泽文化晚期并未太多地承袭，或因有文化差异方面的原因，但良渚文化早期基本上承袭了凌家滩的理念和各种技术，并重点发展了雕刻、减地等复杂的技术，将技术主要应用于玉器制造，整体发展方向更倾向于凌家滩传统，表现为玉器总体上多于石器、更精于玉器及特殊器形的制造。

东、西两翼之间在分野现象出现之后，相互间也还存在一些零星的交流[71]，但并未发生较大规模的互动现象，这与整个长江中、下游两大区域的文化出现了向北发展的趋势应有很大关系。

第九章

凌家滩与中华文明

距今五千多年前，是中华文明形成的关键时期，各地文化出现了大规模的区域重组、聚合，具有创新性、内涵丰富的文化因素不断涌现，植根于燕辽的红山文化晚期、晋陕豫的庙底沟文化、海岱地区的大汶口文化早中期、两湖地区的大溪（及油子岭）和屈家岭文化早期、太湖流域的崧泽文化和良渚文化早期，争奇斗艳，异彩纷呈，西北地区的马家窑文化也开始兴起，苏秉琦先生所言的"华山玫瑰燕山龙"便是其中杰出的代表，针对各地蓬勃发展的文化，他形象地称之为"满天星斗"[1]。不同文化之间和同一文化内部的互动十分活跃，从而在更大范围内形成了文化趋同现象，也有人将这一时期的大中原区称为"庙底沟时代"[2]，长江下游称为"崧泽时代"[3]或"崧泽文化圈"[4]等，以此概括超出了考古学文化范畴、更大区域的互动与融合现象。在各文化区域内部，还出现了各自小区域的中心聚落。这些大区域的文化互动、融合，小区域的中心聚落出现，反映了当时如同多漩涡状的诸多文化共同体的快速扩大与凝聚过程，为中华文明的最终形成打下了扎实的基础，从多漩涡的扩大、发展和碰撞，到最后单漩涡的出现，正是多元一体文化形成的真实写照（图二〇〇）。

凌家滩文化从距今5 800年后在巢湖东南的裕溪河流域一带开始孕育、形成，在5 500年前因玉、石器制作的兴起和繁盛而产生了巨大变化，实现了聚落集中化过程，出现了凌家滩这一超大型的区域中心聚落，并在社会复杂化方面迈出了关键的一步，尤其是在墓葬等级和葬仪等方面凸显了少数人群的特殊性，产生了社会分层现象。

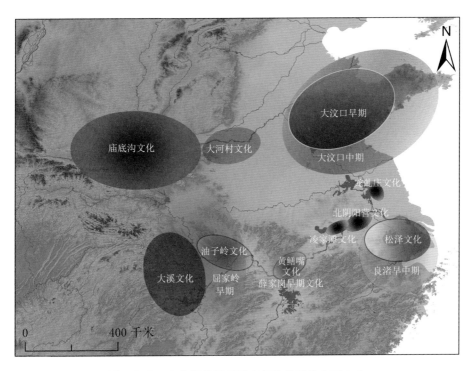

图二〇〇　中东部地区五千多年前的部分主要文化

以凌家滩中心聚落为代表的凌家滩文化，在崧泽晚期—良渚初期阶段，对长江下游的玉、石器制作和社会发展、变革起到了重要作用，但在距今 5 300 年以后又急剧衰落。整个文化前后延续不足五百年，兴盛约两百年，却是中华文明多元一体形成过程中十分重要的一环，为中华文明丰富多彩的多元因素特别是玉文化的传承，提供了不可多得的文化基因。

第一节　社会复杂化

社会复杂化（social complexity）是一个外来概念，指社会群体之间或群体内的不同人群，因对宗教、资源、产品、公共事务等方面的控制，以及由此产生的管理与分配机制出现了分化，将人与人、群体与群体之间的平等关系转变为不平等关系，平均分配关系转变为不平均分配关系，这是人类社会的重要变化。

对于社会复杂化的思考，在18、19世纪的西方社会显得十分突出。当时正处于社会巨大转型期，不平等状况加剧，社会发展的未来无法把握，同时全球各地的后进部落因15世纪以后的各种探险活动、殖民地开拓而不断被发现、研究，并伴随着科学的巨大发展和神学体系的逐步瓦解，探讨人类不平等的起源、社会分化、文明起源与国家起源乃至社会发展模式等问题，成为需要给全社会回答的重要问题，因而普遍受到哲学、社会学、民族学甚至生物学等诸多学科的普遍关心。英国生物学家达尔文对生物界的研究提出了著名的"自然选择"或"最适者生存"[5]，进化论很快成为不同学界对社会思考的重要理论支撑，并对神学提出了挑战。法国哲学家卢梭认为人类不平等的产生是随着私有制而来的[6]，保全自己和怜悯心是自然人的本性，当人类从自然状态过渡到不平等状态的第一阶段时，其特点就是财产权的确立及其导致的富人和穷人的不平等；进入到不平等的第二阶段时，则是通过设置权力机关并导致强者和弱者的不平等，其重要方式是通过社会契约[7]。马克思主义创始人之一恩格斯对家庭、私有制和国家的起源进行了详细的剖析，针对文明的产生提出"卑劣的贪欲是文明时代从它的第一天起直至今日的动力"的观点[8]，而拉法格强调"血族集产制"过渡到"它被一个家庭或组成父系氏族家庭的几个家庭占有的时候，它又被改造成私有财产"[9]。

对于人类历史长程中的社会复杂化研究，是人类学、民族学的最重要内容之一。早期的文化人类学之父、英国人类学家爱德华·泰勒认为社会的发展都要经历从蒙昧到野蛮再到文明的历程，不同民族与文化都是按照相同的进化路线，但进化的速率各自不同[10]。美国人类学家摩尔根持有同样的发展阶段认识，并以生产技术与生产工具的发明作为衡量每一阶段的具体标志[11]。此后出现了多个学派，对于社会发展过程各有不同认识，对促进社会发展的关键因素也有不同理解，因而出现了以弗兰兹·博厄斯为代表的反对单线进化论、倡导文化相对论的美国历史学派，以马林诺夫斯基为代表的放弃勾勒人类社会文化发展宏大叙事的企图、倡导微观和功能研究的功能学派，以怀特为代表将能量获取作为文化进化动力的新进化论，以斯图尔德为代表关注环境与文化关系，并从"社会文化整合水平"的角度划分为家庭、群落、国家三个层次的文化生态学等诸多学派[12]。这些学派对考古学的研究都产生了重要影响。

从社会复杂化这一具体现象专门分析史前社会演化的，以1962年埃尔曼·塞维斯的《国家与文明的起源——文化演进的过程》影响较大。他提出了古代社会发展的四个阶段：游群、部落、酋邦、国家，论证了国家起源过程中的社会复杂性[13]。国内开始重视社会复杂化这一概念始于20世纪80年代西方各种思潮进入中国之后，一批史学和人类学者先行介绍和探讨了这些概念，而中国考古界应用的时间，据称是1991年，但并不是由中国学者进行的[14]。

中国考古学界20世纪六七十年代以来在历史唯物主义和辩证唯物主义指导下，也有过热烈讨论，只是大都限于定性、诠释，较少探讨具体的过程。近年邵望平认可并阐释了贪欲作为文明进步的动力[15]；裴安平更深入地利用中国的材料，对私有制等问题进行了较深入探讨，提出中国从来就没有生产资料的私有制，而只有财富的私有制，但它不是一种经济制度，而是一种社会的管理、分配与政治制度，在距今6 000～5 000年间，个体家庭的独立性与地位得到了普遍提高，并出现了"贵族"，自此以后贫富分化日趋扩大，礼器已成为财富的标志物等一系列观点[16]。

国内考古学者真正接触并逐渐吸收社会复杂化理念并开展实证性研究的，是在探索中华文明起源的过程中，在关于文明"起源"的定性概念多年争论不休后，最终于21世纪初开始以"社会复杂化"这一明显具有过程性的概念，替代了具有定性性质的"起源"，这也是当时中国考古学界在过程主义思潮影响下，从此前习惯的定性研究走向过程研究的必然。较早成文并刊发的有2003年陈星灿等人合撰的《中国文明腹地的社会复杂化进程——伊洛河地区的聚落形态研究》[17]；2004年山东大学《文史哲》刊发的"中国东方地区古代社会文明化进程"笔谈文章中，栾丰实运用"社会的复杂化"概念探讨了海岱地区古代社会变迁[18]；2005年王立新[19]、郑建明等[20]分别探讨了辽西、环太湖和宁绍平原区社会复杂化，郭立新还出版专著论述了长江中游的初期社会复杂化[21]。自 2006 年开始，有关社会复杂化的研究文章日益增多。

到目前为止，关于社会复杂化、酋邦、复杂酋邦等的讨论在国内还远未停止，对于二里头文化之前的古代社会，是称为"古国"还是"酋邦"或"复杂酋邦"，各有不同意见，但一般都认可等级分化、文明形成是其重要内容。

凌家滩遗址作为纳入"中华文明探源工程"的年代最早的遗址之一，是因为从全国的史前文化发展趋势和重要性来看，既具有社会复杂化的明确信息，但又未达到足够复杂可以视为真正意义上的国家的程度，在一定程度上可以作为各区域开始走向复杂化的代表，或者说，从凌家滩文化中晚期开始，以凌家滩为代表的社会复杂化在各地开始有了明显的加速过程，文明社会便是在此基础上形成的。

一、聚落等级分化

从调查和发掘材料可以知道，凌家滩文化包括区域系统调查材料中的二期一段（相当于崧泽早期）和二段（相当于崧泽晚期）。在裕溪河流域，最早的马家浜文化阶段，只有凌家滩以西的偏上游山前地带略高的位置发现 4 处聚落，最大的聚落面积约 8 000 平方米，最小的约 3 000 平方米，彼此间距离 10 千米左右，没有形成聚落群。

到崧泽时代聚落总数达到 42 个，明确属早期（凌家滩文化早期）的聚落达到 24 个，还有年代难以确定属早期还是晚期的几处，分布范围明显扩大，尤其是向中游的山前地带和平地方向，并形成了线状或团状、三五个聚落成群的小型聚落群。早期最大聚落（凌家滩）的面积约 8 万平方米，另一处窦家嘴也达到近 4 万平方米，最小的仅几百平方米。因为聚落群的出现，所以各聚落之间的距离明显缩小，在裕溪河后河北岸，每 2 千米左右便有一处聚落呈沿河的线状分布，而东面和东北面则为团状集群分布。

属于晚期（凌家滩文化中晚期）的聚落数量急剧减少，明确的只有 8 个，即使将不能确定具体年代的都归入，数量也明显少于早期，同时大多数聚落的规模急剧缩减，调查所得按陶片分布计算的聚落总面积只有约 4 000 平方米，最大聚落约 2 500 平方米，而凌家滩聚落的调查陶片分布面积达 95 万平方米，经钻探、发掘确认其晚期面积可达 140 万平方米。

到崧泽末期—良渚早期，本区域的聚落只发现 2 处，均经过了调查、钻探，所见遗物极少。钱墩覆盖面积可能达到 2 万平方米，但核心区仅 900 平方米；而杨巷地表遗物极少，钻探也仅几千平方米，未见遗物丰富区。

这一带调查发现的遗址总体上比较单纯，时代延续不是太长，文化堆积也不太厚，所以对不同时期的面积作出测算，还是可以划分出相对可信的不同等级的[22]。上述材料可以清晰地反映出，从凌家滩文化早期开始，聚落已出现分化的趋势，但差距不明显；而到中晚期，以凌家滩为核心的聚落集中化趋势在其周边约 20 千米范围内还是比较明显的，并出现了超百万平方米的超大型聚落，成为整个流域及周边区域唯一的中心。周边聚落虽然没有在集中化过程中彻底消失，但在数量和规模上都十分衰落并出现了大片空白区。在韦岗遗址的发掘材料中可以十分明显地看到，韦岗晚期（凌家滩文化中晚期）无论是石器制作、砺石的数量乃至废弃的陶片垃圾，都急剧减少，但同时期凌家滩却正好相反，这与凌家滩聚落的崛起正相吻合，可以说是集中化过程的真实体现。

从社会复杂化角度而言，在凌家滩文化中晚期，除了凌家滩作为超大型聚落出现外，西北部的窦家嘴从早至晚始终是一个比较稳定的中型聚落，东北部的上左作为更小一点的中型聚落也已衰落，除此而外，其他聚落都属小型聚落。稍显奇怪的是，这两处与凌家滩无法比拟、差距巨大的中型聚落在早期却相对独立，它们并没有各自构成一组较紧密的聚落群，中晚期的窦家嘴也没有形成聚落群。因此凌家滩文化中晚期所有聚落之间都还没有形成很有序的层级，目前的三级聚落结构，也只是表面现象而不是一个真正紧密的政治或社会组织形态，所见的聚落等级差异也还不能作为一个完全独立、有效的社会一体化的体现。

虽然凌家滩的祭祀场所、大型公共场所和高等级墓葬可能代表了一种宗教和社会力量，但是否已作为一种内在的向心力来整合整个凌家滩文化还需进一步探索，不过这些聚落之间肯定存在着宗教或仪式上的互动和交流。

凌家滩文化时期（特别是中晚期）具有了一定的社会复杂化，但并没有达到有序的程度，而是呈现出相对松散的特征，这也正与凌家滩和整个中东部地区在这一时期刚刚全面、快速地迈向复杂化初期的趋势相吻合。如果这种松散的三级结构确实存在的话，可以推测它们可能存在三个小型的酋邦政体，每个政体的规模为数十平方千米，人口为几百人，而以凌家滩为中心的政体规模则可达到数百甚至上千平方千米，人口也可能达到千人的规模[23]。

以上认识基于常态社会发展模式，并没有充分考虑凌家滩中晚期发展的特殊因素——玉石器的制作。如果以玉石器生产为中心，来重新思考聚落所反映的社会复杂化过程，可能会得到更细致的结论，比如基于玉石原料或资源的掌控、交通或贸易的需求。像凌家滩聚落所在的后河北岸呈东西一线分布、相距 2 千米左右的聚落分布形态，便是较为特殊的一种聚落群形式。

二、墓葬等级分化

凌家滩墓地以祭坛为核心的部分可以分为南区、中南区、西区、西北区、北区、中区六个墓区，西北角较远处的另一片墓区相对独立，与此可能没有太多联系。这些不同墓区均属于中晚期十分短暂的一个时段，但已有了明显的等级分化。

一是墓葬分布与面积已体现出不同墓主之间有了较大差异。

南区、中南区是整个墓地最重要的部分，布局上除个别异常情况外一般都保持 3～5 米间距，与其他区域墓葬分布间距较小或紧密排列的现象区别较大，显示了较为规则的特点。各墓的墓圹绝大多数也较其他墓区的大，一般超过 3 平方米，07M22、07M23 更达到 6～7 平方米。这些墓葬应是当时的显贵者墓葬，其中一部分甚至是具有掌握某种权力的"王者之墓"。西区也有不少墓葬面积较大，如 98M28 超过 6 平方米。中区、北区的墓葬多数面积仅 2 平方米多，个别墓葬如 98M12 超过 4 平方米，较为特殊。虽然从墓圹面积来看，还没有十分严格的划分，并且因为田野工作的误差而可能有局部的墓圹范围不准确，但总体上还是可以看出不同墓区、不同墓葬之间的面积差异的。

二是随葬品的数量和种类更体现出巨大差异。

凌家滩各墓随葬品的数量差异在第六章中已有讨论，从1件到340件不等，已反映出不同身份墓主之间的巨大差异，50件左右是一个拐点，明显具有等级之分。因为随葬品以玉石器为特点，陶器处于次要地位，全部重要的玉礼器或特异形器基本上都出在南区和中南区，如果以玉器作为重要观察对象，更易看出差异的显著性，尤其是以位居祭坛南部中间的07M22、07M23、87M4、87M15最为重要，每墓随葬玉器都达到90件以上[24]。至于西区的98M20虽然随葬玉器号称达123件，但其中有111件为玉芯和边角料等，为治玉过程中的产品，显然不能与前述大墓中的真正玉器相比。这些差异在很大程度上已是一种权力的体现，也就是对某种资源掌控的程度，至于这种权力是具有政治意义还是宗教意义抑或经济意义的，或者是多重复合的，目前还不易确定，但至少可以肯定的是，随葬玉龟、玉版的87M4，随葬210余件玉器和玉龟组件的07M23，以及随葬玉人、玉鹰、玉龙等物的87M1、98M29、98M16，这些特殊器物都应与宗教权力有很大关系。87M4、87M14、98M15还随葬了基本未深加工的玉原料[25]，是一种十分特殊的丧葬习俗，应当反映了掌控玉原料是极少数人的权力，但它既不是宗教权力，也不是兵权，更大可能是缘于玉资源的珍贵，也就是说与资源和经济带来的特殊权力有关。

三是墓中显示的葬仪也反映出各墓的较大差异。

从较为典型的南区07M23所反映的葬仪看，该墓已有棺（甚至椁），随葬品中身体胸腹部穿戴有大量以璜为核心的装饰（礼仪）玉器，手臂戴多个环镯；棺底铺有石锛、凿，墓主身下还有铺底石钺，且身上摆放少量压身玉钺；棺内的头、脚两端棺板上还各悬挂一组以玉瑗为中心的玉器；在棺之外，随葬炊器、食器和酒水器等陶器，并可能有参加葬礼的成员投入的玦等助葬品。整个葬仪显得十分复杂，但又有较好的规范。在其他如87M4、87M15等重要墓葬中，也可见到以玉器穿戴为特征的较规范葬仪，87M8还可见到类似98M23的棺内两端悬玉情形。而在西区不少墓葬中，也可以见到虽没有07M23复杂但也具有普遍规范的一些葬仪。但是，在较多更低等级墓葬中却缺乏较规范的玉器随葬礼制。可以看出，整个社会应该出现了至少三个阶层的分化，在其顶端便是以87M4、07M23为代表的可以拥有更多资源和财富、葬仪复杂的墓主，其次可能与玉石器制作身份相关并具有一定葬仪的墓主，以及仅有简单葬仪的墓主。

上述分析已较为充分地表明，凌家滩墓葬至少可以分为三个层次：作为上层的墓主，数量少，随葬品多而重要，与资源、宗教、礼仪有关的物品均在这些墓中出现。作为中层的墓主，以具有或掌握制作玉石器能力的人为主，其身份地位并不寻常，而是具有治玉技能、支撑凌家滩重要经济产业的人群，列入上层的部分墓主或同时具有以上双重身份。底层的墓主，随葬品少，尤其是玉器很少。这种结构已大致具备了多层次，但真正底层的墓主并不占大多数，因而还没有形成比较标准的金字塔形。不过这种非金字塔形的分层结构只是在目前所见的并非普通人员的这处墓地，若从整个社会的角度来看，一定还会有数量最多、更底层的人员存在。因此，总体上来看社会分层及由此带来的等级分化，在墓葬中已是十分清晰可见了。

三、权力集中

权力集中是社会复杂化过程的重要一步，但是权力如何获取和集中在少数人手里，则是各不相同。在史前社会中，权力主要表现在三个方面：神权、王权、军权，不过在不同的社会环境下，还有其他适应当时当地的特殊因素导致的权力集中，比如大规模治水带来的协调、组织权力，贸易活动带来的经济运行和管理权力，特殊资源获取带来的控制权力，等等，在合适的条件下都可能转化成为一种社会的治理或统治权力，从而导致社会的巨变。

凌家滩墓地体现出来的凌家滩中晚期社会，在社会权力的形成中处于什么阶段？它所呈现的权力是哪种或哪几种权力？都是需要细致讨论的问题。

首先需要从考古学角度对各种权力的呈现方式进行分析。神秘礼器是否归属神权象征？王权的表现是通过怎样的形式？斧钺是否代表了军权的含意？

（一）神权问题

人与天地、神祖的沟通，是整个古代社会为了祈求平安、丰产、多育等而采取的重要行为，并因此而产生了各种崇拜行为和宗教信仰，对社会的发展起到十分重要的作用。墓葬作为逝去的先祖所"生存"的另一个世界，是活着的人群与他们沟通、祈求的重要场所。

虽然在距今六千多年前，各地较集中的墓地便已盛行并且出现了独立于生活区之外的趋势，但在距今五千多年前的凌家滩文化中晚期，出现了完全独立于生活区之外、以大型独立祭祀场所为依托的大型墓地，却是社会巨变的重要体现，不仅进一步强化了生与死的二元世界观，大型祭坛还彻底割裂了人与天地、神祖之间的沟通渠道，现实社会的人群不再能自主地与他们沟通，《国语·楚语》："及少皞之衰也，九黎乱德，民神杂糅，不可方物。夫人作享，家为巫史，无有要质……颛顼受之，乃命南正重司天以属神，命火正黎司地以属民，使复旧常，无相侵渎，是谓绝地天通"，"家为巫史"此时被统一的宗教信仰和礼仪体系所取代，原始宗教礼仪向制度化、程序化方向发展，神圣的沟通权已被特殊阶层垄断[26]。

作为巩固这种专属权的措施，相应的礼仪和道具应运而生。在凌家滩墓地的随葬品中，出现了数量极少的以珍稀材质制作的神秘器物，如玉龟、玉版、玉鹰、玉龙、玉人、三角形玉饰等，有些甚至始终只有一件，数量之少、形态之奇恐非材料或制作方面的原因。虽然处在创新的时代，没有批量复制也属正常，但更可能是具有严格控制复制的意图，应是作为一般群体不允许拥有的专属道具——具有通神功能的神器。

与之相伴随还产生了复杂的丧葬仪式，通过不同的礼器（饰品）、不同的葬仪，体现出人群之间的差异，从而垄断沟通天地、神祖的渠道，借此将区域社会中的人群纳入统一的神人沟通体系中，增强人群的凝聚力和认同感。换个角度而言就是通过与天地、神祖的专属沟通权强化了对社会的控制力。由此，原本可以作为群体共享的权力变为更小的群体独享，从而获得公众认可的权力——神权。

凌家滩墓地所呈现出来的特点，比较充分地说明了当时的社会已有少数人掌控了神权以及专属道具，出现了神权的集中现象，但还无法明确是每个小阶段的个体独享还是小群体共享，也就是说是否存在巫觋群体。

（二）王权与军权问题

王权是一种行政权力，其特点是能够有效地通过层级管理，达到统治一个区域社会的目的。王权需要一定的社会分层为基础，在显贵群体内部还要有等级的形成和最高权力的相对固化，在物质上体现为拥有大量的可支配财富和不易获取的特殊器物等，在一定时间段、一定区域内具有唯一性，并且与军权在很大程度上是难以分割的。

军权是巩固王权的最有效手段。在中国的先秦时期，斧钺是军权的象征，《尚书·牧誓》："王左杖黄钺，右秉白旄以麾"，表达出周王以钺作为军事指挥权象征的史实；西周晚期虢季子白盘铭文也记载周王给虢季子白"王赐乘马，是用佐王；赐用弓、彤矢，其央；赐用钺，用征蛮方"，让他拥有征伐之权；《礼记·王制》："诸侯赐弓矢，然后征；赐斧钺，然后杀"，也表明了斧钺作为王独有的权力——尤其是征讨杀伐的特性。

林沄曾论述了斧钺跟商周甲骨文、金文"王"字之间的关系，认为"王"即是"用象征军事统率权的斧钺来构成王字，这是十分耐人寻味的"，并提出中国"在斧钺作为王权的象征物之前，它本是军事民主制时期军事酋长的权杖"[27]，指出王权与军权的密切关系，并且认为斧钺并不是一开始就作为王权的象征物，而是曾作为军事酋长的权杖。李水城也认为"从斧、钺到'王'字的出现，以至于将其视为王权的象征，其源头可追溯到遥远的史前时代"，"这种与军事统帅权力相关的礼制一直延续至隋"[28]。这些研究都意识到，斧钺应在新石器时代晚期某一阶段成为军权的象征，而作为王权的象征则应是此后还经历了一段较长时期的演化过程（图二〇一）。

在考古材料中，王权较神权、军权的辨识更加困难。史前时期的考古因为难

1. 甲骨文"未王"　　2. 小臣𫂖卣　　3. 成王方鼎　　4. 长由盉"穆王"　　5. 堯爵　钺砍人头图
《合集》21471反　《集成》5379　《集成》1734　《集成》9455　《集成》07397

图二〇一　甲骨文、金文中的"王"字

（1、2. 商代　3. 西周早期　4. 西周中期　5. 商代）

以获得类似历史时期考古中的印章、文字等有效材料，因而缺乏可以有效辨识的证据，是否有王权存在是讨论的热点，一般都将具有军权特性的斧钺作为军权、王权的象征[29]，但正如诸学者所述，斧钺在成为王权象征之前是有较长时期的演化过程的，它何时成为军权和王权的象征，尚需详细分析。

凌家滩墓地 70 座墓中随葬石斧钺的墓葬有 44 座，总数 281 件，但其中部分墓葬的规模很小，在北区也有多座墓葬随葬，这些绝非显贵者之墓；更远的西北角另一片墓区同样有多座墓葬随葬石钺。随葬玉斧钺的墓葬有 22 座，总数 56 件，分布相对集中在中、南、和西区，北区仅有 3 座（图二〇一）。上述情况呈现出以下几个特点：

1. 随葬玉、石钺的分布面较广，墓主身份多样。虽然凌家滩这片墓地具有其特殊性，应该是聚落中等级较高的群体，而不是最普通的人群，但墓地具有明显不同的墓区，南区和中南区墓主的身份高于其他墓区；西区墓主虽然很大可能属于玉石器制作工匠，在当时以玉石器制作为重要产业的聚落中也属较高身份者；西北区显然无法与前两者相比，北区更是差距十分明显。各区随葬玉、石的斧钺较普遍。

2. 每墓随葬的数量不等，尤其是石钺在部分墓葬中大量出现。数量最多的07M23 玉斧钺达到 12 件、石斧钺 59 件，87M4 也分别有 8 件、19 件，87M6 虽无玉斧钺但石钺达 32 件，而 87M15 只有 1 件玉钺和 7 件石钺，这些墓葬都属于南

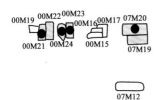

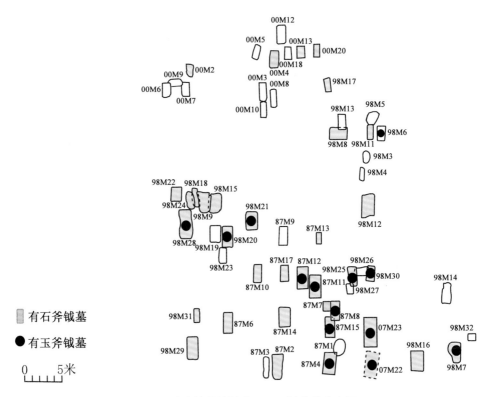

图二〇一　凌家滩墓地随葬玉、石钺墓葬分布图

区和中南区的重要高等级墓。西区的98M20虽也是大墓，但应是重要的工匠一类人物而不属于重要的高等级墓主，有6件玉钺和16件石钺。更西北的另一片墓区00M21也有玉钺6件、石钺5件，07M19有石钺8件。还有其他较多墓葬中也呈现出跟墓主等级不太吻合的情况。07M23的棺外所见多件成组摆放的花斑石钺，更可能是具有助葬性质的物品。

若要细致讨论，这些不吻合的情况当然还会存在诸如性别差异、身份差异，甚至不同小阶段的年代差异等多方面原因，但也正反映出随葬斧钺既已出现了一定等级的差异，又未完全形成较为稳定的规制，至少从权力的视角而言，还不具备独享或小群体共享的特点。

3. 随葬玉斧钺的墓葬和器物数量明显比随葬石斧钺的少。有玉斧钺墓仅占已发掘墓葬总数的30%，石斧钺墓约占墓葬总数的64%。在玉、石钺总数中，玉斧钺占16.7%，石斧钺83.3%，仅从这一数据便可以看出玉钺具有更珍稀的性质，体现出只供少部分人使用的趋向。

4. 部分石钺的制作工艺差距较大，显示了不同的制作来源。大多数石钺制作较为精细，表面经过了细致打磨甚至抛光，但一小部分表面仅简单磨制，更重要的区别在钻孔工艺上，存在琢制、实心钻、管钻的不同形式，对孔缘的处理也有很大不同，有些还呈现出石器制造的低水平阶段特征，技术的高低差异十分明显。

如果说凌家滩聚落对玉石质的斧钺和其他精致器物的制作——当时重要的高端技术——能够有效控制的话，那么除了个别具有特殊性质的器物外，这些不同的技术应该反映出它们来自不同的工匠或不同的制作场所，甚至不同的聚落。较低水平的产品汇聚到凌家滩墓地中，而且还并非孤例地出现在类似07M23这类最高等级的墓葬中，当是体现出这些墓主生前对凌家滩或其他聚落已有一定的控制力，也就是某种区域共同体已经产生。

以上四点大体可以说明：

1. 至少凌家滩墓地石钺的功能与军权无关，玉钺的功能可能存在向权力象征逐步演化的趋势，越来越集中到显贵者手中，但在所谓的工匠墓中仍有不少，即使是工匠自己制作的产品能够留用，那也表明它们并没有军权的威严，也就不是军权的象征。其他如助葬品类的石钺，较多的分组现象也可说明它们应该并非来自一人，至少每个小组相对独立，更不会是权力象征了。

2.若将质地不同、质量不一的玉石钺视为军权的象征，有违军权的神圣性、独有性。若将随葬玉石钺的墓主人一概视作军权持有者，其人数之多、身份的等级之杂，也有违作为权力象征的基本特征——稀有性。

虽然由于考古学的局限性，而难以判断各墓微观上的时间关系，现代政治学意义上的"军权"概念，也不一定能准确概括古代"军权"的动态变化过程，但作为概念的基础，它的基本特征仍是可以确定的。因此，权力的稀有性、神圣性、独特性，与玉石钺数量及相关墓葬的众多性、多样性之间，便有了难以弥合的矛盾。

军权是王权的基础，并不等同于王权。在没有文字的史前考古材料中，王权的辨识是十分困难的，但最直接的体现是具有统一的徽识、明显的社会分层和最高贵族等级出现，这些都是可以辨识的因素。在良渚文化早期，快速出现并迅速在太湖流域广泛存在的玉琮，具有统一的风格、一致的外形、独特的神人兽面纹样，之后的演变发展也具有高度一致性。它既具有神权的特点，也具有在同一大区域内作为统一的徽识而广泛使用的可行性，有学者认为琮的分节是具有权力分配的含意，颇值得注意[30]。社会分层和贵族等级的出现，在良渚文化早期就已较为明朗。所以，良渚文化可以作为王权出现的标志，而凌家滩文化则是王权出现的过渡阶段，已具备了王权的部分要素，但尚未达到王权的地步，尤其是缺乏统一的徽识，其重要墓葬可称之为"王者之墓"，但不宜称为"王墓"。

（三）资源、技术与权力问题

对资源及相关技术的掌控，是凌家滩文化一种较特殊的权力，也是古今中外资源和技术型社会的共同特点。这种权力需要其他各种力量的支撑，包括神权和可能的暴力，在一定条件下它还可以转化为王权。

凌家滩墓地中，随葬较大块玉质原料的墓葬极少，只有87M4、87M14、

98M15，但随葬边角料、芯之类的过程产品却较多见，并且见于07M23等最高等级的墓葬中。两者基本上只见于南区、中南区和西区墓葬中，仅个别在北区、西北部另一墓区，多数边角料体量极小，只有两三厘米或略大，反映的应当是玉料、边角料的珍贵性，而不是随意可见的普遍性。从分布上看，是以大墓和工匠墓为主，特别是有两座重要墓葬还以玉质原料作为随葬品，更是体现了对玉这种重要资源掌控的愿望。

石材原料更为丰富多样，相对于玉材而言其重要性次之，并且因凌家滩总体上处于玉石器制作的创新时期，虽然已开始有一定的倾向性，但还没有形成十分稳定的选料原则，这与此后良渚文化较为稳定的现象有明显不同。值得注意的是，87M4：1和87M15：25两件长达34、36.4厘米的超大石钺，是一般石钺的一倍以上，均摆放在墓坑的中部，采用了凝灰岩、通体琢制并简单磨制的方式，与凌家滩整体上崇尚花斑彩石、精细制作的石钺风格大异其趣，98M29出土的2件石戈（矛），也是凌家滩墓地罕见之物。这些可能具有某种权力的象征意义。

目前所见的凌家滩诸特点，体现出当时的部分人群对玉石资源和制作技术的极度追求，但并未将其中的斧钺或其他器类视为稀有产品——像玉龟、版和其他小众产品那样——而是采取了大批量生产的方式，这就对拥有者的身份及器物所蕴含的社会功能的判定，提出了新问题。因此不可忽视的是，作为以玉、石器立足并发展起来的凌家滩文化，在神权的支撑下是否具有了因对原材料和工艺的掌控而达到了高度发展的状态，是值得重视的。

在凌家滩墓地中，与其将玉、石钺视为军权或王权的象征，不如将其视为一种特殊时代、对特殊经济需求的反映，这种需求的本质就是对玉、石资源的掌控和产品的生产，以及由此带来的财富积累。在其发展过程中，基于资源、技术掌控的权力，会逐渐走向集中并更加社会化，最终异化形成一套统治管理体系，从而迈出了走向王权的步伐，只是在凌家滩并未完成这个过程，而是在后续与凌家滩有一定关联的良渚文化中得以完成。

所以，凌家滩文化更可能是一个在神权支撑下，形成了对资源和技术掌控具有强烈愿望并有权力体现的社会，但凌家滩墓地各墓随葬品寡富悬殊，又同葬一地的现象，说明社会虽然存在一定的分化，与良渚贵族墓地所呈现的阶层分明的情况相比，却并不相同。无论如何，凌家滩文化中晚期都已呈现出了相当程度的社会复杂化，处于当时中华文明形成过程中的十字路口，而一系列的创新、尝试，为中华文明的最终形成积累了丰富的经验和诸多文化基因。

第二节　凌家滩与中华文明

以凌家滩遗址为代表的凌家滩文化，在距今 5 800～5 300 年左右中国史前文化巨变、社会复杂化加速的历史潮流中，经历了短短四五百年发展，以极具特色和高端技术的玉石器生产独树一帜，在中华文明发展史中具有十分重要的标志性地位，开创了一系列新风。

凌家滩文化的玉石器生产，吸纳了此前长江下游马家浜文化、北阴阳营文化玉石器生产所积累的一系列选材、造型、工艺等理念，在此基础上进一步提升并出现了质的飞跃，形成、完善了几乎涵盖后世玉石器制作的绝大多数工艺；在原料利用、切割、钻孔、打磨、抛光、雕刻诸方面均有重要的技术突破；以各种动物原型创造的生肖形象，以及充满神秘气息的特殊产品，拥有了同时期中国史前文化玉器制作的最高水准；在对玉器表面处理上的细致、精美作风，以及多样化的装饰手法，也是开一代新风。一系列产品展现出理念、造型、技术上的大量创新，达到了中华文明形成过程中玉石器制作的第一个高峰，也在玉佩使用、丧葬礼仪、宗教信仰等精神领域形成了一系列影响深远的文化特色。

之所以能够产生独特的凌家滩文化，是与多元的文化交流分不开的。在玉石器之外，长江下游崧泽文化先进的陶器制作、淮河中下游大汶口文化和龙虬庄文化的艺术风格和制器理念——特别是大汶口文化用龟习俗，都深深地影响了凌家滩文化，还有其他距离较远的同时期文化也都对凌家滩有或多或少的影响，至于凌家滩与红山文化的神秘关系更是扑朔迷离。

在凌家滩文化鼎盛之时，以齿纹璜造型、玉组佩理念和玉石器制作技术为代表的多种文化因素，也对周边文化产生了较大影响，并可远追至长江三峡和南阳盆地，其中影响最大的是对同处长江下游东南方向的良渚文化和西南方向的薛家岗文化，从而出现了影响整个长江中下游的"玉石分野"现象[31]，为良渚文化早期玉石器的快速兴起和薛家岗文化晚期石器制造的发达奠定了基础。但是在两地兴起之时，凌家滩却很快衰落，个中原因至今尚无法了解。

以崇尚玉石器为特点的凌家滩文化，传承并创造了中华文明的部分文化基因，这些文化基因表现为多个方面：

1. 以尊玉为核心的理念已得到充分发展。

尊玉理念的发展虽然经历了长达几千年的过程，但直到距今 5 500 年左右，才在中国东部地区大范围兴盛起来，并逐渐形成了稳定、特殊的文化内涵，而不仅仅是作为对美的欣赏。无论是"唯玉为葬"[32]还是"玉敛葬"[33]，表达的都是以墓主人下葬为核心的礼仪过程，凌家滩文化以玉（或美石）作为社会意识形态中的核心内容，不仅在年代上较早，而且在具体器物表现上也十分突出。

2. 丰富多样的器物具有十分复杂的内涵。

无论是石料的选择，还是造型的创造，都给后世盛行、经久不衰的中国玉文化传统提供了丰富的营养。虽然多数玉器并非凌家滩首创，但也是重要的传承者之一，除玉玦、管、环镯等常态的装饰品外，玉璜、小系璧、瑗等成了商周时期广泛流行的贵族们的重要饰品，而逼真的龙、虎形象也为后世所承袭，特别是片状的龙形象更是与汉代玉龙十分相似，这些都成为中国后世玉文化的代表性器物。充满神奇色彩的刻图玉版、三角形树纹玉饰，至今还难以了解它们在此后是否中断过，或者被其他后继文化所承袭，但在汉代文化中复兴也是匪夷所思。

3. 在玉器的使用方式上，各种复杂组佩的出现，也为商周时期的组玉提供了遥远的渊源，如多件玉璜穿系而成的组璜、多件环镯穿戴于手臂的现象，以及在棺内头、脚两端加饰成组的玉质棺饰，在后世也都能够找到类似的理念和现象。

4. 在精神领域，复杂葬仪的出现，以及承自淮河流域远古传统的龟占习俗，都被后世所承袭。

虽然因为年代的差异较大，目前的考古材料还难以充分说明，凌家滩的这些因素是否对商周和汉代的文化产生了影响，或者说通过怎样的路径产生了影响，这有待于以后更多的考古发现加以证明，但它们之间至少存在着遥远的文化基因相似性。

在凌家滩文化的发展过程中，神权的出现和巩固促使了社会凝聚力的增强，并为其他社会权力的产生奠定了基础。在此前提下，很可能因为资源、技术掌控的需要，发展出具有社会管理性质的权力，是一种基于产品甚至贸易类的经济发展需求的权力形成模式。在同一时期的各史前文化中，也是颇为突出的。相比之下，以稻作为主的农业虽然已经存在，但还看不出十分明显的发达迹象。

经过数百年的发展，在中晚期时凌家滩的社会分工和分层逐渐明显，等级差距加大，社会复杂化程度进一步提高，但尚未达到贫与富、贵与贱彻底割裂的程度，宋建便认为凌家滩墓地"尽管一部分大型墓的埋葬区域比较集中，从事治玉的工匠墓葬却比较分散，富人和穷人并没有非常明显的区域划分和隔断。如果与同时或稍晚的张家港东山村遗址、青浦福泉山遗址相比较，这种埋葬形式是凌家滩古国墓地的重要特色之一"[34]。从器物所呈现出来的经济形态和极少发现与暴力相关的遗物，说明军权在凌家滩社会中并非最重要内涵，甚至并未充分发展起来，与之相应的王权也还处于形成过程之中。总观同一时期的长江下游各文化，也并无太多的暴力证据，而是呈现出较为平和的、可能以手工业经济发展为主的社会形态，这与凌家滩的社会面貌是相吻合的。应该可以说，凌家滩文化代表了长江下游的一种新的以经济为核心的社会发展模式。

以玉石器制作为特点，以经济发展为主要目的的发展模式，实际上走向了文明发展的十字路口，也是一个社会何去何从的重要抉择。从经济方面而言，如果能够确认凌家滩是一个资源、技术型社会，它的选择只能是继续追逐资源，或者以技术获得更合适的发展空间。从社会权力角度而言，如果神权难以持续为社会的稳定和发展起到支撑作用的话，它要么衰亡，要么强化权力形成军权和王权，从而走向区域统治的道路。从文化发展角度而言，一个创新型的文化群体，在形成了一系列的创新因素之后，如何守成、发展也是一个重要的问题，进一步巩固既有成果，则需要更多的规范和逐步稳定的传统，以此强化文化的影响和凝聚力，实际上是一个新文化的出现。

所以，凌家滩文化所处的十字路口，也是史前诸多文化在发展到一定阶段后面临的抉择，只是因为皖江两岸的文化深受周边文化的影响，一直是四周重要文化圈之间的亚文化体系，与北阴阳营文化一样，缺乏自身久远的文化传统氛围，并在历史的抉择中没有选择或无法选择立足本地的发展路径，从而出现了"玉石分野"。吸纳、包容、创新，是凌家滩文化之所以能够兴起的最重要内涵。

玉石分野，是这一时期长江下游经济形态方面的重大转变，实际上与现代意义上的"产业承接"内涵相近，但它是因为资源枯竭？还是新兴的它文化群体超越？抑或是原有工匠群体的分裂所致？是将来需要探索的问题，但无论如何，它对长江下游甚至中华文明将来的发展道路，都起到了十分重要的作用。

凌家滩文化在形成、发展过程中，具有一些明显的特点，其基本的发展路径是：

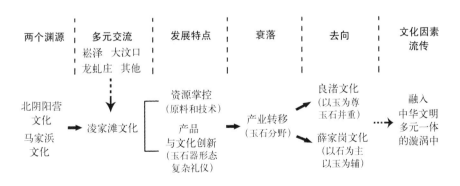

图二〇二　凌家滩文化发展基本路径

"中华文明探源工程"针对国内多年对西方学界提出的文明标准或三要素（青铜、文字、城市）的争论，以中国的材料为基础，总结出了中华文明起源的新标准：

农业与手工业显著发展，出现明确的社会分工；社会显著的阶层分化，高等级手工业制品的生产和分配为贵族所控制，埋葬贵族的大型墓葬和专门墓地以及礼制形成；作为政治、经济、文化中心的都邑以及附属的大型建筑和公共设施；暴力与战争成为较为普遍的社会现象；王权管理的区域性政体。当一个社会具有以上现象的大部分时，就可以判断其达到了文明的程度。[35]

凌家滩文化中晚期创社会复杂化之始，创文明新风，创复杂礼仪之要，创玉器工艺之先，已具备了相对复杂的社会结构，在诸多文明要素方面都有自身独特的贡献，属于中国考古学研究中"古国时代"的最早期，是从原始社会到古国阶段的关键节点，具有标志性地位。

以凌家滩遗址为代表的凌家滩文化，可以当之无愧地称之为"文明先锋"，正如严文明先生所言："可以毫不夸张地说，在长江下游，凌家滩人是首先走上文明化道路的先锋队。虽然直到目前为止，我们还不知道他们的后继者是一个什么情况，是不是曾经拿过接力棒进一步奔向文明社会，但从各种情况分析，在凌家滩之后，文化发展的重心可能有所转移。至少玉石工业的重心转到太湖流域的良渚文化那里去了。"[36]

中华文明具有多元一体、连绵不断、兼收并蓄的基本特点。凌家滩区域中心的形成，以及它的发展、融入，实际上也是中华文明形成过程的一个缩影。

注　释

第一章　一方水土

［1］安徽省地方志编纂委员会办公室：《安徽省志·长江志》，方志出版社，2018年，第10～12页。

［2］安徽省地方志编纂委员会：《安徽省志·自然环境志》，方志出版社，1998年，第15页。

［3］安徽省地方志编纂委员会办公室：《安徽省志·淮河志（1986～2005）》，方志出版社，2016年，第11页。

［4］含山县地方志编纂委员会：《安徽省地方志丛书·含山县志》，黄山书社，1995年，第1页。

［5］安徽省地方志编纂委员会办公室：《安徽省志·长江志》，方志出版社，2018年，第72～73页。

［6］巢湖志编纂委员会：《巢湖志》，黄山书社，1989年，第20页。

［7］刘光：《地质矿产勘查规范与地质环境调查、灾害监测评估实用手册》，安徽文化音像出版社，2002年，第173～174页。

［8］镇江市地方志编纂委员会：《镇江市志》，上海社会科学院出版社，1993年，第157页；句容市地方志办公室：《句容茅山志》，黄山书社，1998年，第309页。

［9］安徽省地方志编纂委员会：《安徽省志·自然环境志》，方志出版社，1998年，第6～7页。

［10］含山县地方志编纂委员会：《安徽省地方志丛书·含山县志》，黄山书社，1995年，第67页。

［11］钟华邦：《江苏溧阳县透闪石岩研究》，《岩石矿物学杂志》1990年5期。

［12］崔文元、吴伟娟、刘岩：《江苏溧阳透闪石玉的研究》，《岩石矿物学杂志》2002

年 21 卷增刊。

［13］江苏省地方志编纂委员会：《江苏省志·地质矿产志》，江苏科学技术出版社，1999 年，第 159～162 页。

［14］安徽省地方志编纂委员会：《安徽省志·地质矿产志》，安徽人民出版社，1993 年，第 229～232 页。

［15］张敬国：《凌家滩玉器工艺技术浅谈》，《收藏家》2008 年 12 期。

［16］安徽省地方志编纂委员会办公室：《安徽省志·地质矿产志（1986～2005）》，方志出版社，2015 年，第 21～22、116～119 页。

［17］陈天然、秦岭、吴卫红、崔剑锋：《安徽凌家滩遗址 07M23 出土玉器的初步科技分析》，《南方文物》2020 年 3 期。

［18］张敬国：《试论中国玉器时代——谈含山凌家滩出土玉器》，《跋涉集——北京大学历史系考古专业七五届毕业生论文集》，北京图书馆出版社，1998 年。

［19］张又尹、朱剑、吴卫红：《安徽凌家滩遗址出土陶器的岩相分析》，《南方文物》2020 年 3 期。

［20］张敬国：《凌家滩玉器与良渚玉器研究》，《浙江省文物考古研究所学刊（第八辑）——纪念良渚遗址发现七十周年学术研讨会文集》，科学出版社，2006 年。

［21］竺可桢：《中国近五千年来气候变迁的初步研究》，《考古学报》1972 年 1 期。

［22］王绍武：《全新世气候》，《气候变化研究进展》2009 年 4 期。

［23］Renssen H, Seppä H, Heiri O., et al., The spatial and temporal complexity of the Holocene thermal maximum, *Nature Geoscience*, 2009, 2(6): 411-414.

［24］俞凯峰：《末次盛冰期和全新世大暖期中国北方沙地古气候定量重建探索》，南京大学硕士学位论文，2013 年。

［25］施雅风、孔昭宸、王苏民等：《中国全新世大暖期气候与环境的基本特征》，《中国全新世大暖期气候与环境》，海洋出版社，1992 年。

［26］张振克、吴瑞金、王苏民等：《全新世大暖期云南洱海环境演化的湖泊沉积记录》，《海洋与湖沼》2000 年 2 期。

［27］王绍武：《8.2ka BP 冷事件》，《气候变化研究进展》2008 年 3 期。

［28］王绍武：《5.5ka BP 冷事件》，《气候变化研究进展》2009 年 5 期。

［29］王绍武：《4.2ka BP 冷事件》，《气候变化研究进展》2010 年 1 期。

［30］Jansen, E., J. Overpeck, K.R. Briffa, et al., Palaeoclimate, In: Climate Change 2007: The Physical Science Basis, *Contribution of Working Group I to the Fourth Assessment Report of the Intergovernmental Panel on Climate Change*, Cambridge University Press, 2007, 433-497.

［31］王绍武：《8.2ka BP 冷事件》，《气候变化研究进展》2008 年 3 期。

［32］赵炳炎、胡建芳、刘丰豪等：《长江下游南漪湖沉积记录的全新世以来温度变

化》，《第四纪研究》2021 年 4 期。

［33］ 赵炳炎、胡建芳、刘丰豪等：《长江下游南漪湖沉积记录的全新世以来温度变化》，《第四纪研究》2021 年 4 期。

［34］ 高蒙河：《长江下游考古地理》，复旦大学出版社，2005 年，第 318～319 页。

［35］ 赵炳炎、胡建芳、刘丰豪等：《长江下游南漪湖沉积记录的全新世以来温度变化》，《第四纪研究》2021 年 4 期。

［36］ 施雅风、孔昭宸、王苏民等：《中国全新世大暖期气候与环境的基本特征》，《中国全新世大暖期气候与环境》，海洋出版社，1992 年。

［37］ 高蒙河：《长江下游考古地理》，复旦大学出版社，2005 年，第 318～319 页。

［38］ 高蒙河：《长江下游考古地理》，复旦大学出版社，2005 年，第 319 页。

［39］ 蔡永立、陈中原、章薇等：《孢粉—气候对应分析重建上海西部地区 8.5 ka B.P., 以来的气候》，《湖泊科学》2001 年 2 期。

［40］ 巢湖志编纂委员会：《巢湖志》，黄山书社，1989 年，第 1～2 页。

［41］ 王心源、张广胜、张恩楼等：《巢湖湖泊沉积记录的早—中全新世环境演化研究》，《科学通报》2008 年增刊 I。

［42］ 周慧、吴立、马春梅等：《巢湖杭埠河流域湖相沉积物多指标揭示的全新世以来环境演变》，《湖泊科学》2020 年 6 期。

［43］ 吴立、王心源、周昆叔等：《巢湖流域新石器至汉代古聚落变更与环境变迁》，《地理学报》2009 年 1 期。

［44］ 王心源、吴立、吴学泽等：《巢湖凌家滩遗址古人类活动的地理环境特征》，《地理研究》2009 年 5 期。

第二章 发现溯源

［1］ 关于凌家滩田野考古和研究的历程，本章偏重对起始阶段的叙述和田野工作，在另一文中对综合学术研究史和认知过程有详细介绍，两者表达内容各有侧重，以下有部分内容引自该文，见吴卫红：《从玉器到聚落——凌家滩实践与区域史前社会的构建问题》，《南方文物》2020 年 3 期。

［2］ 关于这个日期和发现过程，以往只确定是 1985 年，但具体时间一直没有准确的说法。在《文物》1989 年第 4 期首次发表的简报和文博简讯中，均记为 1985 年春，此后各种文本一直延续这一说法。1986 年 4 月 15 日郑小如在《考古简讯》中则写得较为含糊，仅用"最近"一词表示。2006 年《凌家滩——田野考古发掘报告之一》出版，对具体时间仍是模糊处理，在第 7 页指出发现于"1985年"，但同一段后面又写"1985 年 6 月"恐有笔误。2020 年《南方文物》第 3 期发表了《从玉器到聚落- —凌家滩实践与区域史前社会的构建问题》，是笔者 2016 年 12 月初在该坟外迁后所作的抢救性清理过程中，对多位现场的村民

进行了详细了解，得知下葬时间是在 11 月底或 12 月初，因此在文中将葬坟时间改为深秋。2021 年冬凌家滩遗址管理处唐军主任告知见到当年下葬前的亲朋悼唁送礼清单，上有明确日期为 12 月 1 日，如果清单及所载日期无误的话，说明墓主去世日期在 12 月 1 日或 11 月 30 日。按唐军及含山县文物局石建城告知的当地习俗，一般是选择阴历单日起早挖圹然后下葬，则 12 月 2 日（阴历廿一）或 4 日（阴历廿三）的概率最大，也就是凌家滩玉石器被成批挖出的时间可能是 1985 年 12 月 2 或 4 日。据《凌家滩——田野考古发掘报告之一》对发现经过的描写和笔者近年的了解，当时玉石器出土后引起了一定反响，长岗乡文化站站长李余和在 12 月某一时间得知此事后，曾赶到凌家滩村宣传了文物法规，12 月底县文化局还曾到凌家滩零散收集了少量文物。到 1986 年 4 月，郑小如撰写、发表了万传仓上交玉器的报道，并且写明经省考古所研究人员鉴定了年代，说明这批玉石器已移交给含山县文化局。安徽省文物考古研究所是在接到县里上报信息后，再进行实地调查的，因此实地调查时间不早于 1985 年底，也不晚于 1986 年 4 月，应是 1986 年早春为妥。本文所记是根据以下发表的材料，并结合近年了解的新线索，对原发表材料中的个别内容作了修正、补充。发表材料见于安徽省文物考古研究所：《安徽含山凌家滩新石器时代墓地发掘简报》，《文物》1989 年 4 期；张敬国、杨德标：《安徽含山出土一批新石器时代玉石器》，《文物》1989 年 4 期；郑小如：《农民万传仓保护文物受奖》，《考古简讯》1986 年 2 期（总第 8 期），1986 年 4 月 15 日（笔者按："仓"应为"仓"之误）；安徽省文物考古研究所：《凌家滩——田野考古发掘报告之一》，文物出版社，2008 年；吴卫红：《从玉器到聚落——凌家滩实践与区域史前社会的构建问题》，《南方文物》2020 年 3 期。

[3] 51 件的数据系根据 1989 年第 5 期《文物》的文博简讯相加得出，但与 1986 年 4 月 15 日安徽省考古学会《考古简讯》中的 49 件有异。

[4]《文物》1989 年第 4 期文博简讯中的文字记为 1 件，但图一的 6、7、8 都属玉璜，其中编号 M1∶7 的虎形饰，实际上是虎首璜的一半，另一半在 2016 年迁坟时的抢救性清理中被发现。

[5] 黎明：《石台、含山出土刻有日月纹的石铸》，《文物研究（第 9 辑）》，黄山书社，1994 年。该文尾注 1 中注释说这件石铸与《文物》1989 年 4 期文博简讯中的刻月亮纹石铸尺寸不一，当有一数据为误。

[6] 郑小如：《农民万传仓保护文物受奖》，《考古简讯》1986 年 2 期。

[7] 张敬国、杨德标：《安徽含山出土一批新石器时代玉石器》，《文物》1989 年 4 期。但同期发表的 1987 年 6 月正式发掘材料中，此墓号另赋给 T1 中发现的墓葬，或因当时怀疑 1985 年发现的遗物与正式发掘的 M1 有关？还是未考虑到两墓编号的重复？但这并不影响材料的刊发和使用。

[8] 根据蒋楠的 T2 原始发掘记录，发掘始于 6 月 9 日，结束于 15 日，而 T1 的地层剖面图最晚的绘制日期为 17 日，因此可以认为第一次发掘的野外工作大致是 6 月 9 ～ 17 日。该记录中还详细记下了 "T2 东边 2.5 米稍偏北的地方是 1 号探方"，并绘有相对位置图，本文图八对原刊于《南方文物》2020 年第 3 期《从玉器到聚落——凌家滩实践与区域史前社会的构建问题》图 5 中的 T2 和 M2、M3 的位置作了进一步修正，但仍不能确保十分准确，特此说明。

[9] 以下玉器数量是按最小个体数重新统计，包括玉料、边角料等，与原报告的数据略有差异。

[10] 安徽省文物考古研究所：《安徽含山凌家滩新石器时代墓地发掘简报》，《文物》1989 年 4 期。

[11] 牟永抗、吴汝祚：《试谈玉器时代 ——中国文明起源的探索》，《中国文物报》1990 年 11 月 1 日第 3 版。

[12] 高蒙河：《苏皖平原地区新石器时代遗存的研究》，《文物研究（第 7 辑）》，黄山书社，1991 年。

[13] 杨晶：《长江下游地区史前玉器研究》，《东南文化》1994 年 4 期。

[14] 由于凌家滩墓地难以采到炭样，后用陶片进行热释光测年，也未充分考虑不同测年方法的局限性，造成了近千年误差，一定程度上影响了研究的深化。

[15] 吴汝祚：《凌家滩墓地发掘的意义》，《文物研究（第 6 辑）》，黄山书社，1990 年。

[16] 按 T3 发掘的东壁、北壁剖面图记录，T3 东壁与 T1 西壁有 50 厘米重叠，未记录与 T2 是否重叠。若依蒋楠的 T2 发掘记录，T1、T2 之间只有 2.5 米间距并且 T2 向南偏，因此 T3 当跨两个探方之一部分。因为早年的发掘缺乏精确测量、定位设备，一直到 1998 年第三次发掘，在统一坐标和探方号后，与第一、二次发掘探方无法完全匹配问题仍不能很好解决，这是正常的时代和技术局限，不应以现今眼光看待，在此仅是提出问题并请研究者注意实际情况。

[17] 凌家滩前五次发掘的编号原则是当时全国各地常用的编号方式：一是按年度对遗迹进行编号，即 1987 年两次发掘都是遗迹前冠以 "87"；遗迹序号是将发掘区所有不同时代的墓葬都统一编号，同为 1987 年的第二次发掘的墓葬序号，顺第一次发掘的 M4 后延，所以第二次发掘墓葬编号是从 M5 ～ M17，但 M5 是近代墓，M16 是先编号后确认为扰乱层而销号，所以只有 11 座新石器时代墓葬。

[18]《凌家滩》报告中计为 94 件，实际相加后仅有 93 件。

[19] 张敬国：《安徽含山凌家滩新石器时代墓地第二次发掘的主要收获》，《文物研究（第 7 辑）》，黄山书社，1991 年。

[20] 张敬国：《从安徽凌家滩墓地出土玉器谈中国的玉器时代》，《东南文化》1991 年 2 期。

［21］饶宗颐：《未有文字以前表示"方位"与"数理关系"的玉版——含山出土玉版小论》，《文物研究（第6辑）》，黄山书社，1990年；钱伯泉：《凌家滩新石器时代遗址出土的玉制式盘》，《文物研究（第7辑）》，黄山书社，1991年；李学勤：《论含山凌家滩玉龟、玉版》，《中国文化》1992年1期。

［22］俞伟超：《含山凌家滩玉器和考古学中研究精神领域的问题》，《文物研究（第5辑）》，黄山书社，1989年。

［23］陈久金、张敬国：《含山出土玉片图形试考》，《文物》1989年4期。

［24］王育成：《含山玉龟及玉片八角形来源考》，《文物》1992年4期。

［25］李斌：《史前日晷初探——试释含山出土玉片图形的天文学意义》，《东南文化》1993年1期。

［26］冯时：《史前八角星纹与上古天数观》，《考古求知集——'96考古研究所中青年学术讨论会文集》，中国社会科学出版社，1997年。

［27］安徽省文物考古研究所：《凌家滩——田野考古发掘报告之一》，文物出版社，2006年，第17页。

［28］安徽省文物考古研究所：《凌家滩——田野考古发掘报告之一》，文物出版社，2006年，第18、19页。报告中所记时间有误。

［29］朔知：《凌家滩考古散记》，《文物天地》1999年3期。

［30］朔知：《凌家滩祭坛遗迹试论》，《凌家滩文化研究》，文物出版社，2006年。

［31］张敬国、贾庆元、刘峰、朔知：《凌家滩遗址考古发掘获重大成果》，《中国文物报》1998年12月9日第1版；安徽省文物考古研究所等：《安徽含山县凌家滩遗址第三次发掘简报》，《考古》1999年11期。

［32］安徽省文物考古研究所、含山县文物管理所：《安徽含山县凌家滩遗址第三次发掘简报》，《考古》1999年11期。

［33］张敬国：《凌家滩聚落与玉器文明》，《文物研究（第13辑）》，黄山书社，2001年。

［34］凌家滩遗址考古队：《安徽含山县凌家滩遗址第四次发掘简报》，《东南文化》2021年5期。

［35］张敬国、杨竹英：《凌家滩发现我国最早红陶块铺装大型广场》，《中国文物报》2000年12月24日第1版。

［36］三篇文章均见安徽省文物考古研究所：《凌家滩玉器》，文物出版社，2000年。

［37］朔知：《从凌家滩文化看中国文明的起源》，《安徽史学》2000年3期。

［38］张弛：《长江中下游地区史前聚落研究》，文物出版社，2003年，第133页。

［39］张敏：《关于环太湖地区原始文化的思考》，《庆祝张忠培先生七十岁论文集》，科学出版社，2004年。

［40］李新伟：《中国史前玉器反映的宇宙观——兼论中国东部史前复杂社会的上层交流网》，《东南文化》2004年3期。

［41］ 武家璧：《含山玉版上的天文准线》，《东南文化》2006 年 2 期。

［42］ 严文明：《凌家滩·序》，《凌家滩——田野考古发掘报告之一》，文物出版社，2006 年。

［43］ 安徽省文物考古研究所：《凌家滩——田野考古发掘报告之一》，文物出版社，2006 年。

［44］ 相关研究成果集中发表在《文物研究（第 15 辑）》，黄山书社，2007 年。

［45］ 周玮：《安徽含山凌家滩"祭坛"的初步研究——兼及良渚文化祭坛》，《东南文化》2001 年 1 期。

［46］ 朔知：《凌家滩祭坛遗迹试论》，《凌家滩文化研究》，文物出版社，2006 年。

［47］ 朱乃诚：《凌家滩"玉龙"小识》，《文物研究（第 15 辑）》，黄山书社，2007 年。

［48］ 杨晶：《关于凌家滩墓地的分期与年代》，《文物研究（第 15 辑）》，黄山书社，2007 年。

［49］ 吴立、王心源、莫多闻等：《巢湖东部含山凌家滩遗址地层元素地球化学特征研究》，《地层学杂志》2015 年 4 期。

［50］ 安徽省文物考古研究所：《安徽含山县凌家滩遗址第五次发掘的新发现》，《考古》2008 年 3 期。

［51］ 凌家滩遗址考古队：《安徽含山县凌家滩遗址新石器时代墓的清理》，《考古》2020 年 11 期。

［52］ 凌家滩遗址考古队：《安徽含山县凌家滩遗址新石器时代墓葬的清理》，《考古》2020 年 11 期。

［53］ 赵春青：《大型聚落田野考古方法纵横谈》（由朔知撰写的一节），《南方文物》2012 年 3 期。

［54］ 吴卫红：《从玉器到聚落——凌家滩实践与区域史前社会的构建问题》，《南方文物》2020 年 3 期。

［55］ 丁见祥、朔知：《凌家滩遗址及其周边环境调查新收获》，《社会科学专辑Ⅰ——考古调查与文献研究》，文物出版社，2013 年；吴卫红：《凌家滩与周边聚落》，《区域、社会与中国文明起源：国家科技支撑技术课题"中华文明起源过程中区域聚落与居民研究"成果集》，科学出版社，2019 年。

［56］ 中国国家博物馆、安徽省文物考古研究所：《姑溪河——石臼湖流域先秦时期聚落考古调查与研究》，科学出版社，2019 年。

［57］ 怀宁县文物管理所、安徽省第三次全国文物普查办公室：《怀宁考古记——基于"三普"调查的发现与研究》，文物出版社，2011 年。

［58］ 安徽省文物局、安徽省文物考古研究所：《杭埠河中游区域系统调查报告》，文物出版社，2012 年。

［59］ 朔知：《崧泽时代皖江两岸的聚落与文化》，《东南文化》2015 年 1 期。

[60] 实际上 7 日首钻之地即是内壕东段内侧，当时以为是大坑，后钻探延伸确认为壕沟，也算机缘巧合了。

[61] 安徽省文物考古研究所、含山县文物局：《安徽含山县韦岗遗址新石器时代遗存发掘简报》，《考古》2015 年 3 期。

[62] 孙先如、张敬国、汪焕荣等：《安徽含山县凌家滩遗址新石器时代闪石类玉器研究》，《岩石矿物学杂志》2002 年第 21 卷增刊；朱勤文、张敬国、吴沫：《凌家滩出土鸡骨白古玉器玉质研究》，《岩石矿物学杂志》2002 年第 21 卷增刊；安徽省文物考古研究所、中国科学技术大学开放研究实验室：《凌家滩墓葬玉器测试研究》，《文物》1989 年 4 期；许卫：《关于凌家滩文化遗址中玉器的来源》，《凌家滩文化研究》，文物出版社，2006 年；蔡文静、张敬国、朱勤文、吴沫：《凌家滩出土部分古玉器玉质成分特征》，《凌家滩文化研究》，文物出版社，2006 年；冯敏、张敬国：《凌家滩遗址出土部分古玉的材质分析》，《凌家滩文化研究》，文物出版社，2006 年；冯敏、刘壮、郝少康等：《对"鸡骨白"古玉受沁情况的研究》，《凌家滩文化研究》，文物出版社，2006 年；黄苑：《凌家滩遗址出土玉器研究》，山东大学硕士学位论文，2011 年。

[63] 李乃胜、张敬国、毛振伟等：《五千年前陶质建材的测试研究》，《文物保护与考古科学》2004 年 2 期；冯敏、张敬国：《87M4 出土朱砂测试报告》，《凌家滩文化研究》，文物出版社，2006 年；张小雷：《十年来的安徽新石器时代考古发现与研究》，《道远集——安徽省文物考古研究所五十年文集》，黄山书社，2008 年。

[64] 吴卫红、姚政权、王京等：《凌家滩遗址出土陶器的 LIBS－PCA 分析》，《光谱学与光谱分析》2020 年 2 期；张又尹、朱剑、吴卫红：《凌家滩遗址出土陶器的岩相分析》，《南方文物》2020 年 3 期；陈天然、秦岭、吴卫红、崔剑锋：《安徽凌家滩遗址 07M23 出土玉器的初步科技分析》，《南方文物》2020 年 3 期。

[65] 吕鹏、戴玲玲、吴卫红：《由动物遗存探讨凌家滩文化的史前生业》，《南方文物》2020 年 3 期。

[66] 赵春燕、吕鹏、朔知：《安徽含山凌家滩与韦岗遗址出土部分动物遗骸的锶同位素比值分析》，《南方文物》2019 年 2 期；赵春燕、吕鹏、吴卫红：《凌家滩与韦岗遗址出土猪牙结石的碳稳定同位素分析》，《南方文物》2020 年 3 期。

[67] 孙青丽、朔知、吴妍、杨益民：《安徽含山凌家滩遗址出土刻槽盆的淀粉粒分析》，《人类学学报》2019 年第 38 卷 1 期。

[68] 宿凯、靳桂云、吴卫红：《凌家滩遗址外壕沟沉积物反映的土地利用变化——土壤微形态研究案例》，《南方文物》2020 年 3 期。

[69] 范安川、郁田园、谈金卓等：《凌家滩遗址外壕沟沉积物的光释光测年研究》，《南方文物》2020 年 3 期。

[70] 沈姜威、杨林、郑方子豪、吴卫红：《基于多源数据融合的遗址古地层重建与应

用研究》，《南京师大学报（自然科学版）》2020 年 2 期。

［71］ 吴卫红：《从玉器到聚落——凌家滩实践与区域史前社会的构建问题》，《南方文物》2020 年 3 期。

［72］ 晋文婧：《中国凌家滩文化论坛举行——单霁翔、曹征海出席并致辞》，《安徽日报》2012 年 12 月 4 日第 A02 版。

［73］ 韩诚：《凌家滩遗址发掘再次启动》，《新安晚报》2020 年 6 月 12 日第 A05 版。

第三章　兴起江湖

［1］ 本文主要从聚落考古的角度讨论凌家滩及周边聚落的发展，因此文中在涉及不同时期的聚落情况时常用"聚落"一词，但在只需表达普通意义上的遗存分布、不适合分割不同时期时则以"遗址"表述。实际上两者概念是颇不相同的，特此注明。

［2］ 司亚娇：《巢湖水道考——兼论历史时期巢湖流域水路交通与市镇发展》，暨南大学硕士学位论文，2021 年。

［3］ 张居中：《仰韶时代文化刍议》，《论仰韶文化》，《中原文物》1986 年特刊；张忠培：《仰韶时代——史前社会的繁荣与向文明时代的转变》，《文物季刊》1997 年 1 期。

［4］ 王巍：《从考古发现看中华文明的起源》，《早期中国——中华文明起源》，文物出版社，2009 年。

［5］ 中国社会科学院考古研究所甘青工作队：《武山傅家门遗址的发掘与研究》，《考古学集刊（第 16 集）》，科学出版社，2006 年，第 412 页。

［6］ 顾万发、汪旭、胡亚毅、信应君：《河南巩义市双槐树新石器时代遗址》，《考古》2021 年 7 期。

［7］ 国家文物局考古领队培训班：《郑州西山仰韶时代城址的发掘》，《文物》1999 年 7 期；张玉石：《郑州西山遗址发掘的主要收获》，《河南文物考古论集》，河南人民出版社，1996 年。

［8］ 张弛：《大溪、北阴阳营和薛家岗的石、玉器工业》，《考古学研究（四）》，科学出版社，2000 年。

［9］ 郭立新：《长江中游地区初期社会复杂化研究》，上海古籍出版社，2005 年。

［10］ 贾汉清：《从顾家坡墓地的发掘看史前时代文化交叉地带的部落冲突》，《华夏考古》2004 年 4 期。但该墓地为大溪文化晚期到屈家岭文化时期，文中未说明这些墓葬的具体年代。

［11］ 朔知：《长江下游地区文明化进程散论》，《长江下游地区文明化进程学术研讨会论文集》，上海书画出版社，2004 年。

［12］ 仲召兵：《长江下游地区崧泽文化圈的形成》，《东方考古（第 11 集）》，科学出版

社，2014年。

[13] 朔知：《长江下游地区文明化进程散论》，《长江下游地区文明化进程学术研讨会论文集》，上海书画出版社，2004年。

[14] 苏秉琦：《略谈我国东南沿海地区的新石器时代考古——在长江下游新石器时代文化考古学术讨论会上的一次发言提纲》，《文物》1978年3期。

[15] 张弛：《大溪、北阴阳营和薛家岗的石、玉器工业》，《考古学研究（四）》，科学出版社，2000年。

[16] 朱诚、陈刚、姚付龙等：《芜申运河环境考古与古中江流域文化传播》，《南京晓庄学院学报》2020年2期。

[17] 尹焕章、张正祥：《宁镇山脉及秦淮河地区新石器时代遗址普查报告》，《考古学报》1959年1期；殷涤非：《芜湖蒋公山遗址调查小记》，《考古》1959年9期。

[18] 国家文物局：《中国文物地图集·安徽分册》，中国地图出版社，2014年。

[19] 叶润清：《安徽马鞍山烟墩山遗址发现新石至西周文化遗存》，《中国文物报》2004年6月11日第1版。

[20] 安徽省文物考古研究所：《安徽芜湖月堰遗址新石器时代墓葬发掘简报》，《文物》2009年8期。

[21] 安徽省文物考古研究所、南京大学历史学院考古文物系、马鞍山市文物局、马鞍山市博物馆：《马鞍山五担岗》，文物出版社，2016年。

[22] 中国科学技术大学科技史与科技考古系、中国科学技术大学博物馆、马鞍山市文物管理局：《马鞍山采石河流域区域系统调查初步报告》，《东南文化》2010年1期。

[23] 南京市文物局、南京市博物馆、高淳县文管所：《江苏高淳县薛城新石器时代遗址发掘简报》，《考古》2000年5期。

[24] 张敏、王志高：《薛城遗址的发现与古芜湖文化区》，《中国文物报》1998年7月8日第3版。

[25] 调查是按遗址数量统计，散点是指有少量陶片分布但无法确认为遗址，但应与附近的遗址有关。在分析研究时则根据遗物将遗址分为不同时期的聚落，同一遗址可能包括一个或多个不同时期的聚落。以下同此。

[26] 第三期指难以明确究竟是马家浜末期还是崧泽早期，因此合并处理，也即马家浜到崧泽的过渡阶段。另遗址和散点数据不包括土墩墓。

[27] 中国国家博物馆、安徽省文物考古研究所：《姑溪河——石臼湖流域先秦时期聚落考古调查与研究》，科学出版社，2019年，第176～178页。

[28] 中国国家博物馆、安徽省文物考古研究所：《姑溪河——石臼湖流域先秦时期聚落考古调查与研究》，科学出版社，2019年，第171页。本文对引用文字略有调

整，但保持了原有含意。

［29］ 安徽省文物局、安徽省文物考古研究所：《杭埠河中游区域系统调查报告》，文物出版社，2012年。

［30］ 北京大学考古系、安徽省文物考古研究所：《安徽安庆市张四墩遗址试掘简报》，《考古》2004年1期；安徽省文物考古研究所：《安庆市张四墩遗址1997年试掘新石器时代材料补遗》，《文物研究（第15辑）》，黄山书社，2007年。

［31］ 朔知：《皖西南新石器时代文化的变迁》，《南方文物》2006年2期。

［32］ 调查材料尚未完全整理，数据以将来正式发表的为准，怀宁的材料已部分发表于怀宁县文物管理所、安徽省第三次全国文物普查办公室：《怀宁考古记——基于"三普"的调查发现与研究》第四章，文物出版社，2011年。以下各文化聚落分布图没有将桐城材料纳入。

［33］ 吴卫红：《安徽怀宁孙家城史前城垣结构与功能分析》，《考古与文物》2021年3期。

［34］ 张乃博、吴卫红：《凌家滩及裕溪河上中游区域系统调查与研究》，《中原文物》2022年1期。本节以下材料主要见于此文，不另注。

［35］ 因本地尚未建立起自身完整的年代框架，借用成熟的太湖流域年代框架，但不表示这些材料一定属于借用的某个文化。

［36］ 张乃博、吴卫红：《凌家滩及裕溪河上中游区域系统调查与研究》，《中原文物》2022年1期。

［37］ 徐繁：《繁昌县缪墩遗址调查简报》，《文物研究（第7辑）》，黄山书社，1991年。

［38］ 朔知：《崧泽时代的皖江两岸》，《崧泽文化学术研讨会论文集（2014）》，文物出版社，2016年。

［39］ 朔知：《崧泽时代皖江两岸的聚落与文化》，《东南文化》2015年1期。

［40］ 张乃博：《基于区域系统调查的裕溪河流域先秦聚落研究》，安徽大学硕士论文，2022年。以下数据基本上来源于此，面积数据系依据调查所得陶片分布位置围合以后计算得出，若据钻探的数据将另行说明。

［41］ Wenjing Wang, Weihong Wu, Lingjiatan early complex societies and social organization in the Yuxi Valley, China, *Archaeological Research in Asia*, 2021, 25(3): 100259. 此项研究以匹兹堡大学周南教授的研究模型为基础得出。对于人口估算，不同模型有不同的结果，本文数据可供研究参考。另因2014年调查刚结束，当时尚未全面整理，文中崧泽早期阶段聚落的数据有4处后归入到马家浜中晚期。

［42］ 后河曾在1990年代往北拓宽过几十米，但主要是筑大堤，现今河中间还断续可见当年拓宽之前的北堤残迹。虽然在凌家滩文化时期，裕溪河是否在现今位置还缺乏环境研究成果，但据钻探信息，在岗地前端河漫滩的河床边缘，呈现出快速下降达4米以上的现象，推测应该是古河床位置所在。

［43］关于裕溪河改造可参见本书第一章。

［44］以下内、外壕沟面积和土方量的数据计算由南京师范大学虚拟地理环境教育部重点实验室杨林教授的团队根据钻探、解剖发掘资料和古地层重建推算，详见沈姜威、杨林、郑方子豪、吴卫红：《基于多源数据融合的遗址古地层重建与应用研究》，《南京师大学报（自然科学版）》2020 年 2 期。文中推算数据系采用基础数据的偏大值为依据，与常规人工计算所得数据有所不同，供参考。另外该文中的"中壕"是据影像数据得到，尚未得到考古发掘确认。

［45］范安川、郁田园、谈金卓等：《凌家滩遗址外壕沟沉积物的光释光测年研究》，《南方文物》2020 年 3 期。

［46］张海、庄奕杰、方燕明、王辉：《河南禹州瓦店遗址龙山文化壕沟的土壤微形态分析》，《华夏考古》2016 年 4 期。

［47］宿凯、靳桂云、吴卫红：《凌家滩遗址外壕沟沉积物反映的土地利用变化——土壤微形态研究案例》，《南方文物》2020 年 3 期。

［48］裴安平：《中国史前的聚落围沟》，《东南文化》2004 年 6 期。

［49］何驽：《长江流域考古学研究与现实社会的互动》，《长江文化论丛（第一辑）》，中国文史出版社，2001 年；何驽：《'98 荆江特大洪灾的考古学启示》，《中国文物报》1998 年 8 月 26 日第 3 版。

［50］吴卫红：《安徽怀宁孙家城史前城垣结构与功能分析》，《考古与文物》2021 年 3 期。

［51］沈姜威、杨林、郑方子豪、吴卫红：《基于多源数据融合的遗址古地层重建与应用研究》，《南京师大学报（自然科学版）》2020 年 2 期。

［52］凌家滩遗址考古队：《安徽含山县凌家滩遗址第四次发掘简报》，《东南文化》2021 年 5 期。

［53］李乃胜：《凌家滩红烧土遗迹建筑基础初探》，《中国文物科学研究》2008 年 3 期。

［54］张得水：《玉文化中心在文明化进程中的意义——从凌家滩遗址谈起》，《文物研究（第 15 辑）》，黄山书社，2007 年；张敬国、杨竹英：《凌家滩发现我国最早红陶块铺装大型广场》，《中国文物报》2000 年 12 月 24 日第 1 版；李乃胜、张敬国、毛振伟等：《我国最早的陶质建材——凌家滩"红陶块"》，《建筑材料学报》2004 年 2 期。

［55］河南省文物研究所、长江流域规划办公室考古队河南分队：《淅川下王岗》，文物出版社，1989 年。

［56］北京大学考古学系、南阳地区文物研究所：《河南邓州市八里岗遗址 1992 年的发掘与收获》，《考古》1997 年 12 期；北京大学考古文博院、南阳地区文物研究所：《河南邓州八里岗遗址 1998 年发掘简报》，《文物》2000 年 11 期。

［57］郑州市文物考古研究所：《郑州大河村》，科学出版社，2001 年。

［58］中国社会科学院考古研究所：《枣阳雕龙碑》，科学出版社，2006 年。

［59］以下手工业、祭坛墓地的内容在第四、五、六章中分别有详细介绍，此处仅作为聚落要素予以简要介绍。

［60］朔知：《凌家滩祭坛遗迹试论》，《凌家滩文化研究》，文物出版社，2006 年。

第四章　饮食器用

［1］袁靖：《中国科技考古导论》，复旦大学出版社，2018 年。

［2］近年学界对酒的研究有了长足进展。21 世纪初，美国宾夕法尼亚大学分子生物学实验室的负责人帕特里克·麦考文教授与中国科技大学张居中教授等人，对距今八九千年前贾湖遗址陶罐吸收的古代有机物进行了化学分析，发现贾湖人已生产出米、蜜、果（山楂、葡萄）混合发酵饮料，见 Patrick E, McGovern, Zhang Jigen, etc. *Fermented beverages of pre- and proto-historic China.* Proceedings of the National Academy of Sciences of the United States of America, Volume 101, Issue 51, 2004, pp. 17593–17598。美国斯坦福大学东亚语言与文化系刘莉等人自 2017 年起在国内多个刊物上发表了对西安半坡和姜寨遗址的尖底瓶，蓝天新街、高陵杨官寨的漏斗、尖底瓶、小口平底瓶，郑州大河村等遗址的滤酒陶壶，以及大汶口的酒器，北辛文化小口双耳罐之上的植硅体、淀粉粒、酵母和霉菌等的各种分析，认为这些器物都与酿酒有关，特别是谷芽酒。利用红曲霉和大米制曲酿酒可能源于长江下游地区，并随水稻栽培传播到达黄河流域，参见刘莉：《早期陶器、煮粥、酿酒与社会复杂化的发展》，《中原文物》2017 年 2 期；王佳静、刘莉、Terry Ball 等：《揭示中国 5000 年前酿造谷芽酒的配方》，《考古与文物》2017 年 6 期，等等。虽然在方法和技术上还可以改进、提高，成果还有待更深入讨论，但研究方向和目标是值得肯定的。

［3］吕鹏、戴玲玲、吴卫红：《由动物遗存探讨凌家滩文化的史前生业》，《南方文物》2020 年 3 期。以下多数的统计数据、讨论结果及表 3-1 均出于该文和未刊发的课题研究报告，如无特殊需要不再另注。

［4］王心源、吴立、吴学泽等：《巢湖凌家滩遗址古人类活动的地理环境特征》，《地理研究》2009 年 5 期。

［5］赵春燕、吕鹏、吴卫红：《凌家滩与韦岗遗址出土猪牙结石的碳稳定同位素分析》，《南方文物》2020 年 3 期。

［6］赵春燕、吕鹏、朔知：《安徽含山凌家滩与韦岗遗址出土部分动物遗骸的锶同位素比值分析》，《南方文物》2019 年 2 期。

［7］NISP 为鉴定标本数，MNI 为最小个体数。

［8］吕鹏、吴卫红：《长江下游和淮河中下游地区史前生业格局下的凌家滩文化》，《南方文物》2020 年 2 期。

［9］袁靖、潘艳、董宁宁、司徒克：《良渚文化的生业经济与社会兴衰》，《考古》2020 年 2 期。

［10］猪死亡年龄的判定标准参见：袁靖、杨梦菲：《（甑皮岩遗址）水陆生动物遗存研究》，《桂林甑皮岩》，文物出版社，2003 年，第 297 ～ 346 页。

［11］吕鹏、宫希成：《祭牲礼制化的个案研究——何郢遗址动物考古学研究的新思考》，《南方文物》2016 年 3 期。

［12］丁金龙：《马家浜文化时期水田与稻作农业》，《江南文化之源——纪念马家浜遗址发现五十周年图文集（上卷）》，中国摄影出版社，2011 年，第 162 ～ 163 页。

［13］宇田津彻朗、郑云飞：《田螺山遗址植物硅酸体分析》，《田螺山遗址自然遗存综合研究》，文物出版社，2011 年，第 162 ～ 171 页。

［14］李韵：《国家文物局发布 5 项考古成果》，《光明日报》2021 年 12 月 2 日第 9 版。

［15］邱振威、吴卫红等：《凌家滩文化时期植被景观与稻作农业初步研究》，待刊。

［16］赵春燕、吕鹏、吴卫红：《凌家滩与韦岗遗址出土猪牙结石的碳稳定同位素分析》，《南方文物》2020 年 3 期。

［17］孙青丽、朔知、吴妍、杨益民：《安徽含山凌家滩遗址出土刻槽盆的淀粉粒分析》，《人类学学报》2019 年第 38 卷 1 期。

［18］钱耀鹏、穆琼洁：《中原地区史前陶窑发展演变研究》，《考古学报》2021 年 1 期。

［19］彭小军、郭长江：《长江中游地区史前陶窑及其与陶器生产初探》，《南方文物》2015 年 4 期。

［20］秦小丽、琚香宁：《平地堆烧与长江下游地区的陶器烧制技术——对浙江昆山、小兜里和新地里遗址相关遗迹的分析》，《故宫博物院院刊》2021 年 6 期。

［21］孙青丽、朔知、吴妍、杨益民：《安徽含山凌家滩遗址出土刻槽盆的演粉粒分析》，《人类学学报》2019 年第 38 卷 1 期。

［22］吴卫红、姚政权、王京等：《凌家滩遗址出土陶器的 LIBS-PCA 分析》，《光谱学与光谱分析》2020 年 2 期。

［23］羼和料研究由朱剑、张又尹、吴卫红等开展，成果待刊。

［24］中国硅酸盐学会：《中国陶瓷史》，文物出版社，1982 年，第 24 页。

［25］李文杰：《中国古代制陶工艺研究》，科学出版社，1996 年，第 129、130 页。

［26］彭小军：《史前陶器成型技术类型的分布和演变》，《江汉考古》2021 年 1 期。

［27］刷浆是我们在研究凌家滩陶器制作工艺时观察并提出的一个概念。

［28］有羼和料的陶器特别是陶鼎，经常需要与高温接触，刷浆会产生与胎体不同的膨胀率，影响炊煮防漏，即使浆层较厚也难以避免爆裂现象。因未开展实验工作，其功效如何有待了解。

第五章　玉石制作

［ 1 ］ 栾秉璈：《中国宝石和玉石》，新疆人民出版社，1989 年，第 23 页。

［ 2 ］ 栾秉璈：《古玉鉴别（上、下）》，文物出版社，2008 年。

［ 3 ］ 栾秉璈：《古玉鉴别（上）》，文物出版社，2008 年，第 25 ～ 73 页。

［ 4 ］ 庞小霞：《中国出土新石器时代绿松石研究》，《考古学报》2014 年 2 期；秦小丽：
《跨文化视角下的绿松石与镶嵌礼仪饰品研究》，《中原文化研究》2020 年 6 期。

［ 5 ］ 黑龙江省文物考古研究所、饶河县文物管理所：《黑龙江饶河县小南山遗址 2015
年Ⅲ区发掘简报》，《考古》2019 年 8 期；李有骞：《黑龙江饶河小南山遗址
2019 ～ 2020 年度考古发掘新收获》，《中国文物报》2021 年 3 月 19 日第 5 版。

［ 6 ］ 中国社会科学院考古研究所、香港中文大学中国考古艺术研究中心：《玉器起
源探索》，香港中文大学中国文化研究所、中国考古艺术研究中心，2007 年；
南京博物院、泗洪县博物馆：《顺山集——泗洪县新石器时代遗址考古发掘报
告》，科学出版社，2016 年；浙江省文物考古研究所：《跨湖桥》，文物出版
社，2004 年。

［ 7 ］ 董俊卿、孙国平、王宁远等：《浙江三个新石器时代遗址出土玉玦科技分析》，
《光谱学与光谱分析》2017 年 9 期；浙江省文物考古研究所：《河姆渡——新石器
时代遗址考古发掘报告》，文物出版社，2003 年；浙江省文物考古研究所、嘉兴
博物馆：《马家浜》，文物出版社，2019 年；孙国平：《河姆渡·马家浜文化玉玦
考察》，《浙江省文物考古研究所学刊（第六辑）》，杭州出版社，2004 年；方向
明：《中国玉器通史·新石器时代南方卷》，海天出版社，2014 年。

［ 8 ］ 因发掘材料尚未整理完成，以下统计数据可能存在少量差异。下文的材料除特别
说明外，均引自安徽省文物考古研究所：《凌家滩——田野考古发掘报告之一》，
文物出版社，2006 年。

［ 9 ］ 张敬国、杨竹英、陈启贤：《凌家滩玉器微痕迹的显微观察与研究——中国砣的
发现》，《东南文化》2002 年 5 期。

［10］ 安徽省文物考古研究所：《凌家滩——田野考古发掘报告之一》，文物出版社，
2006 年，第 275 页。

［11］ 杨建芳：《安徽古代玉雕的超前性》，《凌家滩文化研究》，文物出版社，2006 年。

［12］ 邓聪：《东亚史前辘轳轴承石器类型及源流》，《澳门黑沙史前轮轴机械国际会议
论文集》，澳门民政总署文化康体部，2014 年；邓聪：《中国最早石制轴承的功能
实验考古试论——查海遗址轴承形态分析》，《庆祝郭大顺先生八秩华诞论文集》，
文物出版社，2018 年。

［13］ 朔知：《凌家滩玉玦环研究——兼论"石钻"功能与辘轳轴承的演化》，《澳门黑
沙史前轮轴机械国际会议论文集》，澳门民政总署文化康体部，2014 年。

［14］ 桐庐博物馆：《桐庐新石器时代文化初探》，西泠印社出版社，2011 年；方向明：《桐庐方家洲新石器时代遗址中的环玦制作及相关问题》，《澳门黑沙史前轮轴机械国际会议论文集》，澳门民政总署文化康体部，2014 年。

［15］ 以下内容主要在笔者的三篇文章的相关内容基础上增补、修改而成。《凌家滩玉器综论》，《玉魂国魄——凌家滩文化玉器精品展》，浙江古籍出版社，2011 年；《长江下游的"玉石分野"与社会变革》，《考古学研究（九）——庆祝严文明先生八十寿辰论文集》，文物出版社，2012 年；《凌家滩玉玦环研究——兼论"石钻"功能与辘轳轴承的演化》，《澳门黑沙史前轮轴机械国际会议论文集》，澳门民政总署文化康体部，2014 年。不再一一详注。

［16］ 这种形态最初被学者们称为坐姿。笔者之前在《凌家滩玉器综论》中，曾参考殷墟等地出土的玉人形态，将凌家滩这种形态称之为蹲踞，但这类玉人的小腿仍直立，2016 年抢救性清理万氏坟时出土了一件呈跪姿的玉人像，由此知道称为蹲踞并不合适，且"踞"有无礼之含意，与祈祷的崇敬礼仪有所不妥，暂改称蹲（坐）。究竟这 3 件玉人体现了何种姿态，待由众专家探讨。

［17］ 王仁湘：《中国史前的纵梁冠》，《中原文物》2007 年 3 期。

［18］ 凌家滩遗址考古队：《安徽含山县凌家滩遗址新石器时代墓葬的清理》，《考古》2020 年 11 期。

［19］ 朱乃诚：《凌家滩"玉龙"小识》，《文物研究（第 15 辑）》，黄山书社，2007 年。

［20］ 李修松：《试论凌家滩玉龙、玉鹰、玉龟、玉版的文化内涵》，《安徽大学学报（哲学社会科学版）》2001 年 6 期。

［21］ 黄建秋：《凌家滩墓地出土玉龟和龟形器研究》，《道远集——安徽省文物考古研究所五十年文集》，黄山书社，2008 年。

［22］ 关于红山文化斜口筒形器的研究可见以下文章：朱延平：《红山文化彩陶纹样探源》，《边疆考古研究（第 6 辑）》2007 年；三木：《试论中国史前玉质斜口器的两个系统》，《文博》2012 年 6 期。

［23］ 邓淑蘋：《解开红山文化玉箍形器之谜》，《（台北）故宫文物月刊》2009 年 311 期。

［24］ 黄翠梅、郭大顺：《红山文化斜口筒形玉器龟壳说——凌家滩的启示》，《玉魂国魄——中国古代玉器与传统文化学术讨论会文集（五）》，浙江古籍出版社，2012 年。

［25］ 范方芳、张居中：《从史前用龟现象看黄淮、江淮地区的文明化进程》，《中原文物》2008 年 4 期。

［26］ 关于史前龟甲与文化方面的研究成果较多，可以参看：高广仁、邵望平：《中国史前时期的龟灵和犬牲》，《中国考古学研究——夏鼐先生考古五十年纪念论文集》，文物出版社，1986 年；陈星灿、李润权：《申论中国史前的龟甲响器》，《桃李成蹊集——庆祝安志敏先生八十寿辰》，香港中文大学出版社，2004 年；范方

芳、张居中:《中国史前龟文化研究综论》,《华夏考古》2008 年 2 期,等等。

[27] 陈久金、张敬国:《含山出土玉片图形试考》,《文物》1989 年 4 期。

[28] 饶宗颐:《未有文字以前表示"方位"与"数理关系"的玉版——含山出土玉版小论》,《文物研究(第 6 辑)》,黄山书社,1990 年;李修松:《试论凌家滩玉龙、玉鹰、玉龟、玉版的文化内涵》,《安徽大学学报(哲学社会科学版)》2001 年 6 期。

[29] 武家璧:《含山玉版上的天文准线》,《东南文化》2006 年 2 期。

[30] 钱伯泉:《凌家滩新石器时代遗址出土的玉制式盘》,《文物研究(第 7 辑)》,黄山书社,1991 年。

[31] 方向明:《新石器时代最早的玉"神面"——凌家滩玉版》,《东南文化》2013 年 2 期。

[32] 李学勤:《论含山凌家滩玉龟、玉版》,《中国文化》1992 年 6 期。

[33] 王育成:《含山玉龟及玉片八角形来源考》,《文物》1992 年 4 期。

[34] 李斌:《史前日晷初探——试释含山出土玉片图形的天文学意义》,《东南文化》1993 年 1 期。

[35] 俞伟超:《含山凌家滩玉器反映的信仰状况》,《古史的考古学探索》,文物出版社,2002 年。

[36] 俞伟超:《含山凌家滩玉器反映的信仰状况》,《古史的考古学探索》,文物出版社,2002 年。

[37] 杨晶:《良渚文化玉质梳背饰及其相关问题研究》,《文物》2002 年 11 期;杨晶:《一件刻纹玉饰的辨识》,《故宫博物院院刊》2004 年 5 期。

[38] 方辉:《凌家滩出土"玉人头像饰"应为玉质钺瑵饰》,《中国文物报》2004 年 4 月 9 日第 7 版。

[39] 方向明:《中国玉器通史·新石器时代南方卷》,海天出版社,2014 年,第 48 页。

[40] 河南省文物考古研究所:《舞阳贾湖》,科学出版社,1999 年,第 445 页;河南省文物考古研究院、中国科学技术大学科技史与科技考古系:《舞阳贾湖(二)》,科学出版社,2015 年,第 239 页。

[41] 龙虬庄遗址考古队:《龙虬庄——江淮东部新石器时代遗址发掘报告》,科学出版社,1999 年,第 184、345 页。

[42] 山东省文物管理处、济南市博物馆:《大汶口——新石器时代墓葬发掘报告》,文物出版社,1974 年,第 45 页。

[43] 王仁湘:《中国古代进食具匕箸叉研究》,《考古学报》1990 年 3 期。

[44] 牟永抗、黄翠梅、黄国耀、方向明:《东方摇篮中的奇葩——中华史前古玉研究的思考》,《庆祝何炳棣先生九十华诞论文集》,三秦出版社,2008 年,第 268 页。

［45］ 浙江省文物考古研究所：《萧山跨湖桥新石器时代文化遗址》，《浙江省文物考古研究所学刊》，长征出版社，1997 年。

［46］ 据《北阴阳营——新石器时代及商周时期遗址发掘报告》附表十三统计，文物出版社，1993 年。罗宗真统计共 28 件，完整的 16 件，另 12 件仅残留一段，如按分开的单体计算则应为 44 件，见于罗宗真：《南京北阴阳营新石器时代遗址出土玉器的初步研究》，《东亚玉器》第一册，香港中文大学中国考古艺术研究中心，1998 年，第 231 页。

［47］ 南京博物院、无锡市博物馆、江阴博物馆：《祁头山》，文物出版社，2007 年。

［48］ 南京博物院、张家港市文管办、张家港博物馆：《东山村：新石器时代遗址发掘报告》，文物出版社，2016 年。

［49］ 中国社会科学院考古研究所：《黄梅塞墩》，文物出版社，2010 年。

［50］ 马俊才等：《一眼史前三千年——河南南阳黄山遗址》，"文博中国"公众号 2022 年 3 月 17 日；张莹莹：《河南南阳黄山遗址："一眼史前三千年"考古奇观》，《中国文化报》2022 年 6 月 16 日第 8 版。

［51］ 黄建秋、林留根：《凌家滩花边玉璜研究》，《玉魂国魄——中国古代玉器与传统文化学术讨论会文集（五）》，浙江古籍出版社，2012 年；杨建芳：《大溪文化玉器渊源探索——兼论有关中国新石器时代文化传播、影响的研究方法》，《南方民族考古（第 1 辑）》，四川大学出版社，1987 年。

［52］ 杨晶：《凌家滩墓地玉璜综述》，《玉魂国魄——中国古代玉器与传统文化学术讨论会文集（五）》，浙江古籍出版社，2012 年。

［53］ 赵晔：《浙江良渚官井头遗址发掘取得重要成果》，《中国文物报》2013 年 8 月 30 日第 8 版。

［54］ 俞伟超：《凌家滩璜形玉器是结盟、联姻的产物》，《古史的考古学探索》，文物出版社，2002 年。

［55］ 杨建芳：《安徽古代玉雕的超前性》，《安徽省出土玉器精粹》，众志美术出版社，2004 年。

［56］ 杭州良渚遗址管理区管理委员会、浙江省文物考古研究所：《良渚玉器》，科学出版社，2018 年，第 9 页。

［57］ 杨建芳：《安徽古代玉雕的超前性》，《安徽省出土玉器精粹》，众志美术出版社，2004 年。

［58］ 黑龙江省文物考古研究所、饶河县文物管理所：《黑龙江饶河县小南山遗址 2015 年Ⅲ区发掘简报》，《考古》2019 年 8 期；李有骞《黑龙江饶河小南山遗址 2019～2020 年度考古发掘新收获》，《中国文物报》2021 年 3 月 19 日第 5 版。

［59］ 中国社会科学院考研研究所、香港中文大学中国考古艺术研究中心：《玉器起源探索》，香港中文大学中国文化研究所、中国考古艺术研究中心，2007 年。

［60］邓淑蘋：《瑱与耳玦饰》，《（台北）故宫文物月刊》1985 年 6 期。

［61］朔知：《凌家滩玉玦环研究——兼论"石钻"功能与辘轳轴承的演化》，《澳门黑沙史前轮轴机械国际会议论文集》，澳门民政总署文化康体部，2014 年。

［62］张弛：《中国史前玦饰研究》，安徽大学硕士论文，2020 年。

［63］辽宁省文物考古研究所：《牛河梁——红山文化遗址发掘报告（1983～2003 年度）》，文物出版社，2012 年，图版二九九。

［64］内蒙古文物考古研究所：《克什克腾旗南台子遗址发掘简报》，《内蒙古文物考古文集（第 1 辑）》，中国大百科全书出版社，1994 年，第 94 页。

［65］于建设：《红山玉器》，远方出版社，2004 年。

［66］安徽省文物考古研究所、含山县文物局：《安徽含山县韦岗遗址新石器时代遗存发掘简报》，《考古》2015 年 3 期。

［67］黄翠梅：《中国新石器时代耳珰研究》，《崧泽文化学术研讨会论文集（2014）》，文物出版社，2016 年，第 398 页。

［68］屯明达：《辨识玉器钮——从凌家滩"玉喇叭形器"说起》，《玉魂国魄——中国古代玉器与传统文化学术讨论会文集（五）》，浙江古籍出版社，2012 年。

［69］邓聪：《从河姆渡的陶质耳栓说起》，《杭州师范学院学报》2000 年 2 期。

［70］浙江省文物考古研究所、萧山博物馆：《跨湖桥》，文物出版社，2004 年，第 150 页。

［71］浙江省文物考古研究所：《河姆渡——新石器时代遗址考古发掘报告》，文物出版社，2003 年，第 64、248 页。

［72］黄翠梅：《中国新石器时代耳珰研究》，《崧泽文化学术研讨会论文集（2014）》，文物出版社，2016 年，第 400 页。

［73］四川省博物馆：《巫山大溪遗址第三次发掘》，《考古学报》1981 年 4 期。

［74］夏鼐：《商代玉器的分类、定名和用途》，《考古》1983 年 5 期。

［75］中华玉文化中心、中华玉文化工作委员会：《玉魂国魄——红山文化玉器精品展》，浙江古籍出版社，2009 年，第 70 页。

［76］庞小霞：《中国出土新石器时代绿松石研究》，《考古学报》2014 年 2 期。

［77］浙江省文物考古研究所：《瑶山》，文物出版社，2003 年，第 309 页。

［78］方向明：《中国玉器通史·新石器时代南方卷》，海天出版社，2014 年，第 79 页。

［79］浙江省文物考古研究所：《瑶山》，文物出版社 2003 年，第 267 页。

［80］原报告中 87M4 有 9 件，87M14 有 5 件。07M20 有 5 件较大玉料，但都有线切割痕，应是加工制作其他玉器后遗留，因体量较大，不宜归入边角料，因此也归到原料。

［81］原报告中为 111 件玉芯，但实际上有不少边角料和利用边角料制成但尚未完成的小饰品，芯的数量只有几十件。

[82] 安徽省文物考古研究所：《凌家滩——田野考古发掘报告之一》，文物出版社，2006年，第292页附表二、第294～295附录一、第329～331页附录三、第338～339页附录五。另有4篇论文公布了测试结果，张敬国、贾云波、李志超等：《凌家滩墓葬玉器测试研究》；蔡文静、张敬国、朱勤文、吴沫：《凌家滩出土部分古玉器玉质成分特征》；冯敏、张敬国：《凌家滩遗址出土部分古玉的材质分析》，均载于《凌家滩文化研究》，文物出版社，2006年；陈天然、秦岭、吴卫红、崔剑锋：《安徽凌家滩遗址07M23出土玉器的初步科技分析》，《南方文物》2020年3期。

[83] 陈天然、秦岭、吴卫红、崔剑锋：《安徽凌家滩遗址07M23出土玉器的初步科技分析》，《南方文物》2020年3期。另有一些粉碎或连土取出的玉器从材质上看也应属透闪石玉，总数应近200件。

[84] 检测结果尚未发表，此不详述。这批样品的选择不是全面检测，但是尽可能覆盖了大小不同的墓葬和肉眼可见的不同材质、不同器类，具有一定的全面性。

[85] 陈天然、秦岭、吴卫红、崔剑锋：《安徽凌家滩遗址07M23出土玉器的初步科技分析》，《南方文物》2020年3期。

[86] ［明］宋应星著，管巧灵、谭属春点校注释：《天工开物》，岳麓书社，2002年，第398页。

[87] 秦岭、崔剑锋：《浙北崧泽——良渚文化遗址出土玉器的初步科学分析》，《崧泽文化学术研讨会论文集（2014）》，文物出版社，2016年。

[88] 陈天然、秦岭、吴卫红、崔剑锋：《安徽凌家滩遗址07M23出土玉器的初步科技分析》，《南方文物》2020年3期。

[89] 南京博物院：《北阴阳营——新石器时代及商周时期遗址发掘报告》，文物出版社，1993年，第32、78页；罗宗真：《南京北阴阳营新石器时代遗址出土玉器的初步研究》，《东亚玉器》第一册，香港中文大学中国考古艺术研究中心，1998年。

[90] 珠海市博物馆：《广东珠海市宝镜湾遗址试掘简报》，《东南文化》1999年2期。

[91] 袁珂：《山海经校注》（增补修订本），巴蜀书社，1993年，第77页。

[92] 袁珂：《山海经校注》（增补修订本），巴蜀书社，1993年，第79页。

[93] ［宋］沈括著，侯真平校点：《梦溪笔谈》，岳麓书社，1998年，第147页。

[94] 方向明：《方家洲新石器时代的专业玉石器制造场》，《中国文化遗产》2012年6期；桐庐博物馆：《桐庐新石器时代文化初探》，西泠印社出版社，2011年。

[95] 间距、角度等数据均依照片通过coreldraw-x5平面矢量设计软件测量，因照片存在拍摄角度、像差变形问题，且与发掘报告公布的略有不同，仅供参考。

[96] 以上引自朔知：《凌家滩玉玦环研究——兼论"石钻"功能与辘轳轴承的演化》，《澳门黑沙史前轮轴机械国际会议论文集》，澳门民政总署文化康体部，2014年。

［97］ 张敬国、杨竹英、陈启贤：《凌家滩玉器微痕迹的显微观察与研究——中国砣的发现》，《东南文化》2002年5期。

［98］ 汪遵国：《论良渚文化玉器》，《文明的曙光——良渚文化》，浙江人民出版社，1996年。该文将琮上的痕迹定为砣切割，还可再细观察确认，但这种研究方法是可行的。

［99］ 吴棠海：《认识古玉——古代玉器制作与形制》，中华自然文化学会，1994年；黄建秋、陈杰、姚勤德等：《良渚文化治玉技法的实验考古研究》，《史前琢玉工艺技术》，台湾博物馆，2003年；陈启贤：《良渚玉雕工艺痕迹显微研究》，《瑶琨美玉——良渚博物院藏良渚文化玉器精粹》，文物出版社、志众美术出版社，2011年；邓聪：《良渚玉器微刻与王权象征等诸问题》，《良渚玉工——良渚玉器工艺源流论集》，香港中文大学中国文化研究所中国考古艺术研究中心，2015年。还有其他研究者也都开展过类似实验。

［100］ 也有称为双联璧，但这与上下并列形式的双联或三联璧易混淆。

［101］ 浙江省文物考古研究所：《瑶山》，文物出版社，2003年。

［102］ 浙江省文物考古研究所：《反山》，文物出版社，2005年。

［103］ 中国玉器全集编委会：《中国玉器全集·原始社会》，河北美术出版社，1992年，图一三七。

［104］ 荆州博物馆：《石家河文化玉器》，文物出版社，2008年，第100页；中国社会科学院考古研究所、山东省文物考古研究院、山东临朐山旺古生物化石博物馆：《临朐西朱封——山东龙山文化墓葬的发掘与研究》，文物出版社，2018年，图版二五。

［105］ 中间深、两端浅一般作为砣切割的一个特点，但并不是砣具独具的工艺特点。

［106］ 沈建东：《长江流域史前玉璜制作工艺初探》，《（台北）故宫文物月刊》2005年5期。

［107］ 国家文物局：《2010中国重要考古发现》，文物出版社，2011年。

［108］ 邓聪、郑炜明：《澳门黑沙》，（香港）中文大学出版社、澳门基金会，1996年，第162页。

［109］ 广东省文物考古研究所、珠海市博物馆：《珠海宝镜湾——海岛型史前文化遗址发掘报告》，科学出版社，2004年。

［110］ 此照片系方向明先生提供并指示了特点。

［111］ 凌家滩遗址考古队：《安徽含山县凌家滩遗址新石器时代墓葬的清理》，《考古》2020年11期。

［112］ 该器照片和描述最早发表于《凌家滩玉器》中，但在之后的发掘报告描述中没有小孔和暗槽对接的内容，线图中未表现，也没有照片，两次描述的尺寸略有差异，是否编号有误？分别见安徽省文物考古研究所：《凌家滩玉器》，文物出

版社，2000年，第82页、130页；安徽省文物考古研究所：《凌家滩——田野考古发掘报告之一》，文物出版社，2006年，第110页。

第六章　逝者天地

[1] 徐吉军：《中国丧葬史》，江西高校出版社，1998年，第2页。

[2] 张弛：《大汶口与良渚大墓葬仪的比较》，《早期文明的对话：世界主要文明起源中心的比较》，上海古籍出版社，2020年。

[3] 周玮：《安徽含山凌家滩祭坛的初步研究》，《东南文化》2001年4期。

[4] 朔知：《凌家滩祭坛遗迹试论》，《凌家滩文化研究》，文物出版社，2006年。

[5] 本书所言地貌是指2015年夏季开展遗址公园建设前的地貌。在遗址公园建设中，祭坛、墓葬之上普遍垫高0.5～1米，以保护原遗迹及方便现场复原展示。祭坛往北百余米原有一处最高点，海拔约26米，明显高于祭坛海拔，断面上有红烧土层堆积，但从地层包含物看应是汉代堆积。祭坛往西四五十米的现状较平，但实际上是修公路垫高所致。整个祭坛墓地区的凌家滩文化时期原始地面比遗址公园现状要低0.5～1米，也即岗地东、西两侧都是呈坡状的，祭坛铺筑在中间略偏东。

[6] 需要说明的是，由于1987年秋天的发掘材料未详细记录"石子层"的分布，无法对祭坛西南部的平面情况进行准确复原。1998年发掘的祭坛东南角一片"红烧土层"，实为夹红烧土块或颗粒较多的土层，有较多似草木灰一类的炭灰，土色泛红灰暗，当属长时间在此烧火所致，不是一般所说的以红烧土块堆积为主的红烧土层。因第三次发掘的坛体为保护而未下挖，本次复原仅仅是根据已发掘的打破祭坛的几座汉墓壁上显示的剖面、已发表的各探方剖面或墓葬照片，结合作者1998、2007年两次参加墓地发掘的认识，以密集石块堆积作为观察对象所作的一次尝试，尽可能细化其范围，但因材料所限，并不具备严格的科学意义，只供研究参考。

[7] 张敬国：《安徽含山凌家滩新石器时代墓地第二次发掘的主要收获》，《文物研究（第7辑）》，黄山书社，1991年。

[8] 朔知：《凌家滩祭坛遗迹试论》，《凌家滩文化研究》，文物出版社，2006年。

[9] 检测工作由中国科学院大学杨益民教授完成，成果未发表。

[10] 1998年发掘时，笔者曾对该堆积进行了认真分析，并据石子的大小、分选情况和具有极强黏性的白色土提出，可能是经过人工搬运、有意处理过的，不排除有人工添加黏合剂的可能，但并未做相关检测分析，其来源也一直未能找到，此后一直将此事记于心中。2012年在祭坛以南的内壕沟南侧钻探发现同类遗物后立即做了检测。2017年下半年在祭坛以东的山坡边缘的东山河上架桥时，在坡边缘的山体挖出一个断面，从断面上可以看到大量较大石块和包含碎小石子与白色黏土的

原生堆积，后者与祭坛②层所铺材料完全相同，从而解决了祭坛②层原料的来源问题，肯定了人工搬运铺垫，但也否定了人工黏合剂的存在。祭坛上层的较大石块也同样来源于此。由此证实祭坛的各层原料均为就近取土铺筑，但将大小石块进行了分选并分层进行铺筑。

〔11〕朔知在《凌家滩祭坛遗迹试论》中曾疑此与祭祀遗迹有关，但从《文物》1989年4期的简报和2006年出版的《凌家滩——田野考古发掘报告之一》内容看，87M1中的2件玉玦、1件玉璜位置又似与人体配戴有关，玉人摆放位置也与98M29的玉人在人头部以东的现象相同。但该墓没有标出方向，若以正常绘图方向，其椭圆长径为南北向，则墓主头向应为西南向或偏西向，与墓地其他大多数墓的墓向不同。另简报中墓坑按比例尺换算，与文中描述相符，但墓中随葬品换算后则明显有误：两块最小间距约60厘米，璜外径也大大超过报告中所称的16.9厘米，玉人长度则超过30厘米，恐是将遗物图套入墓框时未缩小所致。报告第37页将墓坑线删去，正确比例尺以1：15左右为合适。在材料校核后，此墓是墓葬还是祭祀遗迹，还可以进一步探讨。

〔12〕宫晓君：《器物组合视角下凌家滩墓地的性别与等级研究》，安徽大学硕士学位论文，2022年。

〔13〕《凌家滩——田野考古发掘报告之一》第六章将墓地按南北分为8排，并以87M4、87M15为中轴，提出越往北、越远离中轴的墓葬身份越低。严文明先生曾详论过墓葬的分区情况，将前三次发掘的墓葬分为6个小区，南区处于中心地位，东区地位略低，西北区则与玉石器工匠有关，西区较杂，中区地位不显著，北区是相对穷人的墓区，各区大体上可以与不同身份相对应，文章见严文明：《凌家滩·序》，《凌家滩——田野考古发掘报告之一》，文物出版社，2006年。方向明也通过齿纹璜和出廓璜讨论了与六区的关系问题，见方向明：《中国玉器通史·新石器时代南方卷》，海天出版社，2014年，第50页。本文在结合众学者讨论成果基础上，将后面发掘的20余座墓葬也纳入讨论中，重新微调了墓区划分。

〔14〕87M7与87M8的划分应有误，前者的多数玉石器与后者应属同墓，以下文中所称87M8若无特别说明，均指调整后的87M8。详见方向明：《中国玉器通史·新石器时代南方卷》，海天出版社，2014年，第54页。

〔15〕因4座墓均打破了祭坛①层，墓坑都在石块中，边界难找，98M26的确认略有疑问，特此说明。

〔16〕《凌家滩——田野考古发掘报告之一》第六章按地层关系，分为第一、二、三期。杨晶也据地层关系分为四段，但对原有地层关系进行了全面辨析，指出问题所在，详见杨晶：《关于凌家滩墓地的分期与年代问题》，《文物研究（第15辑）》，黄山书社，2007年。不过因为报告中没有交待各探方的地层对应关系，几乎所

有研究者都默认地层划分是具有统一性的，但实际上各墓葬开口层位无法统一比较，不具有相对年代早晚的意义。严文明先生在《凌家滩·序》的首页便谨慎意识到这一问题，见安徽省文物考古研究所：《凌家滩——田野考古发掘报告之一》，文物出版社，2006年。

［17］中国社会科学院考古研究所：《敖汉赵宝沟——新石器时代聚落》，中国大百科全书出版社，1997年，第127页。

［18］湖南省文物考古研究所：《澧县城头山——新石器时代遗址发掘报告》，文物出版社，2007年，第266～283页。

［19］崧泽遗址考古队：《上海青浦崧泽遗址考古发掘获重大收获》，《马家浜文化》，浙江摄影出版社，2004年，第225页。

［20］郭明：《牛河梁遗址红山文化晚期社会的构成》，社会科学文献出版社，2019年，第130页。

［21］辽宁省文物考古研究所：《辽宁牛河梁红山文化"女神庙"与积石冢群发掘简报》，《文物》1986年8期。

［22］郭明：《牛河梁遗址红山文化晚期社会的构成》，社会科学文献出版社，2019年，第125、126页。

［23］郭明：《牛河梁遗址红山文化晚期社会的构成》，社会科学文献出版社，2019年，第139页。

［24］辽宁省文物考古研究所：《牛河梁：红山文化遗址发掘报告：1983～2003年度》，文物出版社，2012年。

［25］郭大顺、张克举：《辽宁喀左县东山嘴红山文化建筑群址发掘简报》，《文物》1984年。

［26］辽宁省文物考古研究所、朝阳市龙城区博物馆：《辽宁朝阳市半拉山红山文化墓地的发掘》，《考古》2017年2期；辽宁省文物考古研究所、朝阳市龙城区博物馆：《辽宁朝阳市半拉山红山文化墓地》，《考古》2017年7期。

［27］浙江省文物考古研究所：《南河浜——崧泽文化遗址发掘报告》，文物出版社，2005年，第18页。

［28］南京博物院、江苏省考古研究所、无锡市锡山区文物管理委员会：《邱承墩：太湖西北部新石器时代遗址发掘报告》，科学出版社，2010年。

［29］南京博物院：《赵陵山：1990～1995年度发掘报告（上、下）》，文物出版社，2012年，第248～250页。

［30］浙江省文物考古研究所：《瑶山》，文物出版社，2003年。

［31］刘斌：《神巫的世界》，杭州出版社，2013年，第57页。

［32］以上数据系汇总《神巫的世界》《瑶山》两书内容而成。

［33］浙江省文物考古研究所、余杭市文物管理委员会：《浙江余杭汇观山良渚文化祭

坛与墓地发掘简报》,《文物》1997 年 7 期。

[34] 浙江省文物考古研究所、余杭市文管会:《浙江余杭汇观山良渚文化祭坛与墓地
发掘报告》,《浙江省文物考古研究所学刊》,长征出版社,1997 年。

[35] 刘斌:《神巫的世界》,杭州出版社,2013 年,第 60、61 页。

[36] 浙江省文物考古研究所、海宁市博物馆:《海宁达泽庙遗址的发掘》,《浙江省文
物考古研究所学刊》,长征出版社,1997 年。

[37] 浙江省文物考古研究所:《海宁荷叶地遗址》,《崧泽·良渚文化在嘉兴》,浙江摄
影出版社,2005 年。

[38] 浙江省文物考古研究所:《浙江省海宁市大坟墩遗址的发掘》,《浙江省文物考古
研究所学刊(第七辑)》,杭州出版社,2005 年。

[39] 刘斌:《余杭卢村遗址的发掘及其聚落考察》,《浙江省文物考古研究所学刊》,长
征出版社,1997 年。

[40] 王宁远:《嘉兴地区良渚时期台墩遗址性状的再认识》,《浙江省文物考古研究所
学刊(第九辑)》,科学出版社,2009 年。

[41] 张弛:《社会权力的起源——中国史前葬仪中的社会与观念》,文物出版社,2015 年,
第 6 页。

[42] 以下分析有部分引自甘创业:《凌家滩墓葬的葬仪研究》,《东南文化》2022 年
3 期。

[43] 在棺板朽烂之后,会出现向棺内方向的挤压,棺外的器物会进入棺内范围,而顶
板上的器物也会直接掉落到墓主身上。在发掘过程中,判断陶器是置于棺外还是
棺内,除了找到棺的边线之外,它在最后呈现出的状态也是很重要的参照依据,
现场能够较好地观察到陶器基本形态并相对独立的,应是没有明显位移;但现场
陶片成大片分布且难以观察到基本形态,甚至几种器形交错置于一起的,不排除
从棺顶掉落的可能,因此会在墓主上方有很多成片的陶器碎片,并难以拼合;而
墓两侧或脚端的陶器虽也受挤压,但却因位移较小而大致能够看出基本的形态。
关于陶器位置的判断,需要现场的仔细工作和足够的照片,这一点也同样适用于
玉、石器。

[44] 87M9∶54 原错记为石钺,87M15∶19 原误记为陶壶,07M12∶1 原误记为陶碗,
经后期整理、辨识,均为陶缸。

[45] 孙翰龙:《崧泽、良渚文化陶缸再研究——以出土情境的分析为中心》,《东南文
化》2014 年 1 期。

[46] 杨晶:《凌家滩墓地玉璜综述》,《玉魂国魄——中国古代玉器与传统文化学术讨
论会文集(五)》,浙江古籍出版社,2012 年,第 72～76 页。

[47] 河南省文物考古研究所:《舞阳贾湖》,科学出版社,1999 年;河南省文物考古研
究院、中国科学技术大学科技史与科技考古系:《舞阳贾湖(二)》,科学出版社,

2015 年。

［48］高广仁、邵望平：《中国史前时代的龟灵与犬牲》，《中国考古学研究：夏鼐先生考古五十年纪念论文集》，文物出版社，1986 年；范方芳、张居中：《从史前用龟现象看黄淮、江淮地区的文明化进程》，《中原文物》2008 年 4 期。

［49］黄翠梅、郭大顺：《红山文化斜口筒形玉器龟壳说——凌家滩的启示》，《玉魂国魄——中国古代玉器与传统文化学术讨论会文集（五）》，浙江古籍出版社，2012 年。

［50］黄建秋：《凌家滩墓地出土玉龟和龟形器研究》，《道远集——安徽省文物考古研究所五十年文集（1958～2008）》，黄山书社，2008 年。

第七章　凌家滩文化

［1］苏秉琦：《略论我国东南沿海地区的新石器时代考古——在长江下游新石器时代文化学术研讨会上的一次发言提纲》，《文物集刊（第 1 集）》，文物出版社，1980 年。

［2］张弛：《大溪、北阴阳营和薛家岗的石、玉器工业》，《考古学研究（四）》，科学出版社，2000 年。

［3］仲召兵：《长江下游地区崧泽文化圈的形成》，《东方考古（第 11 集）》，科学出版社，2014 年。

［4］曹兵武：《辐与辏：史前中原文化优势的确立——兼论早期中国与华夏文明观的形成》，《中原文化研究》2015 年 3 期；韩建业：《早期中国——中国文化圈的形成和发展》，上海古籍出版社，2015 年，第 83、95 页；朔知：《皖江两岸崧泽时代的聚落与文化》，《东南文化》2015 年 1 期。

［5］［美］克莱德·M·伍兹著，何瑞福译：《文化变迁》，河北人民出版社，1989 年，第 46 页。

［6］高蒙河：《试论"漩涡地带"的考古学文化研究》，《东南文化》1989 年 1 期。

［7］韩建业：《考古学文化阐释的理论与实践》，《中国社会科学》2021 年 9 期；陈淳：《范式变化与考古学文化概念的发展》，《中国社会科学》2021 年 9 期，等等。

［8］夏鼐：《关于考古学上文化的定名问题》，《考古》1959 年 4 期。

［9］仲召兵：《长江下游地区崧泽文化圈的形成》，《东方考古（第 11 集）》，科学出版社，2014 年。

［10］陈杰：《崧泽文化的形成》，《东南文化》2015 年 1 期。

［11］何驽：《关于崧泽文化商品经济的思考》，《崧泽文化学术研讨会论文集（2014）》，文物出版社，2016 年。

［12］栾丰实：《凌家滩与大汶口》，《玉魂国魄——中国古代玉器与传统文化学术讨论会文集（五）》，浙江古籍出版社，2012 年。

［13］栾丰实：《凌家滩与大汶口》，《玉魂国魄——中国古代玉器与传统文化学术讨论会文集（五）》，浙江古籍出版社，2012 年。

[14] 叶润清：《安徽马鞍山烟墩山遗址发现新石器至西周文化遗存》，《中国文物报》2004 年 6 月 11 日第 1 版；叶润清：《安徽皖江下游南岸地区史前文化试析》，《道远集——安徽省文物考古研究所五十年文集》，黄山书社，2008 年。

[15] 魏正谨：《长江下游考古工作又一重要发现——南京营盘山氏族葬地遗址的发掘》，《南京史志》1984 年 5 期。

[16] 无为县文物管理所：《安徽无为县新石器—商周遗址调查报告》，《文物研究（第18 辑）》，科学出版社，2011 年。

[17] 韦岗与凌家滩的分期内容较多，本书仅简单介绍结果，具体内容在未来出版的调查发掘报告一书中会有详细讨论。

[18] 朔知：《崧泽时代的皖江两岸》，《崧泽文化学术研讨会论文集（2014）》，文物出版社，2016 年。

[19] 安徽省文物考古研究所：《安徽肥西县古埂新石器时代遗址》，《考古》1985 年 7 期。

[20] 安徽省文物考古研究所：《安徽含山大城墩遗址发掘报告》，《考古学集刊（6）》，中国社会科学出版社，1989 年。

[21] 蒋素华：《北阴阳营——凌家滩玉器的分析》，《东南文化》2002 年 5 期。

[22] 安徽省文物考古研究所：《潜山薛家岗》，文物出版社，2004 年。

[23] 栾丰实：《大汶口文化的分期和类型》，《海岱地区考古研究》，山东大学出版社，1997 年。

[24] 朔知：《凌家滩玉器综论》，《玉魂国魄——凌家滩文化玉器精品展》，浙江古籍出版社，2011 年。

[25] 以下特点的部分内容引自朔知：《从凌家滩文化看中国文明的起源》，《安徽史学》2000 年 3 期。

[26] 朔知：《长江下游地区文明化进程散论》，《长江下游地区文明化进程学术研讨会论文集》，上海书画出版社，2004 年。

第八章　互动与传承

[1] 高蒙河：《试论"漩涡地带"的考古学文化研究》，《东南文化》1989 年 1 期。作者将漩涡地带的考古学文化划分为三种，本文借用这一名词，重点在于突出其第三种的高级形式——文化创新，将"漩涡"的作用和特点与一般过渡性质区别开来，也就是通过漩涡的作用产生多文化的融合。按该文所言就是从根本上吸收周边文化的精髓，进行扬弃式发展，创造出具有自身特色的文化内涵，其主要原因在于周邻文化介入程度的减弱和自身生长机制的增强。

[2] 中国国家博物馆、安徽省文物考古研究所：《姑溪河——石臼湖流域先秦时期聚落考古调查与研究》，科学出版社，2019 年。

[3] 南京市文物局、南京市博物馆、高淳县文管所：《江苏高淳县薛城新石器时代遗

址发掘简报》，《考古》2000 年 5 期。

［ 4 ］ 据剖面 H1 内的不成熟水稻用加速器质谱测年，95% 置信度的年代区间为公元前
5000 ～前 4800 年。中国国家博物馆、安徽省文物考古研究所：《姑溪河——石臼
湖流域先秦时期聚落考古调查与研究》，科学出版社，2019 年，第 170 页。

［ 5 ］ 张乃博、吴卫红：《凌家滩及裕溪河上中游区域系统调查与研究》，《中原文
物》2022 年 1 期。其中窦家嘴遗址在区域系统调查时没有采集到可确证的马
家浜文化遗物，但后来的复查中采集到较多，因此该遗址可纳入马家浜文化
晚期。

［ 6 ］ 巢湖流域先秦遗址调查课题组：《安徽合肥市南淝河流域先秦遗址调查报告》，
《文物研究（第 16 辑）》，黄山书社，2009 年。

［ 7 ］ 张敬国：《安徽肥东、肥西古文化遗址调查》，《文物研究（第 2 辑）》，黄山书社，
1986 年。

［ 8 ］ 安徽省文物考古研究所、武汉大学历史学院考古系：《皖北小孙岗、南城孜、杨
堡史前遗址试掘简报》，《考古》2015 年 2 期。

［ 9 ］ 徐繁：《繁昌缪墩遗址调查简报》，《文物研究（第 7 辑）》，黄山书社，1991 年。

［ 10 ］ 陈杰：《崧泽文化的形成》，《东南文化》2015 年 1 期。

［ 11 ］ 南京博物院：《北阴阳营——新石器时代及商周时期遗址发掘报告》，文物出版
社，1993 年，第 96、97 页。

［ 12 ］ 田名利：《凌家滩墓地玉器渊源探寻》，《东南文化》1999 年 5 期。

［ 13 ］ 朔知：《凌家滩玉器综论》，《玉魂国魄——凌家滩文化玉器精品展》，浙江古籍出
版社，2011 年。

［ 14 ］ 安徽省文物考古研究所：《安徽肥西县古埂新石器时代遗址》，《考古》1985 年 7 期。

［ 15 ］ 安徽省文物考古研究所：《安徽含山大城墩遗址发掘报告》，《考古学集刊（第 6
集）》，中国社会科学出版社，1989 年。

［ 16 ］ 图中所用凌家滩器物均为中晚期，与龙虬庄、侯家寨的有年代差异，仅作为追踪
源头而比较。

［ 17 ］ 安徽省文物考古研究所：《安徽定远侯家寨新石器时代遗址发掘》，《考古》2019
年 1 期。

［ 18 ］ 张敏、王志高：《薛城遗址的发现与古芜湖文化区》，《中国文物报》1998 年 7 月
8 日第 3 版。

［ 19 ］ 魏正谨：《南京市营盘山新石器时代遗址》，《中国考古学年鉴（1984）》，文物出
版社，1984 年；魏正谨：《长江下游考古工作又一重要考古发现——南京营盘山
氏族葬地遗址的发掘》，《南京史志》1984 年 5 期，转引自南京市博物馆：《南京
考古资料汇编》第一册，凤凰出版社，2013 年。部分陶器、玉器 2006 年 12 月见
于南京市博物馆的展厅。

［20］　方向明：《中国玉器通史·新石器时代南方卷》，海天出版社，2014 年，第 66、67 页。

［21］　叶润清：《安徽马鞍山烟墩山遗址发现新石器至西周文化遗存》，《中国文物报》2004 年 6 月 11 日第 1 版。

［22］　谷建祥：《人·鸟·兽与琮》，《东方文明之光——良渚文化发现 60 周年纪念文集》，海南国际新闻出版中心，1996 年。

［23］　安吉县博物馆：《安吉文物精华》，文物出版社，2003 年，第 19、20 页。

［24］　赵晔：《浙江良渚官井头遗址发掘取得重要成果——发现一处大型崧泽—良渚文化墓地，揭露一处多功能成组石砌遗迹》，《中国文物报》2013 年 8 月 30 日第 8 版。

［25］　南京博物院：《北阴阳营——新石器时代及商周时期遗址发掘报告》，文物出版社，1993 年，第 29～35 页。

［26］　朔知：《长江下游的"玉石分野"与社会变革——以五地墓葬材料为例》，《考古学研究（九）——庆祝严文明先生八十寿辰论文集》，文物出版社，2012 年。刘斌也认为"应该考虑其生产与传播上的特殊性"，见刘斌：《良渚文化的玉钺与石钺》，《玉魂国魄——中国古代玉器与传统文化学术讨论会文集》，北京燕山出版社，2002 年。

［27］　关于长江下游崧泽时代的商品属性讨论，并没有可靠的定论，但相关研究可以参阅张弛：《大溪、北阴阳营和薛家岗的石、玉器工业》，《考古学研究（四）》，科学出版社，2000 年；何驽：《关于崧泽文化商品经济的思考》，《崧泽文化学术研讨会论文集（2014）》，文物出版社，2016 年。

［28］　方向明：《凌家滩玉文化的东渐与良渚文化早期玉器》，《玉魂国魄——中国古代玉器与传统文化学术讨论会文集（五）》，浙江古籍出版社，2012 年。

［29］　杨晶：《凌家滩墓地玉璜综述》，《玉魂国魄——中国古代玉器与传统文化学术讨论会文集（五）》，浙江古籍出版社，2012 年；杨晶：《苏皖平原地区史前玉器的研究》，《新世纪的考古学文化、区位、生态的多元互动》，紫禁城出版社，2006 年。

［30］　杨建芳：《大溪文化玉器渊源探索——兼论有关中国新石器时代文化传播、影响的研究方法》，《南方民族考古（第一辑）》，四川大学出版社，1987 年。

［31］　安徽省文物考古研究所：《潜山薛家岗》，文物出版社，2004 年，第 140 页。

［32］　安徽省文物局：《安徽省出土玉器精粹》，台北众志美术出版社，2004 年，第 76 页。

［33］　中国社会科学院考古研究所：《黄梅塞墩》，文物出版社，2010 年，第 61 页。

［34］　湖北省京九铁路考古队、湖北省文物考古研究所：《武穴鼓山——新石器时代墓地发掘报告》，科学出版社，2001 年，第 92、93 页。

［35］　国务院三峡工程建设委员会办公室、国家文物局：《巴东李家湾》，科学出版社，

2009 年，第 65、67 页。

［36］四川省博物馆：《巫山大溪遗址第三次发掘》，《考古学报》1981 年 4 期。

［37］黄建秋、林留根：《凌家滩花边玉璜研究》，《玉魂国魄——中国古代玉器与传统文化学术讨论会文集（五）》，浙江古籍出版社，2012 年。

［38］苏州市考古研究所、昆山市文物管理所、昆山市张浦镇文体站：《江苏昆山姜里新石器时代遗址 2011 年发掘简报》，《文物》2013 年 1 期。

［39］朔知、杨德标：《薛家岗石刀钻孔定位与制作技术的观测研究》，《中国历史文物》2003 年 6 期。

［40］石荣传：《从凌家滩玉器外来文化因素看淮夷文明的形成》，《华夏考古》2017 年 2 期。

［41］田名利：《凌家滩墓地玉器渊源探寻》，《东南文化》1999 年 5 期；韩建业：《晚期红山文化南下影响的三个层次》，《文物研究（第 16 辑）》，黄山书社，2009 年 9 月，等等。

［42］朱乃诚：《凌家滩文化的文化成就及其在中国文明起源中的地位与作用》，《玉魂国魄——中国古代玉器与传统文化学术讨论会文集（四）》，浙江古籍出版社，2010 年；黄翠梅、郭大顺：《红山文化斜口筒形玉器龟壳说——凌家滩的启示》，《玉魂国魄——中国古代玉器与传统文化学术讨论会文集（五）》，浙江古籍出版社，2012 年。

［43］李新伟：《中国史前社会上层远距离交流网的形成》，《文物》2015 年 4 期。

［44］李新伟：《良渚文化和“最初的中国”》，《光明日报》2021 年 1 月 17 日第 12 版。

［45］张弛：《社会权力的起源——中国史前葬仪中的社会与观念》附录二，文物出版社，2015 年。

［46］中国社会科学院考古研究所考古科技实验研究中心碳十四实验室：《放射性碳素测定年代报告（三十）》，《考古》2004 年 7 期。

［47］辽宁省文物考古研究所、朝阳市龙城区博物馆：《辽宁朝阳市半拉山红山文化墓地的发掘》，《考古》2017 年 2 期。

［48］郭明：《牛河梁遗址红山文化晚期社会的构成》，社会科学文献出版社，2019 年，第 80～82 页。

［49］刘国祥：《红山文化研究》，科学出版社，2015 年，第 732 页。

［50］卜工：《以薛家岗早期墓葬出土的陶鬶为例——兼谈马家浜至崧泽早期长江中下游鬶的源流》，《文物研究（第 17 辑）》，科学出版社，2010 年；方向明：《长江下游地区新石器时代盉鬶的若干问题——纪念马家浜遗址考古五十周年》，《江南文化之源——纪念马家浜遗址发现五十周年图文集（上卷）》，中国摄影出版社，2011 年。

［51］朔知：《初识薛家岗与良渚的文化交流——兼论皖江通道与太湖南道问题》，《浙

江省文物考古研究所学刊（八）——纪念良渚遗址发现七十周年学术研讨会文集》，科学出版社，2006 年。

[52] 该器在简报中曾发表线图，称为夹砂红陶鼎，但正式报告中同编号器物改称为夹砂黑陶罐，残碎。两个报道不同，或因时间长久器物编号有误之故，但第一次发掘只有 4 座墓，陶器材料有限，简报披露的应该没有问题。本文意不在辨析此器，只为讨论凌家滩有这类高三足风格的出现。具体内容可见：安徽省文物考古研究所：《安徽含山凌家滩新石器时代墓地发掘简报》，《文物》1989 年 4 期；安徽省文物考古研究所：《凌家滩——田野考古发掘报告之一》，文物出版社，2006 年。

[53] 朔知、杨德标：《薛家岗石刀钻孔定位与制作技术的观测研究》，《中国历史文物》2003 年 6 期。

[54] 张弛：《大溪、北阴阳营和薛家岗的石、玉器工业》，《考古学研究（四）》，科学出版社，2000 年。

[55] 王宁远、顾晓峻：《崧泽早期玉器的几个特点——从仙坛庙出土玉器谈起》，《浙江省文物考古研究所学刊（第六辑）》，杭州出版社，2004 年。

[56] 浙江省文物考古研究所：《南河浜——崧泽文化遗址发掘报告》，文物出版社，2005 年，图版一四三。

[57] 安徽省文物考古研究所：《凌家滩——田野考古发掘报告之一》，文物出版社，2006 年，彩版二九，5；浙江省文物考古研究所：《瑶山》，文物出版社，2003 年，彩图 616。

[58] 安徽省文物考古研究所：《凌家滩——田野考古发掘报告之一》，文物出版社，2006 年，彩版三七，4；浙江省文物考古研究所：《瑶山》，文物出版社，2003 年，彩图 519。

[59] 严文明：《凌家滩·序》，《凌家滩——田野考古发掘报告之一》，文物出版社，2006 年；秦岭：《环太湖地区史前社会结构的探索》，北京大学博士论文，2003 年，第 194、195 页；张敏：《关于环太湖地区原始文化的思考》，《庆祝张忠培先生七十岁论文集》，科学出版社，2004 年；方向明：《凌家滩玉文化的东渐与良渚文化早期玉器》，《玉魂国魄——中国古代玉器与传统文化学术讨论会文集（五）》，浙江古籍出版社，2012 年。

[60] 朔知：《长江下游的"玉石分野"与社会变革——以五地墓葬材料为例》，《考古学研究（九）——庆祝严文明先生八十寿辰论文集》，文物出版社，2012 年。以下是据该文内容的引用和概括，在不影响原含意的情况下，对表述方式作了少量修订、增补，以符合本文的新语境之需。

[61] 朔知：《长江下游的"玉石分野"与社会变革——以五地墓葬材料为例》，《考古学研究（九）——庆祝严文明先生八十寿辰论文集》，文物出版社，2012 年。

[62] 马保春、杨雷：《新石器时代晚期鄂豫陕间文化交流通道的初步研究》，《江汉考

古》2007 年 2 期。

［63］高江涛：《洛阳盆地与晋南早期交通道路之"中条涑津道"》，《中原文物》2019 年
1 期；高江涛：《洛阳盆地与晋南早期交通道路之"虞坂巅岭道"》，《中原文物》
2019 年 2 期；高江涛：《洛阳盆地与晋南早期交通道路之"轵关陉道"》，《中原文
物》2019 年 3 期。

［64］庞小霞、高江涛：《试论二里头文化时期洛阳盆地和江汉平原的交流通道》，《南
方文物》2020 年 2 期。

［65］邹逸麟：《中国历史地理概述》，上海教育出版社，2005 年，第 41 ~ 56 页。

［66］以下内容大部引自朔知：《初识薛家岗与良渚的文化交流——兼论皖江通道与
太湖南道问题》，《浙江省文物考古研究所学刊（第八辑）——纪念良渚遗址发现
七十周年学术研讨会文集》，科学出版社，2006 年。

［67］王建、汪永进、刘金陵、William Y. B. Chang：《太湖 16 000 年来沉积环境的演
变》，《古生物学报》1996 年 2 期；William Y. B. Chang，刘金陵：《11 000 年以来
太湖的形成与演变》，《古生物学报》1996 年 2 期；张强、朱诚、刘春玲等：《长
江三角洲 7 000 年来的环境变迁》，《地理学报》2004 年 4 期；赵东升：《环太湖
古文化演进与水域变迁关系初论》，《南方文物》2016 年 3 期。

［68］朱诚、林承坤、马春梅等：《对江苏胥溪河成因及其开发利用的新探讨》，《地理
学报》2005 年 4 期。

［69］张敏：《句容城头山遗址出土的史前玉器及相关问题的讨论》，《玉魂国魄——中
国古代玉器与传统文化学术讨论会文集》，北京燕山出版社，2002 年。

［70］南京博物院、丹徒县文教局：《江苏丹徒磨盘墩遗址发掘报告》，《史前研究》
1985 年 2 期。

［71］朔知：《初识薛家岗与良渚的文化交流——兼论皖江通道与太湖南道问题》，《浙
江省文物考古研究所学刊（第八辑）——纪念良渚遗址发现七十周年学术研讨会
文集》，科学出版社，2006 年。

第九章　凌家滩与中华文明

［1］苏秉琦：《中国文明起源新探》，生活·读者·新知三联书店，1999 年。

［2］韩建业：《庙底沟时代与"早期中国"》，《考古》2012 年 3 期。

［3］朔知：《崧泽时代皖江两岸的聚落与文化》，《东南文化》2015 年 1 期。

［4］仲召兵：《长江下游地区崧泽文化圈的形成》，《东方考古（第 11 集）》，科学出版
社，2014 年。

［5］［英］达尔文：《物种起源》第一分册，商务印书馆，1991 年，第 97 页。

［6］［法］卢梭：《论人类不平等的起源和基础》，商务印书馆，1997 年。

［7］［法］卢梭：《社会契约论》，商务印书馆，1990 年。

[8] 恩格斯:《家庭、私有制和国家的起源》,人民出版社,1972 年,第 174 页。

[9] [法]拉法格:《财产及其起源》,生活・读书・新知三联书店,1978 年,第 72 页。

[10] [英]爱德华・泰勒:《原始文化》,浙江人民出版社,1988 年。

[11] [美]路易斯・亨利・摩尔根:《古代社会》,商务印书馆,1987 年。

[12] 夏建中:《文化人类学理论学派——文化研究的历史》,中国人民大学出版社,1997 年。

[13] [美]埃尔曼・塞维斯:《国家与文明的起源——文化演进的过程》,上海古籍出版社,2019 年。

[14] 王迅在网络上曾撰文提及,1991 年北大考古系的德国留学生曹碧琴(BttlnaZorn),在博士学位论文题目《二里头文化及其社会复杂性》中最早触及这一概念并做了具体的研究。

[15] 邵望平:《邵望平史学、考古学文选》,山东大学出版社,2013 年。

[16] 裴安平:《中国的家庭、私有制、文明、国家和城市起源》,上海古籍出版社,2019 年,第 335 ~ 342 页。

[17] 陈星灿、刘莉、李润权等:《中国文明腹地的社会复杂化进程——伊洛河地区的聚落形态研究》,《考古学报》2003 年 2 期。

[18] 栾丰实:《海岱地区古代社会的复杂化进程》,《文史哲》2004 年 1 期。

[19] 王立新:《辽西区史前社会的复杂化进程》,《吉林大学社会科学学报》2005 年 2 期。

[20] 郑建明、陈淳:《环太湖与宁绍平原史前社会复杂化比较研究》,《南方文物》2005 年 4 期。

[21] 郭立新:《长江中游地区初期社会复杂化研究》,上海古籍出版社,2005 年。

[22] 关于聚落等级的划分,是个十分复杂的问题,按面积划分更是常被诟病,特别是按地表采集遗物判断聚落面积这个方法本身就有很大不确定性。为此,在裕溪河流域调查中我们采取了两种方法进行调整,一是尽可能根据暴露的文化层结合地形判断,二是对凌家滩周边不远的遗址都进行了完全钻探,并将其与采集陶片的分布情况进行对比。在后期研究过程中,还尽可能将遗物年代划分细致,并根据不同时期遗物的分布来判断各时期聚落的大小。本小节只是概略地介绍这些成果,详细研究尚未完成,所有结论以最后所出考古调查报告为准。

[23] Wenjing Wang, Weihong Wu: *Lingjiatan early complex societies and social organization in the Yuxi Valley, China, Archaeological Research in Asia*, 25(2021) 100259, 2021. 03. 以上正文的部分内容引自此文,关于三级聚落结构、聚落集中化等论述略有不同,聚落分期总体没有大变化,但在后期整理中将凌家滩时期细划出一个更早的马家浜阶段,涉及 4 个遗址。

[24] 07M22 发掘部分仅 40 余件,但综合 1985 年葬坑时所出,也当超过 90 件。

[25] 所谓玉原料是指未经加工或表面仅略打磨而无任何器形特征的原料。通过检索

《凌家滩》报告线图和图版，只有此3座墓中有随葬，而报告中的"玉料"包括了边角料，特此说明。

［26］曹建墩：《礼、宗教与中国早期文明的演进模式》，《中原文化研究》2020年1期。

［27］林沄：《说"王"》，《考古》1965年6期。

［28］李水城：《耀武扬威——权杖源流考》，上海古籍出版社，2021年，第281、289页。

［29］钱耀鹏：《中国古代斧钺制度的初步研究》，《考古学报》2009年1期；许鹏飞：《钺代表的军权意义的起源与发展》，《考古》2018年1期。

［30］［日］中村慎一：《城市化和国家形成——良渚文化的政治考古学》，《良渚文化研究：纪念良渚文化发现六十周年国际学术讨论会文集》，科学出版社，1999年。

［31］朔知：《长江下游的"玉石分野"与社会变革——以五地墓葬材料为例》，《考古学研究（九）——庆祝严文明先生八十寿辰论文集》，2012年。

［32］郭大顺：《红山文化的"唯玉为葬"与辽河文明起源特征再认识》，《文物》1997年8期。

［33］汪遵国：《良渚文化"玉敛葬"述略》，《文物》1984年2期。

［34］宋建：《从凌家滩墓地看古国的社会分化》，《中国社会科学院古代文明研究通讯》2013年24期。

［35］户华为：《斯土斯民：文明探源工程书写中华民族五千年的"家谱"》，《光明日报》2018年5月28日第1版。

［36］严文明：《凌家滩·序》，《凌家滩——田野发掘报告之一》，文物出版社，2006年，第V页。

后　记

　　凌家滩——长江下游裕溪河流域的一个普通小村庄，却因一系列重大考古发现笼罩了极不普通的神秘色彩。

　　五千多年前，那淡淡一现、飘然而过的身姿，吸引了如今无数的目光；那充满创新、不拘一格的玉器，引发了今人无尽的遐想。这个神一般存在的史前社会，它是信神，还是崇权？是王者天下，还是行业领袖？是一枝独秀，还是众星捧月？当年只凭粗糙的双手和简陋的工具，能否制造出那般精美的玉器？而今只凭神奇的传说和光怪的故事，又能否经得住科学史实的诘问？

　　作为中华文明的先锋，需要我们理性地感知它的存在和魅力。本书所依赖的大量前期田野考古成果，是安徽省文物考古研究所和含山县各级部门三十五年来几代人的努力；能够有幸纳入"中华文明探源工程"中，更体现出它的重要性。在我负责该工程的凌家滩子课题十几年中，有不少资深专家和众多同行的指导和参与；还有各高校百余名考古学子在调查、整理中贡献了他们的体力和智慧，以及钻探工人的辛勤劳动，才使本书有了相对充足的依据，可以更科学地展现凌家滩的真实面貌。感谢你们！

　　近几年，我承担了凌家滩考古资料整理研究的国家社科重大项目，对基础材料进行了全面校勘，还凭借一鳞半爪的制作工艺知识，对玉石器进行了观察、研究。由于此前在考古机构一直从事大量实践工作，田野之余、疲惫之后，很难有精力系统思考，2018年转场入职安徽大学从事教学科研，才得以安坐书房，静心琢磨。

作为一名教师，我有幸带了一批努力肯学、值得赞许的学生。他们通过参与重大项目得到了各方面的训练，也为本书的完成节省了大量时间。我的研究生张乃博、杨朴、宫晓君，本科生甘创业、晁蓉蓉、郭雅弘、汪宏瑞，都直接参与了研究，撰写过相关毕业论文；常经宇等其他多位同学也曾帮助查核资料、描绘图纸，付出了大量劳动；辛宇同学协助了一校稿的校对。本书的撰写有刘越参加，因其博士论文选题方向为长江中下游，正合本书之需，在分工撰写之余还承担了较多繁杂工作，最终共同完成了本书的撰写。

感谢重大项目的多位子课题负责人和参加者提供了最新的研究成果，安徽省文物考古研究所、凌家滩遗址管理处等单位和含山县各级领导、同仁提供的各种方便。感谢良渚博物院以中国和世界的视野、开放的胸怀组织实施了"中国早期文明丛书"，得以让世人了解不同文化和文明发展的异同。尤其感谢良渚博物院夏勇先生，在他的顽强执着下，一本原是遥遥无期的书稿竟也以最快速度送到了出版社。再次感谢编辑贾利民先生，在不到一年时间内又一次编辑了我的小书。

本书接手虽一年有余，其间多有思考，但直到今年1月中旬将本科田野实习结束后，才收拢思绪，从春节开始着手，真正腾出时间撰写不足三个月，闻鸡入睡成为常态，匆匆之间耗力过巨，竟不知不觉伤了身。但能将十余年的研究成果奉献给读者，也是暖了心，算是对凌家滩考古研究的一个交待。时间匆忙，力有不逮，没能细致打磨，文字也颇显繁冗，诸多不足之处恳请专家和读者谅解。

最重要的是，妻女和其他家人对我十余年来从事凌家滩田野工作的无怨支持和无微不至的关怀，让我心无旁骛、无忧地徜徉在学海中，不是谢字能表达的！

吴卫红

2022年5月18日写于合肥绩溪路218号

2022年7月28日改于合肥柏景湾家中